50004

INTRODUCTION

CRITIQUE

AUX ŒUVRES DE SPINOZA.

DU MÊME AUTEUR

ŒNÉSIDÈME, histoire du scepticisme dans l'antiquité, 1 vol. in-8.

DE VARIA SANCTI ANSELMI IN PROSLOGIO ARGUMENTI FORTUNA, in-8

ESSAIS SUR LA PHILOSOPHIE ET LA RELIGION AU 19ᵉ SIÈCLE, 1 v. in-8.

MÉLANGES D'HISTOIRE, DE CRITIQUE ET DE MORALE, 1 vol. in-8.

PHILOSOPHIE RELIGIEUSE, ouvrage couronné par l'Académie des sciences morales et politiques, et par l'Académie française, troisième édition, revue et augmentée; 2 vol. in-18.

LA CITÉ DE DIEU DE SAINT AUGUSTIN, avec une introduction et des notes, 4 vol in-18. Ouvrage couronné par l'Académie française.

Paris. — Imprimerie de P.-A. Bourdier et Cⁱᵉ, rue Mazarine.

INTRODUCTION

CRITIQUE

AUX ŒUVRES DE SPINOZA

PAR

ÉMILE SAISSET

ANCIEN ÉLÈVE ET ANCIEN MAITRE DE CONFÉRENCES
A L'ÉCOLE NORMALE SUPÉRIEURE,
PROFESSEUR D'HISTOIRE DE LA PHILOSOPHIE A LA FACULTÉ DES LETTRES
DE PARIS.

PARIS

CHARPENTIER, ÉDITEUR,

28, QUAI DE L'ÉCOLE.

1860

AVANT-PROPOS.

Quand je publiai, il y a seize ans, la première traduction française des œuvres de Spinoza, j'y ajoutai une Introduction de quelque étendue pour servir de guide au lecteur. Mon but n'était pas de réfuter Spinoza, mais seulement de l'éclaircir, et comme cette tâche me semblait déjà assez difficile, je remettais à un autre jour le soin et le péril d'une réfutation.

Pourquoi ai-je tardé si longtemps à tenir ma promesse? assurément ce n'est point faute d'y avoir pensé. Car depuis les commencements de ma carrière je puis dire que Spinoza et le panthéisme ont été ma plus constante préoccupation. Partout où j'ai eu à porter la parole, j'en appelle à mes auditeurs de l'École normale, du Collége de France et de la Sorbonne, dans tous mes essais d'écrivain, mémoires à l'Institut, articles pour la *Revue des Deux Mondes* et pour le *Dictionnaire des sciences philosophiques*, toujours et en toute occasion j'ai signalé les progrès du panthéisme et proclamé l'urgente nécessité de combattre l'ennemi. C'est au point qu'on m'a accusé en souriant de m'inquiéter de Spinoza plus que de raison, et d'être sujet à cette erreur d'optique qui grossit les objets qu'on regarde trop. Je voudrais de tout mon cœur qu'il en fût ainsi et que le panthéisme n'existât que dans mon imagination ; mais peut-être les observateurs placides qui me trouvent trop effrayé font-ils comme ces personnes d'humeur prudente qui dans les grands incendies ne manquent pas de dire : ce n'est rien, c'est un feu de paille qui de lui-même s'éteindra. Puis on rentre chez soi pendant que les autres courent au feu.

Quoi qu'il en soit, j'espère au moins que mes sincères inquiétudes et mes longues réflexions me vaudront d'être écouté avec quelque indulgence au moment où je viens enfin présenter au public mes conclusions sur Spinoza.

J'ai conservé de la première Introduction tout ce qui m'a paru irréprochable, non toutefois sans de fortes retouches et de nombreux remaniements. J'ai ajouté un chapitre sur la politique de Spinoza, addition d'autant plus opportune que je complétais en même temps mon travail de traducteur, en donnant le *Traité politique* omis dans l'édition de 1844 [1].

Dans la seconde partie de l'Introduction nouvelle, j'ai usé librement de tous mes travaux antérieurs ; mais je ne me suis pas borné à retoucher et à combiner ; j'ai développé et ajouté partout où il a été nécessaire. Ainsi le chapitre sur les origines de la philosophie de Spinoza est entièrement nouveau.

Telle qu'elle est, ainsi agrandie, refondue et com-

1. Il n'y a plus en dehors de ma traduction que la *Grammaire hébraïque*, ouvrage de peu d'intérêt, même pour les philologues, et le *Renati Descartes Principia*, qui n'est vraiment pas un écrit original de Spinoza, mais un résumé de la philosophie de Descartes destiné à un jeune écolier.

plétée, je voudrais croire que cette Introduction critique portera coup contre Spinoza et contre ses nouveaux disciples, et qu'elle servira cette noble cause du spiritualisme à laquelle je m'estime heureux d'avoir voué ma vie, étant chaque jour plus convaincu qu'elle est liée à toutes les meilleures causes de ce monde, à celles de la religion, du droit, de la liberté.

1ᵉʳ décembre 1860.

ÉMILE SAISSET.

INTRODUCTION

CRITIQUE

AUX ŒUVRES DE SPINOZA.

PREMIÈRE PARTIE. — EXPOSITION.

C'est une chose étrange que la destinée de la philosophie de Spinoza. Réprouvée par les plus grands esprits du dix-septième siècle, mal connue et presque oubliée au siècle suivant, la voilà qui ressuscite au temps de Lessing, et depuis plus de soixante ans exerce sur l'Allemagne et sur l'Europe entière une sorte de fascination.

Dès l'apparition des premiers écrits de Spinoza, les théologiens commencèrent l'attaque, et cela se conçoit. Né juif, Spinoza avait, dès l'âge de vingt ans, dépassé la loi de Moïse[1], et s'il la respecta toujours[2], son âme était incapable de s'y plier. De là cette rupture violente avec la synagogue, et ces haines implacables qui s'attachèrent à toute sa vie. Rentré en possession de sa liberté, Spinoza la voulut garder tout entière. Il aimait sincèrement le christianisme; mais décidé à ne pas choisir entre les diverses Églises, il devait les avoir toutes contre lui. Cela explique les invectives et les anathèmes qui de tous les points de l'Europe vinrent fondre sur Spinoza, formidable concert d'accusations passion-

1. *Vie de Spinoza*, par Colerus, dans notre tome II, pages 4, 8
2. Voyez le *Traité Théologico-politique*, chap. XVII.,

nées, où catholiques et protestants, luthériens et calvinistes, gomaristes et arminiens, les communions les plus opposées, les adversaires les plus implacables, tout s'unit, tout se met d'accord pour accabler l'ennemi commun. Partout retentissent les noms d'imposteur, d'athée, d'impie, de renégat. Pour Grævius [1], Spinoza est une peste, son livre un don sinistre de l'enfer. Le docteur Musæus déclare que Spinoza est un esprit infernal, ambassadeur soudoyé de Satan [2]. Christian Kortholt badine sur les mots, et trouve dans le nom même de l'*épineux* incrédule une source inconnue d'injures [3]. Après s'être acharné aux lettres de son nom, il ne restait plus qu'à défigurer les traits de son visage. On n'y manqua pas. Des portraits de Spinoza se répandirent, où on l'avait représenté, sinistre et farouche, tenant, comme Némésis, des serpents dans la main. On écrivait au-dessous de ces portraits des épigraphes comme celles-ci :

Benoit de Spinoza, juif et athée,

ou mieux encore :

*Benoit de Spinoza, prince des athées,
portant jusque sur son visage les signes de la réprobation* [4].

Poursuivi par tous les clergés d'Europe, Spinoza trouvera t-il un asile chez les philosophes? Il semblerait assez naturel de le croire; car la philosophie alors, c'était le cartésianisme, et Spinoza était cartésien. Point du tout : l'auteur de l'*Éthique* rencontre chez les carté-

---

1. George Grævius, in *Epist. ad Nic. Heins.*, 24 janvier 1676. — In Burmanni sel. epist., tome IV, page 475.
2. *Tract. Theolog.-polit. ad veritatis lumen examinatus*, pages 2 et 3.
3. « Benedictus de Spinoza, quem melius maledictum dixeris, quod *spinosa* divina ex maledictione (Genes. 3, 17, 18), terra *maledictum* magis hominem et cujus monumenta tot *spinis* obsita sint, vix unquam tulerit, vir initio Judæus, sed postea .. » (Korth. *De trib. impost.*, page 75.)
4. Th. de Murr, *Adnot. ad Tract.*, page 7.

siens le même accueil que chez les dévots. Malebranche ne voit dans le système de Spinoza qu'une *épouvantable chimère*, et il s'emporte jusqu'à traiter l'auteur de *misérable*. Fénelon, Lami, Poiret, Jacquelot ne sont guère moins sévères. Leibnitz est de tous le plus modéré, peut-être parce qu'il est plus loin que les autres de Spinoza [1].

Au XVIIe siècle, Spinoza n'eut donc pas un seul partisan, un seul disciple considérable. On ne peut, en effet, compter pour tel ni Lucas [2], ni Saint-Glain [3], qui ne sont que des esprits forts, ou, comme on disait alors, des libertins. L'honnête Oldenburg est très-curieux de questions philosophiques; mais il ne les entend qu'à moitié [4]. On ne peut prendre au sérieux un esprit aussi bizarre que Jean de Bredenburg, et Louis Meyer [5], qui est un autre homme, subtil, pénétrant, manque d'invention et de fécondité. Abraham Cuffeler a seul de l'importance [6]; mais tout cela ne peut constituer une véritable école philosophique, et Spinoza nous apparaît dans ce coin obscur de la Hollande où il méditait l'*Éthique*, comme un penseur presque absolument isolé.

Ce n'est point à dire qu'il n'ait exercé aucune influence; car l'influence philosophique ne se mesure pas

---

1. Toutefois, dans les *Essais de Théodicée*, il maltraite fort Spinoza : « *Cette mauvaise doctrine, propre tout au plus à éblouir le vulgaire, cette doctrine insoutenable et même extravagante.* »

2. Auteur de l'ouvrage très-rare intitulé: *Vie et Esprit de M. Benoit de Spinoza*, 1719, 208 pages in-8°.

3. Auteur présumé de l'infidèle et grossière traduction du *Théologico-politique*, publiée tour à tour sous trois titres différents. — Voyez notre Notice bibliographique.

4. Voyez ses lettres à Spinoza, particulièrement la lettre III. — Oldenburg, d'ailleurs, tout en aimant sincèrement Spinoza, repousse très-vivement les conséquences de son système. Voyez la lettre IX.

5. Éditeur de Spinoza, auteur du livre : *Philosophia Scripturæ interpres*, qui a été réédité par Semler. Halæ, 1776, in-8°.

6. Auteur de deux ouvrages spinozistes : *Specimen artis ratiocinandi naturalis et artificialis ad pantosophiæ principia manuducens*; Hambourg, 1684. — *Princip. Pantos.*, part. 2 et part. 3. Hambourg, 1684.

seulement au nombre et à la qualité des amis, mais aussi au nombre et à la qualité des adversaires. J'ai nommé Malebranche, Fénelon, Leibnitz, tout ce qu'il y avait de plus grand parmi les philosophes. Il faut citer maintenant les plus illustres théologiens, Huet[1], Richard Simon[2], Abbadie[3]. Ceux-ci regardent peu à l'*Éthique*; c'est au traité *Théologico-politique*, à cette *dangereuse et libertine critique* des saintes Écritures, qu'ils ont affaire. Bossuet ne veut point se commettre avec Spinoza; mais il conseille et presse Lami[4].

Au xviiie siècle, la scène change, et il semble que tout ce qui avait perdu Spinoza dans un siècle de discipline et de foi va faire sa fortune à une époque d'incrédulité et de hardiesse. Les choses ne se passèrent pourtant point ainsi. Il y a deux hommes dans Spinoza : le libre penseur du *Théologico-politique* pour qui les prophéties ne sont que des illusions ou des symboles, les miracles des paraboles ou des faits naturels, Moïse un grand politique, Jésus-Christ, une âme sainte et le premier des sages; il y a ensuite le philosophe de l'*Éthique*, qui décrit la nature de Dieu, explique l'univers, en découvre les premiers ressorts, en dévoile le mécanisme, sonde toutes les profondeurs, pénètre tous les mystères, n'ignore de rien, ne doute de rien, développe enfin dans l'ordre inflexible des géomètres et sous les formules invariables d'un style algébrique le dogmatisme le plus tranchant, le plus vaste, le plus exclusif qui fut jamais. Le xviiie siècle comprit et suivit le théologien, ou plutôt l'hérétique dans Spinoza; il dédaigna le métaphysicien.

---

1. Dans la *Démonstration Évangélique*.
2. Dans l'*Histoire critique du Vieux Testament*.
3. *De la vérité de la Relig. chrét.*, chap. vii et viii.
4. *OEuvres de Bossuet*, édit. de Besançon, tome XVII, lettre 145.

Comment l'école de Kant, pour qui la métaphysique n'est qu'une chimère, comment l'école écossaise, si timide, si discrète, si bornée dans son horizon, auraient-elles pu s'intéresser aux témérités spéculatives de Spinoza? L'école de Locke et celle de Condillac n'y voient guère que des définitions arbitraires et des abus de mots[1]. Diderot, d'Holbach et leurs amis croient suivre Spinoza, quand ils reculent jusqu'à Épicure. Voltaire, qui en fait de métaphysique effleure tout, parce qu'il dédaigne tout, prend Spinoza pour un matérialiste, et comme Bayle, avec plus de légèreté encore, mais du moins avec plus de sincérité, il voit dans l'*Éthique* un traité régulier d'athéisme[2]. C'est que Voltaire et toute l'Encyclopédie n'avaient lu Spinoza que dans Boulainvilliers, ou, pour mieux dire, toute la philosophie de Spinoza était pour eux dans le *Théologico-politique*[3].

Les choses en étaient là vers la fin du xviiie siècle, et Spinoza, le vrai et complet Spinoza, celui de l'*Éthique*, était profondément inconnu et presque universellement décrié, quand éclata tout d'un coup, dans cette Allemagne où le scepticisme de Kant semblait avoir découragé pour jamais l'esprit humain, ce puissant mouvement d'idées spéculatives, ce généreux essor intellectuel qui s'est propagé dans toute l'Europe et a donné depuis cinquante ans à la philosophie du xixe siècle Fichte, Schelling, Hegel et M. Cousin. C'est de cette époque de renaissance que datent le renom et l'influence de Spinoza.

---

1. Condillac, *Traité des Systèmes*, chap. x, le Spinozisme réfuté.
2. Voltaire, *Lettres sur les Juifs*, lettre X. — *Le Philos. ignor.*, lettre 24. — *Les Systèmes*, notes.
3. Tout le dix-huitième siècle a confondu le spinozisme et le matérialisme. *Vesana Stratonis restituit commenta*, dit le cardinal de Polignac dans l'*Anti-Lucrèce*, en parlant de Spinoza.

Jacobi met le public dans la confidence d'une conversation qu'il a eue avec Lessing et dont le système de Spinoza a fait tous les frais. « J'étais allé, dit-il, chez Lessing dans l'espérance qu'il me viendrait en aide contre Spinoza. » Mais quoi! Jacobi trouve dans l'illustre poëte un spinoziste déclaré : « Ἓν καὶ πᾶν, s'écrie Lessing, voilà la philosophie. »

Mendelssohn voit dans ce récit un outrage à la mémoire de Lessing, et il prend la plume pour la défendre. De là une controverse vive, passionnée, violente, qui émeut toute l'Allemagne, et à laquelle Claudius, Herder, Heydenreich, Schelling, prennent la part la plus active Il ne s'agit bientôt plus du spinozisme de Lessing, mais du spinozisme lui-même. On commence à le voir partout. Lessing l'avait trouvé dans Leibnitz, Jacobi le trouve dans Lessing. La doctrine de Fichte n'est qu'un spinozisme retourné; celle de Schelling, un spinozisme déguisé. On traduit Spinoza ; on recueille ses œuvres, le célèbre docteur Paulus en donne une édition complète. Quelques notes marginales, de la main de Spinoza, ne s'y rencontraient pas; le savant de Murr les publie. On trouve quelques variantes très-insignifiantes de ces notes; le docteur Dorow ne veut pas que le public en soit privé.

L'enthousiasme gagne les poëtes, et bientôt il ne connait plus de bornes. « Ne pourrait-on pas, disait Herder, persuader à Gœthe de lire un autre livre que l'*Éthique*[1] ? » L'ardent Novalis s'enflamme pour le Dieu-nature de Spinoza, qui s'agite sourdement dans les eaux et les vents, sommeille dans la plante, s'éveille dans l'animal, pense dans l'homme, et remplit tout de son activité inépui-

---

1. Gœthe a dit quelque part: « Je me refugiai dans mon antique asile, l'*Éthique* de Spinoza. »

sable. Mais les théologiens laissent loin derrière eux les poëtes eux-mêmes. Écoutons Schleiermacher :

« Sacrifiez avec moi une boucle de cheveux aux mânes du saint et méconnu Spinoza! Le sublime esprit du monde le pénétra ; l'infini fut son commencement et sa fin, l'universel son unique et éternel amour; vivant dans une sainte innocence et dans une humilité profonde, il se mira dans le monde éternel et il vit que lui aussi était pour le monde un miroir digne d'amour; il fut plein de religion et plein de l'Esprit saint; aussi nous apparaît-il solitaire et non égalé, maître en son art, mais élevé au-dessus du profane, sans disciples et sans droit de bourgeoisie. »

Sur un ton plus sérieux, les maîtres de la philosophie allemande rendent à Spinoza les mêmes hommages. « La pensée, dit Hegel, doit absolument s'élever au niveau du spinozisme avant de monter plus haut encore. Voulez-vous être philosophes? commencez par être spinozistes; vous ne pouvez rien sans cela. Il faut avant tout se baigner dans cet éther sublime de la substance unique, universelle et impersonnelle, où l'âme se purifie de toute particularité et rejette tout ce qu'elle avait cru vrai jusque-là, tout, absolument tout. Il faut être arrivé à cette négation, qui est l'émancipation de l'esprit [1]. »

Que penser de ce jugement, et en général de ces transports d'admiration que le spinozisme inspire à l'Allemagne contemporaine? Spinoza est-il un matérialiste ou un mystique? faut-il l'appeler avec Bayle *un athée de système*, ou dire avec Novalis qu'il était *ivre de Dieu*? Du XVIIe siècle qui l'a maudit et du nôtre qui l'exalte, qui a rai-

---

[1] Hegel, *Geschichte der Philosophie*, tome III, pag. 374 sqq.

son, qui a tort? Grave alternative, à laquelle se rattachent les plus difficiles problèmes de notre temps, et qui ne peut évidemment être tranchée qu'après une étude approfondie de toutes les pièces du procès.

I.

LA PERSONNE DE SPINOZA.

Commençons par caractériser l'homme dans Spinoza pour mieux comprendre le philosophe. Prions un de ses contemporains, un ministre de l'Église luthérienne, le pieux, l'exact, l'honnête Colerus, de nous introduire auprès de lui. Transportons nous sur le Pavilioengragt, à la Haye, et entrons dans la maison de Van der Spyck, où habite Spinoza. Que fait-il, sans famille, sans culte, sans appui extérieur, dans cette cellule prise sur l'étroite demeure de pauvres gens? Il passe le temps, dit son hôte, à étudier et à travailler à ses verres. En effet, Spinoza, chassé de la synagogue, exilé de sa patrie, pauvre et décidé à ne dépendre de personne, avait appris un art mécanique, en quoi, du reste, il demeurait fidèle aux traditions de sa religion et de sa famille. L'art qu'il choisit fut celui de faire des verres pour des lunettes d'approche. Il était bon opticien, dit quelque part Leibnitz, se taisant discrètement sur le reste.

Mais Spinoza n'avait pas besoin d'être si habile pour gagner sa vie. C'est une chose incroyable, s'écrie le bon Colerus, combien Spinoza était sobre et bon ménager. On voit par différents petits comptes trouvés dans ses papiers qu'il a vécu un jour entier d'une soupe au lait accommodée avec du beurre, ce qui lui revenait à trois sous, et d'un pot de bière d'un sou et demi. C'est tout ce qu'il fallait pour soutenir le corps languissant et chétif où habitait cette pensée puissante. Colerus décrit Spinoza très-faible de corps, malsain et attaqué de phthisie depuis sa jeunesse. C'était un homme de moyenne taille ; il avait les traits du visage bien proportionnés, la peau un peu noire, les cheveux frisés et noirs, les sourcils longs et de même couleur, de sorte qu'à sa mine on le reconnaissait aisément pour être descendu des juifs portugais. Pour ce qui est de ses habits, il en prenait fort peu de soin, disant qu'il est contre le bon sens de mettre une enveloppe précieuse à des choses de néant ou de peu de valeur.

« Si sa manière de vivre était fort réglée, sa conversation n'était pas moins douce et paisible. Il savait admirablement bien être le maître de ses passions. On ne l'a jamais vu ni fort triste ni fort joyeux. Il savait se posséder dans sa colère et dans les déplaisirs qui lui survenaient ; il n'en paraissait rien au dehors. Il était, d'ailleurs, fort affable et d'un commerce aisé ; il parlait souvent à son hôtesse, particulièrement dans le temps de ses couches, et à ceux du logis, lorsqu'il leur survenait quelque affliction ou maladie ; il ne manquait point alors de les consoler, et de les exhorter à souffrir avec patience des maux qui étaient comme un partage que Dieu leur avait assigné. Il avertissait les enfants d'assister souvent au service divin, et leur enseignait combien ils devaient être obéissants et soumis à leurs parents. Lorsque les gens du logis revenaient du sermon, il leur demandait souvent quel profit ils y avaient fait, et ce qu'ils en avaient retenu pour leur édification. »

« Il avait, poursuit Colerus, une grande estime pour mon prédécesseur, le docteur Cordes, qui était un homme savant, d'un bon naturel et d'une vie exemplaire; ce qui donnait occasion à Spinoza d'en faire l'éloge. Il allait même quelquefois l'entendre prêcher, et faisait état surtout de la manière savante dont il expliquait l'Écriture et des applications solides qu'il en faisait. Il avertissait en même temps son hôte et ceux de la maison de ne manquer jamais aucune prédication d'un si habile homme. Il arriva que son hôtesse lui demanda un jour si c'était son sentiment qu'elle pût être sauvée dans la religion dont elle faisait profession; à quoi il répondit : « *Votre religion est bonne; vous n'en devez pas chercher d'autre ni douter que vous n'y fassiez votre salut, pourvu qu'en vous attachant à la piété, vous meniez en même temps une vie paisible et tranquille.* »

« Pendant qu'il était au logis, il n'était incommode à personne; il y passait la meilleure partie de son temps tranquillement dans sa chambre. Lorsqu'il lui arrivait de se trouver fatigué, pour s'être trop attaché à la méditation philosophique, il descendait pour se délasser, et parler à ceux du logis de tout ce qui pouvait servir de matière à un entretien ordinaire, même de bagatelles. Il se divertissait aussi quelquefois à fumer une pipe de tabac; ou bien, lorsqu'il voulait se relâcher l'esprit un peu plus longtemps, il cherchait des araignées qu'il faisait lutter ensemble, et des mouches qu'il jetait dans la toile d'araignée, et regardait ensuite cette bataille avec tant de plaisir qu'il éclatait quelquefois de rire; il observait aussi avec le microscope les différentes parties des plus petits insectes, d'où il tirait après les conséquences qui lui semblaient le mieux convenir à ses découvertes. »

Voilà l'homme que vinrent chercher, au milieu de sa

solitude, la richesse, les honneurs, la gloire, les hautes amitiés. Il sacrifia tout cela sans effort, pour vivre heureux dans une paix profonde et une indépendance absolue. Son ami Simon de Vries s'avisa un jour de lui faire présent d'une somme de deux mille florins pour le mettre en état de vivre un peu plus à son aise ; mais Spinoza s'excusa civilement sous prétexte qu'il n'avait besoin de rien. Ce même ami, approchant de sa fin et se voyant sans femme et sans enfants, voulait faire son testament et l'instituer héritier de tous ses biens ; Spinoza n'y voulut jamais consentir, et lui remontra qu'il ne devait pas songer à laisser ses biens à d'autres qu'à son frère.

Un autre ami de Spinoza, l'illustre Jean de Witt, le força d'accepter une rente de deux cents florins ; mais ses héritiers faisant difficulté de continuer la rente, Spinoza leur mit son titre entre les mains avec une si tranquille indifférence qu'ils rentrèrent en eux-mêmes et accordèrent de bonne grâce ce qu'ils venaient de refuser.

L'électeur palatin Charles-Louis voulut attirer Spinoza à Heidelberg et chargea le célèbre docteur Fabricius de lui proposer une chaire de philosophie, avec la promesse de lui laisser la plus grande liberté, *cum amplissima philosophandi libertate*, pourvu toutefois qu'il n'en abusât pas pour troubler la religion établie. Spinoza répondit qu'il ne voyait pas clairement en quelles limites il faudrait renfermer cette liberté qu'on voulait bien lui promettre, et puis que les soins qu'il faudrait donner à l'instruction de la jeunesse l'empêcheraient d'avancer lui-même en philosophie.

Lors de la campagne des Français en Hollande, le prince de Condé, qui prenait alors possession du gouvernement d'Utrecht, désira vivement s'entretenir avec

Spinoza. Il paraît même qu'il fut question d'obtenir pour lui une pension du roi, et qu'on l'engagea à dédier quelques-uns de ses ouvrages à Louis XIV. Spinoza racontait lui-même que, *comme il n'avait pas le dessein de rien dédier au roi de France, il avait refusé l'offre qu'on lui faisait avec toute la civilité dont il était capable.* On ne sait si l'entrevue de Spinoza avec le prince de Condé put avoir lieu; mais il est certain que Spinoza se rendit au camp français, et qu'après son retour, la populace de la Haye s'émut, le prenant pour un espion. L'hôte de Spinoza accourut alarmé : « Ne craignez rien, lui dit Spinoza, il m'est aisé de me justifier. Mais quoi qu'il en soit, aussitôt que la populace fera le moindre bruit à votre porte, je sortirai et irai droit à eux, quand ils devraient me faire le traitement qu'ils ont fait aux pauvres messieurs de Witt. Je suis républicain, et n'ai jamais eu en vue que la gloire et l'avantage de l'État. » Spinoza racontait à Leibnitz que le jour de l'assassinat des frères de Witt, il voulait sortir et afficher dans les rues près du lieu des massacres un placard avec ces mots : *Ultimi barbarorum*; son hôte fut obligé d'employer la force pour le retenir à la maison[1].

Le 23 février 1677, un dimanche, l'hôte de Spinoza et sa femme étaient allés à l'église faire leurs dévotions. Au sortir du sermon, ils apprirent avec surprise que Spinoza venait d'expirer. Il n'avait pas quarante-cinq ans; quoique tombé en langueur depuis quelques mois, rien ne faisait présumer une mort si prompte. Tout prouve qu'il mourut en paix comme il avait vécu.

L'œuvre de sa vie était achevée. Il avait écrit sa fa-

---

1. Voyez la note de Leibnitz, publiée pour la première fois par M. Foucher de Careil, *Réfutation inédite de Spinoza*, préface de l'éditeur, page 64. Paris. 1854.

meuse *Éthique*, la communiquant à quelques amis, mais ne voulant pas la publier, de crainte de troubler inutilement son repos. C'est dans ce livre étrange que son idée, longtemps couvée, avait pris sa forme définitive. Eût-il vécu cinquante ans de plus, on ne conçoit pas qu'il eût voulu y changer une syllabe. Étudions tout à notre aise ce grand et étrange monument, en groupant autour de lui les autres parties de l'œuvre de Spinoza.

II.

LA MÉTHODE DE SPINOZA

J'ouvre l'*Éthique*, et au lieu d'un discours ordinaire et familier, comme en écrivait Descartes, je trouve des définitions, des axiomes, des postulats, et puis une série de propositions, corollaires et scholies. Pourquoi cette forme mathématique?

D'excellents esprits, notamment Hemsterhuis[1], ont reproché à Spinoza d'avoir embarrassé ses lecteurs et de s'être accablé lui-même de cet appareil de géométrie, où la rigueur de la forme, souvent plus apparente que réelle, unie à la sécheresse et à la complication des formules, fatigue, éblouit, décourage la pensée, au lieu de l'éclairer et de la soutenir.

Nous sommes fort éloigné de vouloir sur ce point justifier Spinoza; tout au contraire, il nous semble que si le reproche qu'on lui adresse est juste, loin d'être trop sévère, il ne l'est pas encore assez.

Ce reproche, en effet, ne va pas au fond des choses. L'ordre géométrique que suit Spinoza, ce n'est point,

---

[1]. *Lettre à Jacobi*. Voyez *Jacobi's Werke*, tome IV, page 166.

comme Jacobi l'a fort solidement remarqué[1], sa méthode elle-même ; c'en est seulement l'enveloppe, et il y a ici une question tout autrement grave que celle de l'exposition et du style, c'est la question des véritables conditions de la science et de la portée même de l'esprit humain.

Spinoza veut que la science prenne son point d'appui dans l'objet le plus élevé de la pensée, et que, descendant ensuite par degrés des hauteurs de l'Être en soi et par soi, elle suive la chaîne des êtres et reproduise dans le mouvement et l'ordre de ses conceptions l'ordre vrai et le réel mouvement des choses. Si cette méthode est la véritable, il importe fort peu que Spinoza ait employé ou non la forme géométrique. En connaît-on d'ailleurs quelqu'une qui soit mieux appropriée à une méthode essentiellement déductive, et qui paraisse plus capable d'en assurer la marche, d'en tempérer la hardiesse, d'en corriger les excès ?

Si, au contraire, cette méthode n'est pas la véritable, il faut condamner alors, je l'avoue, la forme géométrique, mais avec elle et avant tout la méthode ambitieuse et téméraire qu'elle recouvre. Laissons donc de côté la forme géométrique des pensées de Spinoza, et rendons-nous compte de sa méthode.

Génie essentiellement réfléchi, élevé à l'école sévère de Descartes, Spinoza n'ignorait pas qu'il n'y a point en philosophie de problème antérieur à celui de la méthode. La nature et la portée de l'entendement humain, l'ordre légitime de ses opérations, la loi fondamentale qui les doit régler, tous ces grands objets avaient occupé ses

---

[1]. *Jacobi's Werke*, l. c.

premières méditations, et il ne cessa de s'en inquiéter pendant toute sa vie. Nous savons qu'avant d'écrire son *Éthique*, ou, comme il l'appelle avec raison, *sa philosophie*, il avait jeté les bases d'un traité complet sur la méthode[1], ouvrage informe, mais plein de génie, plusieurs fois abandonné et repris sans jamais être achevé, où toutefois les vues générales de Spinoza sont suffisamment indiquées à des yeux attentifs par des traits d'une force et d'une hardiesse singulières.

Au commencement de cet ouvrage, Spinoza nous trace le tableau d'une âme à qui les biens périssables ne suffisent plus, et qui cherche, loin de la volupté, de la gloire, et de toutes les chimères dont la poursuite occupe et fatigue les âmes vulgaires, la sérénité durable et la paix.

« L'expérience, dit-il, m'ayant appris à reconnaître que tous les événements ordinaires de la vie commune sont choses vaines et futiles,.... j'ai pris enfin la résolution de rechercher s'il existe un bien véritable,.... un bien qui puisse remplir à lui seul l'âme tout entière, après qu'elle a rejeté tout le reste, en un mot, un bien qui donne à l'âme, quand elle le trouve et le possède, l'éternel et suprême bonheur[2]. »

Pourquoi de telles pensées au début d'un traité sur la méthode? c'est que Spinoza ne sépare point dans la science deux choses inséparables dans la réalité : la poursuite du vrai et celle du bien. A ses yeux, l'homme est essentiellement un être qui pense, et, pour prendre sa forte expression, une idée. Le bonheur d'un tel être

---

[1]. C'est le traité qui a pour titre : *De la Réforme de l'Entendement*. Voyez notre tome III.
[2]. *Ibid.*, tome III, page 297.

ne peut se trouver que dans la pensée, et le plus haut degré de la connaissance humaine doit être le plus haut degré de l'humaine félicité. Le bonheur suprême n'est point un idéal fantastique, insaisissable à notre misère. Spinoza croit fermement que dès cette vie une âme philosophique y peut atteindre.

« La raison, écrit-il à Guillaume de Blyenbergh, la raison fait ma jouissance; et le but où j'aspire en cette vie, ce n'est point de la passer dans la douleur et les gémissements, mais dans la paix, la joie et la sérénité[1]. »

D'où viennent en effet les maux et les agitations de l'âme? « Elles tirent leur origine de l'amour excessif qui l'attache à des choses sujettes à mille variations et dont la possession durable est impossible. Personne, en effet, n'a d'inquiétude ni d'anxiété que pour l'objet qu'il aime, et les injures, les soupçons, les inimitiés n'ont pas d'autre source que cet amour qui nous enflamme pour des objets que nous ne pouvons réellement posséder avec plénitude[2].

« Au contraire, l'amour qui a pour objet quelque chose d'éternel et d'infini nourrit notre âme d'une joie pure et sans aucun mélange de tristesse, et c'est vers ce bien si digne d'envie que doivent tendre tous nos efforts[3]. »

Cet objet éternel et infini, l'âme ne peut l'aimer, si elle ne le peut connaître. Mais qu'il lui soit donné de le concevoir avec clarté, elle pourra dès lors le posséder avec plénitude, et la jouissance épurée de cette posses-

---

1. *Lettre XVIII*, tome III, page 401.
2. *Éthique*, part. v, Schol. de la Propos. XX.
3. *De la Réforme de l'Entendement*, tome III, page 300.

sion tout intellectuelle aura ce privilége qu'elle se laissera partager sans s'affaiblir.

Le problème fondamental de la vie humaine est donc celui-ci : par quels moyens l'âme peut-elle atteindre l'Être infini et éternel dont la connaissance doit combler tous ses désirs ? Spinoza porte ici un regard attentif sur la nature de l'entendement humain, et il esquisse une théorie des degrés de la connaissance, un peu embarrassée au premier aspect, mais très-simple en réalité.

On peut ramener toutes nos perceptions à quatre espèces fondamentales [1] : la première est fondée sur un simple ouï-dire, et en général sur un signe. La seconde est acquise par une *expérience vague*, c'est-à-dire passive, et qui n'est pas déterminée par l'entendement. La troisième consiste à concevoir une chose par son rapport à une autre chose, mais non pas d'une manière complète et adéquate. La quatrième atteint une chose dans son essence ou dans sa cause immédiate.

Ainsi, au plus bas degré de la connaissance, Spinoza place ces croyances aveugles, ces tumultueuses impressions, ces images confuses dont se repaît le vulgaire. C'est le monde de l'imagination et des sens, la région de l'opinion et des préjugés. Spinoza y trace une division, mais à laquelle il n'attribue que peu d'importance, puisqu'il réunit dans l'*Éthique*, sous le nom de *connaissance du premier genre* [2], ce qu'il a distingué dans la *Réforme de l'entendement* en perception par simple ouï-dire et perception par voie d'expérience vague. Je sais par simple ouï-dire quel est le jour de ma naissance, quels furent mes parents, et autres choses semblables. C'est

---

[1]. *De la Réforme de l'Entendement,* tome III, page 303.
[2] *Éthique,* part. 2, Schol. de la Propos. XL.

par une expérience vague que je sais que je dois mourir ; car si j'affirme cela, c'est que j'ai vu mourir plusieurs de mes semblables, quoiqu'ils n'aient pas tous vécu le même espace de temps ni succombé à la même maladie. Je sais de la même manière que l'huile a la vertu de nourrir la flamme et l'eau celle de l'éteindre, et en général toutes les choses qui se rapportent à l'usage ordinaire de la vie.

Le premier genre de connaissance, utile pour la vie, n'est d'aucun prix pour la science. Il atteint les accidents, la surface des choses, non leur essence et leur fond. Livré à une mobilité perpétuelle, ouvrage de la fortune et du hasard, et non de l'activité interne de la pensée, il agite et occupe l'âme, mais ne l'éclaire pas. C'est la source des passions mauvaises qui jettent sans cesse leur ombre sur les idées pures de l'entendement, arrachent l'âme à elle-même, la dispersent en quelque sorte vers les choses extérieures et troublent la sérénité de ses contemplations.

La connaissance du second genre est un premier effort pour se dégager des ténèbres du monde sensible. Elle consiste à rattacher un effet à sa cause, un phénomène à sa loi, une conséquence à son principe. C'est le procédé des géomètres, qui ramènent les propriétés des nombres, des figures, à un système régulier de propositions simples, d'axiomes incontestables. En général, c'est la raison discursive, par laquelle l'esprit humain, aidé de l'analyse et de la synthèse, monte du particulier au général, redescend du général au particulier, pour accroître sans cesse, pour éclaircir et pour enchaîner de plus en plus ses connaissances.

Que manque-t-il à ce genre de perception ? une seule

chose, mais capitale. La raison discursive, le raisonnement, tout infaillible qu'il soit, est un procédé aveugle. Il explique le fait par sa loi, mais il n'explique pas cette loi. Il établit la conséquence par les principes ; mais les principes eux-mêmes, il les accepte sans les établir. Il fait de nos pensées une chaîne d'une régularité parfaite, mais il n'en peut fixer le premier anneau.

Il y a donc au-dessus du raisonnement une faculté supérieure, c'est la raison, dont l'objet propre est l'Être en soi et par soi.

Spinoza éclaircit ces quatre modes de perception par un ingénieux exemple : Trois nombres, dit-il [1], sont donnés ; on en cherche un quatrième qui soit au troisième comme le second est au premier. Nos marchands disent qu'ils savent fort bien ce qu'il y a à faire pour trouver ce quatrième nombre ; ils n'ont pas, en effet, encore oublié l'opération qu'ils ont apprise de leurs maîtres, laquelle est, bien entendu, tout empirique et sans démonstration. D'autres tirent de quelques cas particuliers empruntés à l'expérience un axiome général. Ils prennent un exemple comme celui-ci : 2 : 4 : : 3 : 6 ; ils trouvent par l'expérience que, le second de ces nombres étant multiplié par le troisième, le produit divisé par le premier donne 6 pour quotient ; et ils concluent de là qu'une opération semblable est bonne pour trouver tout quatrième nombre proportionnel. Quant aux mathématiciens, ils savent, par la démonstration de la XIXe Proposition du livre VII d'Euclide, quels nombres sont proportionnels entre eux ; ils savent, par la nature même et par les propriétés de la proportion, que le produit du

[1]. *De la Réforme de l'Entendement*, tome III, page 282.

premier nombre par le quatrième est égal au produit du troisième par le second ; mais ils ne voient point la proportionnalité adéquate des nombres donnés, ou, s'ils la voient, ils ne la voient point par la vertu de la proposition d'Euclide, mais bien par intuition et sans faire aucune opération.

Le plus haut degré de la connaissance consiste donc dans l'intuition immédiate d'une vérité évidente d'elle-même, dans ce coup d'œil instantané par lequel l'esprit, sans effort, sans obstacle, sans intermédiaire, saisit son objet, l'embrasse tout entier, et s'y repose en quelque sorte dans une lumière sans mélange et dans une parfaite sérénité.

Spinoza donne divers exemples de ce mode supérieur de la connaissance, et quelques-uns peuvent paraître mal choisis : « Nous savons, dit-il, d'une perception immédiate, que 2 et 3 font 5 ; qu'étant donnés les nombres 1 : 2 : : 3 :, le quatrième nombre proportionnel est 6 ; enfin, que deux lignes parallèles à une troisième sont parallèles entre elles. »

Il semble que cette dernière vérité peut se prouver par le raisonnement et a même besoin de l'être. Ce n'est donc pas une vérité immédiate. Et de là on pourrait conclure que Spinoza ne s'est point formé une idée parfaitement claire du procédé de l'intuition immédiate, et qu'à l'exemple de beaucoup d'autres profonds logiciens, il a confondu le raisonnement et la raison.

Mais il n'en est rien. Spinoza reconnaît deux degrés dans l'intuition immédiate, et cette distinction est aussi claire que juste et profonde. A son premier degré, la raison perçoit les objets, non pas encore en eux-mêmes, mais dans leur cause immédiate. Par exemple, en me formant une idée claire et distincte d'un certain mode de l'étendue, je le conçois dans sa cause immédiate, savoir, l'étendue infinie et divine. Il y a bien là une sorte de déduction, mais rapide comme l'éclair, et si soudaine et si lumineuse qu'elle ressemble à une intuition. L'effet, sa cause, leur rapport, l'esprit saisit tout cela comme d'un seul trait.

Au second degré, qui est le comble et la perfection de la pensée, l'esprit atteint directement ce qui est, non plus dans sa cause, mais en soi. C'est ainsi que nous concevons la Substance, la Perfection, Dieu. Il n'y a ici aucun mouvement dans la pensée, aucun obstacle, aucun intermédiaire entre elle et son objet. L'immédiation est absolue. Le sujet et l'objet de la connaissance se touchent et s'identifient dans un acte indivisible.

Voilà le type, l'idéal de l'intuition immédiate. Le premier degré n'est qu'un échelon pour s'élever à celui-là, qui seul achève et accomplit la connaissance.

Après avoir décrit les différentes espèces de perceptions, Spinoza examine tour à tour leur valeur scientifique. L'expérience, sous sa double forme, ne peut fournir une connaissance philosophique ; car elle donne des images confuses, et le philosophe cherche des idées ; elle n'atteint que les accidents des choses, et la science néglige l'accident pour s'attacher à l'essence. L'expérience est donc absolument proscrite, sans restriction et sans réserve, du domaine de la métaphysique [1].

La connaissance du second genre est moins sévèrement traitée, parce qu'elle conduit à l'intuition immédiate. Toutefois, ce genre de perception n'est pas celui

---

[1]. *De la Réforme de l'Entendement*, tome III, pages 306, 307. Voyez aussi *Lettre à Simon de Vries*, tome III, pag. 378.

que le philosophe doit mettre en usage. Le raisonnement donne, il est vrai, la certitude, mais la certitude ne suffit pas au philosophe, il lui faut aussi la lumière.

Ce mépris du raisonnement paraît au premier abord fort étrange, et l'on ne peut concevoir que Spinoza, cet habile et puissant raisonneur, ait voulu interdire aux philosophes un instrument qu'il manie sans cesse et qui est entre ses mains d'une inépuisable fécondité.

Mais il faut bien entendre sa pensée.

Spinoza distingue deux manières de raisonner : ou bien l'on enchaîne les unes aux autres une suite de pensées à l'aide de certains principes qu'on accepte sans les examiner et sans les comprendre, et c'est ce raisonnement aveugle que Spinoza exclut de la philosophie ; ou bien l'on part d'un principe clairement et immédiatement aperçu en lui-même, et de l'idée adéquate de ce principe on va à l'idée adéquate de ses effets, de ses conséquences, et voilà le raisonnement philosophique, où tout est intelligible et clair, où les images des sens et les croyances aveugles n'ont aucune place. Élevé à cette hauteur, le raisonnement se confond presque avec l'intuition immédiate ; il est le plus puissant levier de l'esprit humain ; il n'y a au-dessus que l'intuition intellectuelle dans son degré supérieur et unique de pureté et d'énergie, qui met face à face la pensée et son plus sublime objet, les unissant et, pour ainsi dire, les unifiant l'un avec l'autre.

La loi de la pensée philosophique, c'est donc de fonder la science sur des idées claires et distinctes, et de ne faire usage d'aucun autre procédé que de l'intuition immédiate et du raisonnement appuyé sur elle. Or, le premier objet de l'intuition immédiate, c'est l'Être parfait. Spinoza conclut donc finalement que : « *la méthode par-*

faite est celle qui enseigne à diriger l'esprit sous la loi de l'idée de l'Être absolument parfait [1].

Le reproche qui s'élève tout d'abord contre une telle méthode, c'est de fonder la philosophie sur des conceptions abstraites, de confondre de pures notions avec les essences réelles, en un mot de réaliser des abstractions. Assurément, Spinoza mérite souvent ce reproche; mais il devient d'autant plus intéressant de constater qu'il était en garde contre le péril des abstractions réalisées; et s'il y est souvent tombé, ce n'est point certainement par ignorance.

Spinoza professe positivement cette doctrine, que les universaux n'ont qu'une réalité abstraite, et que tout ce qui est réel est individuel [2]. Il se moque de ceux qui attribuent une réalité indépendante et effective à ces êtres de raison, l'homme, le cheval, et il ajoute, ce qui est plus grave, la volonté [3]. La source la plus ordinaire de nos erreurs, dit-il, c'est que nous confondons les universaux avec les êtres singuliers et individuels, et de purs abstraits, des êtres de raison avec les choses réelles [4] Ne semble-t-il pas que Spinoza, ce grand réalisateur d'abstractions, prononce ici lui-même la condamnation de son système?

Mais essayons de nous rendre compte de ce point singulier de sa doctrine, un des plus graves et des plus délicats qui se puissent toucher.

Spinoza explique fort nettement l'origine et la formation de nos idées les plus générales, de ces termes qu'on

---

1. *De la Réforme de l'Entendement*, tome III, page 312.
2. *Éthique*, part. 2. Propos. XLVIII, ou Schol.
3. *Lettre à Oldenb.*, tome III, pag. 352. — Comp. *De la Réforme de l'Entendement*, tome III, page 316.
4. *Éthique,* De l'Ame, Schol. de la Propos. XLIX

nomme, dit-il, transcendentaux, comme être, chose, quelque chose[1]. L'âme humaine ne peut embrasser qu'un certain nombre d'images d'une manière distincte. Si ce nombre est dépassé, les images se mêlent et se confondent, et l'âme, n'imaginant plus alors les choses que dans une extrême confusion, les comprend toutes dans un seul prédicat, le prédicat être, le prédicat chose, etc.

Il suit de là qu'à mesure qu'on s'éloigne des êtres particuliers, on abandonne le réel, pour s'enfoncer dans la région des images confuses, de sorte que le genre le plus universel, le genre *généralissime* est la plus vague des conceptions, la plus creuse et la plus vide des pensées.

Spinoza le dit en propres termes:

« Plus l'existence est conçue généralement, plus elle est conçue confusément, et plus facilement elle peut être attribuée à un objet quelconque. Au contraire, dès que nous concevons l'existence d'une façon plus particulière, nous la comprenons d'une façon plus distincte[2] ».

Voilà Spinoza nominaliste. Comment expliquer alors ce dédain de l'expérience, cette préférence donnée au raisonnement, cet usage des définitions et des axiomes, enfin ce réalisme excessif et sans mesure qui plus tard lui fera retrancher aux âmes et aux corps toute existence distincte pour la transporter tout entière dans la pensée et dans l'étendue indéterminées, ces deux universaux réalisés, ces deux abstractions données comme la perfection de l'existence?

Cette explication est très-simple: pour Spinoza il y a

---

1. *Éthique*, de l'Ame, Schol. I de la Propos. XL.
2. *De la Réforme de l'Entendement*. tome III, page 316.

deux sortes d'expériences infiniment différentes l'une de l'autre: l'expérience ordinaire, l'intuition sensible, et puis ce genre sublime d'expérience qui n'atteint plus de vaines images, mais des idées, qui pénètre au delà des accidents et nous découvre les essences ; c'est l'intuition intellectuelle.

Ici Spinoza devient réaliste, de nominaliste qu'il était tout à l'heure. A ses yeux, la pensée absolue et l'étendue absolue ne sont pas des universaux, des abstraits, mais des essences particulières et déterminées, saisies par une intuition claire et adéquate à son objet. Et la Substance n'est point le fruit tardif d'une longue suite de généralisations ; ce n'est point le dernier universel, le dernier abstrait ; la Substance est saisie par une intuition absolument immédiate, la plus déterminée, la plus distincte, la plus adéquate de toutes.

De là l'importance que donne Spinoza aux définitions. Il les entend d'une façon toute platonicienne. La définition d'un objet, dit-il, exprime ce qu'il y a en lui de fondamental, son essence, son idée.

« Une définition pour être parfaite devra expliquer l'essence intime de la chose, de façon que toutes ses propriétés s'en puissent déduire[1].

« Or l'essence intime d'une chose, c'est son rapport à sa cause immédiate. »

Ces passages expliquent, ce nous semble, la contradiction apparente du nominalisme de Spinoza et de son réalisme. Son nominalisme ne porte que sur les images confuses des sens, sur cette généralisation bâtarde, ouvrage de l'imagination et du hasard, et qui ne représente que le dernier degré de confusion des choses.

---

1. *De la Réforme de l'Entendement,* tome III, page 336.

Au fond, Spinoza est réaliste pur :

« Il est, dit-il, absolument nécessaire de tirer toutes nos idées des choses physiques, c'est-à-dire des êtres réels, en allant suivant la série des causes d'un être réel à un autre être réel, sans passer aux choses abstraites et universelles, ni pour en conclure rien de réel, ni pour les conclure de quelque être réel [1]. »

Mais de quels êtres physiques parle ici Spinoza ?

« Par la série des causes et des êtres réels, je n'entends point la série des choses particulières et changeantes, mais seulement la série des choses fixes et éternelles. »

Voici enfin un passage qui unit et éclaircit tout :

« D'où il résulte que ces choses fixes et éternelles, quoique particulières, seront pour nous, à cause de leur présence dans tout l'univers et de l'étendue de leur puissance, comme des universaux, c'est-à-dire comme les genres des définitions des choses particulières, et comme les causes immédiates de toutes choses [2]. »

Voilà les vrais universaux, non pas des abstractions logiques, mais des causes, des essences, et comme dit Platon, des *idées*.

Nous pouvons maintenant nous former une idée à peu près complète de la méthode de Spinoza : elle consiste, avant tout, à purifier son esprit de tout préjugé, de toute image sensible, à l'éprouver par le raisonnement, qui est comme une préparation et un passage à des fonctions plus hautes, pour parvenir enfin à la contemplation des idées dans toute leur pureté ; les idées nous élèveront comme d'elles-mêmes à l'idée de l'objet le plus réel et le plus parfait, savoir, l'Être en soi et par soi. Le philo-

---

1. *De la Réforme de l'Entendement*, tome III, page 337.
2. *Ibid.*, page 338.

sophe devra prendre possession de cette idée par une définition exacte, et y rattacher par des liens étroits le système entier des idées. C'est alors que l'esprit humain reproduira dans l'ordre de ses conceptions l'ordre même des choses, et que la science sera épuisée.

Spinoza tient en main l'idée fondamentale de sa philosophie, l'idée de l'Être infini et parfait, et il s'est donné une méthode infaillible à ses yeux pour en tirer la résolution de tous les problèmes. Que lui manque-t-il donc pour se mettre à l'œuvre? rien sans doute; mais le scepticisme l'arrête et lui demande s'il ne craint pas de fonder la science sur une chimère, la chimère de l'Être parfait. Toute sa philosophie va découler d'une idée première; qui l'assure que cette idée est vraie? Or, si elle n'est pas vraie, sa philosophie ne sera qu'un tissu régulier d'illusions.

Il ne faut pas croire que Spinoza s'arrête long-temps à discuter cette objection. Esprit vigoureux et plein de séve, ardent à la recherche du vrai, passionné pour les systèmes, profondément pénétré de la puissance de la raison, Spinoza ne pouvait avoir pour le scepticisme que de l'indifférence ou du dédain.

« On ne peut pas parler de science avec un sceptique, mais seulement d'affaires [1]. »

« Le véritable rôle d'un sceptique, c'est d'être muet. »

« Entre un sceptique et un automate, où est la différence [2]? »

Spinoza recherche ensuite très-sérieusement l'origine du scepticisme, et il résout la difficulté qu'il s'est pro-

---

1. *De la Réforme de l'Entendement*, tome III, page 314.
2. *Ibid.*, page 315.

posée lui-même avec un bon sens et une profondeur admirables.

L'origine du doute, c'est l'erreur, c'est la contradiction où tombe la raison quand elle ne garde pas l'ordre des idées. On commence par douter des choses qu'on avait admises ; puis, de proche en proche, on en vient à douter de tout, à douter de la raison même.

Mais assigner la cause du doute, c'est donner le moyen de la détruire. L'erreur n'est rien de positif et d'absolu ; elle naît de la confusion de nos idées. « Celui qui commencera par où il faut commencer, sans jamais passer un anneau de la chaîne qui unit les choses, n'aura jamais que des idées claires et distinctes, et il ne doutera jamais[1]. »

Je dis que cette solution est très-profonde. Quelle est, en effet, la question entre le scepticisme et le dogmatisme ? c'est, dira un sceptique, de savoir si la raison humaine est légitime ou non, problème insoluble pour le dogmatisme. Nullement ; car un sceptique n'est pas un sophiste ; il ne doute pas sans dire pourquoi. Or, qu'est-ce qui conduit un esprit sérieux à douter de la légitimité de la raison ? c'est qu'il la croit sujette à des contradictions nécessaires. Mais s'il est prouvé que la contradiction a sa source, non dans les idées, mais dans le défaut d'ordre dans les idées, en d'autres termes, non dans la raison même, mais dans l'homme qui s'en sert mal, je demande si la racine du doute n'est pas détruite et le problème résolu ? Quiconque a des idées claires et distinctes, formant une suite exacte et parfaite où la contradiction n'a pas de place, et cherche quelque chose

---

[1]. *De la Réforme de l'Entendement*, tome III, page 312 sqq.

au delà, est un sophiste ou un fou. C'est le cas de dire avec Spinoza : « Il ne faut point chercher des raisons pour les sceptiques, mais des remèdes, des remèdes contre la maladie de l'opiniâtreté[1]. » Spinoza n'est donc pas ébranlé, mais plutôt confirmé dans sa méthode par les arguments du scepticisme, et il conclut en la rappelant d'un seul trait :

« Notre esprit, pour reproduire une image fidèle de la nature, doit donc déduire toutes ses idées de celle qui représente l'origine et la source de la nature entière, afin qu'elle devienne la source et l'origine de toutes nos idées[2]. »

II.

IDÉE FONDAMENTALE DE LA PHILOSOPHIE DE SPINOZA.

De la Substance, — de l'Attribut, — du Mode.

Toute la philosophie de Spinoza devait être et est en effet le développement d'une seule idée, l'idée de l'Infini, du Parfait, ou, comme il dit, de la Substance.

La Substance, c'est l'Être, non pas tel ou tel être, non pas l'être en général, l'être abstrait, mais l'Être absolu, l'Être dans sa plénitude, l'Être qui est tout l'être[3], l'Être hors duquel rien ne peut être ni être conçu.

La Substance a nécessairement des attributs qui caractérisent et expriment son essence ; autrement la Substance serait un pur abstrait, un genre, le plus général et

---

[1]. *De la Réforme de l'Entendement,* tome III, page 329.
[2]. *Ibid*, page 312.
[3]. *Ibid.,* pages 328.

par conséquent le plus vide de tous [1]; elle se confondrait avec l'idée vague et confuse d'être pur, universel, sans réalité et sans fond, pensée creuse et stérile, fantôme indécis, ouvrage des sens et de l'imagination épuisée [2].

La Substance est indéterminée, en ce sens que toute détermination est une limite et toute limite une négation [3]; mais elle est profondément et nécessairement déterminée, en ce sens qu'elle est réelle et parfaite, et possède à ce titre des attributs nécessaires, tellement unis à son essence qu'ils n'en peuvent être séparés et n'en sont pas même distingués en réalité; car ôtez les attributs, vous ôtez l'essence de la Substance, vous ôtez la Substance elle-même.

La Substance, l'Être infini, a donc nécessairement des attributs, et chacun de ces attributs exprime à sa manière l'essence de la Substance. Or, cette essence est infinie, et il n'y a que des attributs infinis qui puissent exprimer une essence infinie. Chaque attribut de la Substance est donc nécessairement infini. Mais de quelle infinité? d'une infinité relative et non absolue. Si en effet un attribut de la Substance était absolument infini, il serait donc l'Infini, il serait la Substance elle-même. Or il n'est pas la Substance, mais une manifestation de la Substance, distincte de toute autre manifestation, particulière et déterminée par conséquent, parfaite et infinie en elle-même, mais dans un genre particulier et déterminé d'infinité et de perfection.

Ainsi, la Pensée est un attribut de la Substance; car

---

1. *Ethique*, part 2, Schol. 1 de la Propos. 40. — Comp. *Ibid.*, part. 4, Préambule.
2. *Ethique*, part. 2, Schol. 1 de la Propos. 40.
3. *Lettres*, tome III, pages 416, 417, 418.

elle est une manifestation de l'Être. La Pensée est donc infinie. Mais la Pensée n'est pas l'Étendue, qui est aussi une manifestation de l'Être et par conséquent un autre attribut de la Substance. De même, l'Étendue n'est pas la Pensée. La Pensée et l'Étendue sont donc infinies, mais d'une infinité relative, parfaites, mais d'une perfection déterminée; elles sont donc, pour ainsi parler, parfaites et infinies d'une perfection imparfaite et d'une infinité finie.

La Substance seule est l'Infini en soi, le Parfait en soi, l'Être plein et absolu. Or, il ne suffit pas que chaque attribut de la Substance en exprime, par son infinité relative, l'absolue infinité; il faut, pour exprimer absolument une infinité vraiment absolue, non-seulement des attributs infinis, mais une infinité d'attributs infinis. Si un certain nombre, un nombre fini d'attributs infinis, exprimait complétement l'essence de la Substance, cette essence ne serait donc pas infinie et inépuisable; il y aurait en elle une limite, une négation, sinon dans chacune de ses manifestations prise en elle-même, au moins dans sa nature et dans son fond. Or, il y a contradiction que le fini trouve place dans ce qui est l'Infini même, et que quelque chose de négatif puisse pénétrer dans ce qui est l'absolu positif, l'Être. Ce qui n'est infini que d'une manière déterminée n'exclut pas, mais au contraire implique quelque négation; mais l'Infini absolu implique au contraire la négation de toute négation. Tout nombre, si prodigieux qu'on voudra, d'attributs infinis est donc infiniment éloigné de pouvoir exprimer l'essence infinie de la Substance, et il n'y a qu'une infinité d'attributs infinis qui soit capable de représenter d'une manière adéquate une nature qui n'est pas seulement infinie, mais qui est l'Infini même, l'Infini absolu, l'Infini infiniment infini.

La Substance a donc nécessairement des attributs, une infinité d'attributs, et chacun de ces attributs est infini dans son genre. Or un attribut infini a nécessairement des modes. Que serait-ce en effet que la Pensée sans les idées qui en expriment et en développent l'essence? que serait-ce que l'Étendue sans les figures qui la déterminent, sans les mouvements qui la diversifient? La Pensée et l'Étendue ne sont point des universaux, des abstraits, des idées vagues et confuses; ce sont des manifestations réelles de l'Être; et l'Être n'est point quelque chose de stérile et de mort, c'est l'activité, c'est la vie. De même donc qu'il faut des attributs pour exprimer l'essence de la Substance, il faut des modes pour exprimer l'essence des attributs; ôtez les modes de l'attribut, et l'attribut n'est plus, tout comme l'Être cesserait d'être, si les attributs qui expriment son être étaient supposés évanouis.

Les modes sont nécessairement finis; car ils sont multiples. Or si chacun d'eux était infini, l'attribut dont ils expriment l'essence n'aurait plus un genre unique et déterminé d'infinité; il serait l'Infini en soi, et non tel ou tel infini; il ne serait plus l'attribut de la Substance, mais la Substance elle-même. Le mode ne peut donc exprimer que d'une manière finie l'infinité relative de l'attribut, comme l'attribut ne peut exprimer que d'une manière relative, quoique infinie, l'absolue infinité de la Substance.

Mais l'attribut est néanmoins infini en lui-même, et l'infinité de son essence doit se faire reconnaître dans ses manifestations. Or, supposez qu'un attribut de la

Substance n'eût qu'un certain nombre de modes, cet attribut ne serait pas infini, puisqu'il pourrait être épuisé; il y a contradiction, par exemple, qu'un certain nombre d'idées épuise l'essence infinie de la Pensée, qu'une étendue infinie soit exprimée par une certaine grandeur corporelle, si prodigieuse qu'on la suppose.

La pensée infinie doit donc se développer par une infinité inépuisable d'idées, et l'étendue infinie ne peut être exprimée dans sa perfection et sa totalité que par une variété infinie de grandeurs, de figures et de mouvements.

Ainsi donc, du sein de la Substance s'écoulent nécessairement une infinité d'attributs, et du sein de chacun de ces attributs s'écoulent nécessairement une infinité de modes. Les attributs ne sont pas séparés de la Substance, les modes ne le sont point des attributs. Le rapport de l'attribut à la Substance est le même que celui du mode à l'attribut; tout s'enchaîne sans se confondre, tout se distingue sans se séparer. Une loi commune, une proportion constante, un lien nécessaire retiennent éternellement distincts et éternellement unis la Substance, l'Attribut et le Mode; et c'est là l'Être, la Réalité, Dieu.

Voilà l'idée-mère de la métaphysique de Spinoza. On ne peut nier que ce vigoureux génie ne l'ait développée avec puissance dans un riche et vaste système, mais il s'y est épuisé et n'a jamais dépassé l'horizon qu'elle lui traçait.

Ce qu'on doit surtout remarquer dans cette première esquisse du système, c'est l'effort de Spinoza pour n'y laisser pénétrer aucun élément empirique, aucune donnée de la conscience et des sens; tout y est, à ce qu'il lui semble, strictement rationnel, nécessaire, absolu.

Cette sévérité dans la déduction (à laquelle Spinoza n'a

pas toujours été fidèle) lui était imposée par la méthode qu'il avait choisie; elle consiste, comme on l'a vu, à se dégager des impressions passives et confuses des sens, des fausses clartés dont l'imagination nous abuse et nous séduit, pour s'élever, par l'activité interne de la pensée, à la région des idées claires, et pénétrer d'idée en idée jusqu'à l'idée suprême, l'idée de l'Être parfait. Parvenu à ce sommet des intelligibles, le philosophe doit y saisir d'une main ferme les premiers anneaux de la chaîne des êtres, et en parcourir successivement tous les anneaux inférieurs, sans jamais lâcher prise, jusqu'à ce que l'ordre entier des choses soit clair à ses yeux.

L'expérience n'a rien à faire ici [1]; elle ne pourrait que troubler de ses ténèbres la pureté de l'intuition intellectuelle et arrêter, par la force de ses impressions et la séduction de ses prestiges, le progrès de la déduction métaphysique. Comme la dialectique platonicienne, la méthode de Spinoza exclut toute donnée sensible; elle part des idées, poursuit avec les idées, et c'est encore par les idées qu'elle s'achève et s'accomplit [2].

Si Spinoza n'avait pas eu le dessein prémédité de se passer de l'expérience, si, pour ainsi parler, il ne s'était pas mis un bandeau devant les yeux pour n'y point regarder, aurait-il construit le système entier des êtres avec ces trois seuls éléments : la Substance, l'Attribut et le Mode?

Certes, s'il est une réalité immédiatement observable pour l'homme, une réalité dont il ait le sentiment éner-

---

1. *De la Réforme de l'Entendement*, tome III, pages 306, 307.
2. Comparez Spinoza, *De la Réforme de l'Entendement*, pages 308-312, et Platon, *République*, livre VI.

gique et permanent, c'est la réalité du principe même qui le constitue, la réalité du moi. Cherchez la place du moi dans l'univers de Spinoza ; elle n'y est pas, elle n'y peut pas être. Le moi est-il une Substance? non ; car la Substance, c'est l'Être en soi, l'Être absolument infini. Le moi est-il un attribut de la Substance? pas davantage ; car tout attribut est encore infini, bien que d'une infinité relative. Le moi est donc un mode ; mais cela n'est pas soutenable ; car le moi a une existence propre et distincte, et quoique parfaitement un et simple, il contient en soi une infinie variété d'opérations. Le moi serait donc tout au plus une collection de modes ; mais une collection est une abstraction, une unité toute mathématique, et le moi est une force réelle, une vivante unité. Le moi est donc banni sans retour de l'univers de Spinoza. C'est en vain que la conscience y réclame sa place ; une nécessité logique, inhérente à la nature du système, l'écarte et le chasse tour à tour de tous les degrés de l'existence.

Mais non-seulement Spinoza ne recule pas devant les difficultés que le sens commun oppose à son système, il semble quelquefois les provoquer lui-même et aller au-devant d'elles avec une sincérité et une hardiesse surprenantes.

Ainsi, c'est un point fondamental de sa théorie de la Substance, que nous n'en connaissons que deux attributs, savoir : la pensée et l'étendue. Il n'en démontre pas moins avec force que la Substance doit nécessairement renfermer une infinité d'attributs. C'est se préparer une énorme difficulté, et on ne supposera pas sans doute qu'un aussi subtil génie ne l'ait point aperçue. En tout cas, elle n'avait point échappé à la sollicitude affectueuse et pénétrante de Louis Meyer, qui l'avait signalée à Spinoza, entre beaucoup d'autres également graves, dans le secret de l'amitié [1].

Mais Spinoza n'était point homme à sacrifier une nécessité logique à un fait d'observation. C'eût été à ses yeux un déréglement d'esprit, un renversement de l'ordre des idées et des choses. L'expérience donne ce qui paraît, ce qui arrive, ce qui est; la logique donne ce qui doit être. C'est donc à l'expérience à se régler suivant les lois nécessaires que lui impose cette logique toute-puissante qui gouverne l'univers et que la science aspire à réfléchir. Or, rien ne se déduit de l'idée de l'Être qu'une infinité d'attributs, et de l'idée des attributs, qu'une infinité de modes. La Substance renferme donc une infinité d'attributs, quelque petit nombre que nous en connaissions; et tout ce qui n'est pas la Substance, ou l'attribut ou le mode de la Substance, tout cela, en dépit de la conscience qui proteste, n'est absolument rien et ne peut absolument pas être conçu.

On doit comprendre maintenant qu'il serait inutile d'aller chercher dans Spinoza les preuves qui établissent, qui démontrent son système; ce serait peine perdue. Quiconque s'épuise à courir de théorème en théorème pour chercher l'argument capital, la preuve décisive sur laquelle repose le spinozisme, n'en a pas encore le secret. Lorsque Mairan, jeune encore, se passionna pour l'étude de l'*Éthique* et demanda à Malebranche de le guider dans cette périlleuse route, on sait avec quelle insistance, voisine de l'importunité, il pressait l'illustre Père de lui montrer enfin le point faible du spinozisme,

---

[1]. *Lettres*, tome III, page 444 et suiv.

l'endroit précis où la rigueur du raisonnement était en défaut, le *paralogisme* contenu dans la démonstration [1]. Malebranche éludait la question et ne pouvait assigner le paralogisme de Spinoza. C'est que ce paralogisme n'est pas dans tel ou tel endroit de l'*Éthique*, il est partout. Spinoza disposait d'une puissance de déduction vraiment incomparable, et à bien peu d'exceptions près, chacune de ses propositions, prise en soi, est d'une rigueur parfaite. Ce bourgeois de Rotterdam qui s'enflamma soudain d'une si belle ardeur pour la philosophie, ayant voulu, pour réfuter Spinoza, se mettre à sa place et faire sur lui-même l'épreuve de la force de ses raisonnements, se trouva pris au piége; le tissu de théorèmes où il s'était enfermé volontairement se trouva impénétrable, et il ne put plus s'en dégager [2].

Le système de Spinoza est une vaste conception fondée sur un seul principe qui contient en soi tous les développements que la logique la plus puissante y découvrira. La forme géométrique ne doit point ici faire illusion. Spinoza démontre sa doctrine, si l'on veut, mais il la démontre sous la condition de certaines données qui au fond la supposent et la contiennent. C'est un cercle vicieux perpétuel; ou pour mieux dire, au lieu d'une démonstration de son système, Spinoza s'en donne sans cesse à lui-même le spectacle, et il ne nous en présente dans son *Éthique* que le régulier développement.

Déjà les premières définitions le contiennent tout entier. C'est qu'en effet les définitions pour Spinoza ne sont point des conventions verbales, des signes arbitraires,

---

1. Voyez la Correspondance de Malebranche avec Dortous de Mairan publiée pour la première fois par M Feuillet de Conches, in-8°, 1841.
2. Voyez Bayle, *Dict crit.*, art Spinoza. — Comp. Leibnitz, *Théodicée*, partie III, § 373.

mais l'expression rigoureuse de l'intuition immédiate des êtres réels. Les vrais principes, aux yeux de ce métaphysicien-géomètre, ce ne sont pas les axiomes, lesquels ne donnent que des vérités générales ; ce sont les définitions, car les définitions donnent les essences.

Voici les quatre définitions fondamentales :

« J'entends par *Substance* ce qui est en soi et est conçu par soi, c'est-à-dire ce dont le concept peut être formé sans avoir besoin du concept d'aucune autre chose [1].

« J'entends par *Attribut* ce que la raison conçoit dans la Substance comme constituant son essence [2].

« J'entends par *Mode* les affections de la Substance, ou ce qui est dans autre chose et est conçu par cette même chose [3].

« J'entends par *Dieu* un être absolument infini, c'est-à-dire une Substance constituée par une infinité d'attributs infinis dont chacun exprime une essence éternelle et infinie [4].

« EXPLICATION. Je dis absolument infini, et non pas infini en son genre ; car toute chose qui est infinie seulement en son genre, on en peut nier une infinité d'attributs ; mais quant à l'Être absolument infini, tout ce qui exprime une essence et n'enveloppe aucune négation appartient à son essence. »

Tout philosophe remarquera l'étroite connexion de ces quatre définitions. Mais il y a un théorème de Spinoza où lui-même les a enchaînées avec une précision et une force singulières ; c'est dans le *De Deo*, la propo-

---

1. *Éthique*, part. 1, Définition 3.
2. Définition 4
3. Définition 5.
4. Définition 6.

sition seizième où l'on peut dire que Spinoza est tout entier :

Il est de la nature de la Substance de se développer nécessairement par une infinité d'attributs infinis infiniment modifiés.

Tennemann reproche à Spinoza de n'avoir pas suffisamment établi cette proposition, et il a bien raison. Mais ce n'est pas là seulement, comme cet habile homme paraît le croire, une proposition très-importante; c'est l'idée même du système, et pour emprunter à Spinoza son langage, c'est le postulat de sa philosophie.

III

DE DIEU.

Spinoza a consacré toute la première partie de l'*Éthique* à exposer sa théorie de la nature divine. Son premier soin est de démontrer l'impossibilité absolue de la production d'une Substance.

Après avoir rappelé la nature de la Substance [1], il considère tour à tour l'hypothèse de la création ou production d'une substance dans le cas où la substance qui produit et la substance qui est produite auraient des attributs identiques [2], et dans celui où leurs attributs seraient divers [3]. Il réfute successivement ces deux hypothèses, et conclut en général qu'*une substance ne peut être produite par une autre substance* [4], et plus générale-

---

1. *De Dieu*, Propos. 1.
2. *De Dieu*, Propos 2 et 3.
3. *Éthique*, part. 1, Propos. 4 et 5.
4. *Éthique*, Propos. 4.

ment encore qu'*une substance ne peut absolument pas être produite* [1]. Il est clair, en effet, que si deux substances d'attributs divers n'ont rien de commun, et par suite ne peuvent être cause l'une de l'autre, et s'il ne peut y avoir deux substances d'attributs identiques, il est clair, dis-je, que la production d'une substance par une autre substance est impossible, et déjà implicitement qu'il n'y a qu'une seule substance.

On pourrait croire qu'en établissant cette thèse, le spinozisme a fait un grand pas. Ce serait se méprendre étrangement. La conclusion à laquelle aboutit péniblement Spinoza par l'enchaînement laborieux des six premières propositions de l'*Éthique*, cette conclusion est pour ainsi dire évidente d'elle-même. Traduisez-la, en effet, en langage ordinaire : elle signifie qu'un être qui, par hypothèse, est une Substance, c'est-à-dire existe en soi et par soi, ne peut être produit, c'est-à-dire exister et être conçu par un autre être, ce qui a à peine besoin d'être démontré.

Le langage ici peut faire quelque illusion, et ce n'est pas sans apparence de raison qu'on a reproché à Spinoza d'avoir profité de l'ambiguïté de la langue qu'il s'était faite pour introduire ses doctrines par des voies détournées. Ici, par exemple, à prendre les mots dans le sens ordinaire, il semble qu'il soit démontré que la création est impossible, principe justement cher au panthéisme; tandis qu'au fond, tout ce qui est démontré, c'est que l'Être en soi est nécessairement incréé, vérité incontestable, dont le panthéisme n'a rien à tirer. Mais il ne faut pas croire que Spinoza ait voulu sur-

---

[1]. Coroll. de la Propos. 6.

prendre ses lecteurs, et leur insinuer perfidement des principes qu'il se sentait incapable de démontrer. J'ose dire qu'un tel calcul était infiniment éloigné de la conviction profonde et passionnée de Spinoza et de sa droiture. Mais s'il ne faut pas lui imputer à crime une ambiguïté qu'il a créée sans le vouloir, elle n'en est pas pour cela moins déplorable. Spinoza ne se servait qu'à regret de la langue vulgaire; il n'y trouvait pas cette justesse et cette précision si nécessaires à l'ordre des idées. Il se plaint souvent que les langues sont mal faites, qu'elles sont empreintes des préjugés populaires. Par exemple, les mots positifs expriment presque toujours des choses négatives, et les objets les plus positifs et les plus réels sont exprimés par des mots négatifs. « Les objets matériels, dit-il ingénieusement, ayant été nommés les premiers, ont usurpé les mots positifs [1]. » On dirait que Spinoza veut prendre sa revanche contre les préjugés du sens commun en se composant une langue diamétralement opposée à la langue ordinaire. C'est pourquoi l'Être qui existe en soi lui paraît seul digne de porter le nom de Substance; tout ce qui n'a qu'une existence empruntée ne mérite pas ce beau nom.

Il n'y a point là de supercherie, je le répète, mais une réaction excessive contre la langue ordinaire, aussi innocente dans l'intention de Spinoza que déplorable dans ses suites.

Spinoza a établi qu'une Substance ne peut être produite ou créée par une autre Substance. Est-ce à dire qu'il n'y ait qu'une seule Substance? Cela n'est point encore démontré. Car, de ce que la Substance est de sa

---

[1]. *De la Réforme de l'Entendement*, tome III, page 334.

nature incréée, il ne s'ensuit pas qu'il ne puisse y avoir plusieurs substances, mais seulement que, s'il en existe en effet plusieurs, elles sont toutes incréées et, à ce titre, indépendantes l'une de l'autre. D'ailleurs, on ne sait pas encore s'il existe une Substance. Il faut donc, pour établir l'unicité de la Substance, démontrer deux choses : premièrement, qu'il y a une Substance; secondement, qu'il ne peut y en avoir qu'une seule.

Rien au monde ne pouvait moins embarrasser Spinoza que la démonstration de l'existence de la Substance, c'est-à-dire de l'existence de Dieu. On l'a accusé d'athéisme et d'impiété; mais répéter avec passion une accusation injuste, sans prendre la peine de la vérifier ni même de la comprendre, est-ce en changer le caractère?

Voici la démonstration de Spinoza : « *Dieu, c'est-à-dire une substance constituée par une infinité d'attributs dont chacun exprime une essence éternelle et infinie, existe nécessairement.* — Démonstr. Si vous niez Dieu, concevez, s'il est possible, que Dieu n'existe pas. Son essence n'envelopperait donc pas l'existence. Mais cela est absurde. Donc Dieu existe nécessairement. C. Q. F. D. »

Il est aisé de reconnaître là le syllogisme célèbre de Leibnitz [1], qui n'est que l'argument cartésien simplifié [2].

---

1. Je le cite pour faciliter le rapprochement : « Ens ex cujus essentia sequitur
« existentia, si est possibile, id est, si habet essentiam, existit (est axioma iden-
« ticum demonstratione non indigens). Atqui, Deus est ens ex cujus essentia se-
« qu'tur existentia (est definitio,. Ergo, si Deus est possibilis, existit (per ipsius
« conceptus necessitatem). » Leibnitz, *Lettre à Bierling*.

2. Je cite également le syllogisme de Descartes : « Dire que quelque attribut
« est contenu dans la nature ou dans le concept d'une chose, c'est le même que de
« dire que cet attribut est vrai de cette chose et qu'on est assuré qu'il est en elle.
« Or est-il que l'existence nécessaire est contenue dans la nature ou dans le
« concept de Dieu.
« Donc il est vrai de dire que l'existence nécessaire est en Dieu, ou que Dieu
« existe » (Descartes, *Réponses aux secondes Objections*.)

Descartes ne l'avait probablement point inventé, mais emprunté, sans s'en rendre bien compte, à la tradition scolastique dont les jésuites l'avaient nourri [1]. Au surplus, il ne faut pas croire que Spinoza ait attribué à sa démonstration plus d'importance qu'il ne convient. Il savait qu'un syllogisme résume une croyance, mais ne la fonde pas, et qu'il y a quelque chose de plus fort que tous les syllogismes, je veux dire l'élan irrésistible d'une âme bien faite vers Dieu. C'est une belle parole que celle d'Hemsterhuis : « Un seul soupir de l'âme qui se manifeste de temps en temps vers le meilleur, le futur et le parfait, est une démonstration plus que géométrique de la Divinité [2]. »

Spinoza n'aurait point désavoué cette forte et haute pensée. Ce grand logicien n'a pas méconnu, cette fois au moins, les limites de la logique; et il n'a pas ignoré que l'existence de Dieu, avant d'être une conclusion, est un acte de foi de l'intelligence. Pour Spinoza, une âme philosophique est celle où l'idée de Dieu domine sans partage et gouverne en maîtresse absolue les pensées et les désirs. Une telle âme ne peut point douter de l'existence de Dieu, car pour elle tout la contient et la suppose. Ce qui rend l'existence de Dieu incertaine aux âmes vulgaires, c'est que l'idée de Dieu est obscurcie en elles par les ténèbres des sens. Ce flot d'images et d'impressions qui les assaille et les emporte au gré du hasard ne leur permet pas de prendre possession d'elles-mêmes et de s'établir sur le terrain solide des idées. A ces in-

---

1. Voy. saint Anselme, *Proslogium*, cap 2; — Saint Thomas, *Summ. theolog.*, pars 1, quæst. 2, art. 1. — *Contra gentil.* 1, 10. — Duns Scott, *Opp*, tome V, pars 1, dist. 2, quæst. 2. — Saint Bonaventure, *Opusc.*, p 712. — Albertus Magnus, *Summa theolog.*, pars 1, tract. 3, quæst. 17.
2. *Aristée*, page 168.

telligences obscurcies il faut la lumière des démonstrations. Les âmes philosophiques n'en ont pas besoin : tout mode est pour elles la manifestation d'un attribut infini, qui manifeste lui-même une Substance infinie, de façon que si cette Substance n'existait pas, il n'y aurait rien. Aller du mode à l'attribut et de l'attribut à la Substance, revenir de la Substance à ses attributs et de ses attributs aux modes qui les manifestent, monter et redescendre sans cesse cette échelle sans se séparer un instant de ce qui en soutient tous les degrés, voilà le mouvement naturel d'une âme philosophique. Dieu est donc la condition immédiate de toute existence réelle, de toute pensée distincte. Quiconque pense, pense Dieu ; quiconque affirme, affirme Dieu.

L'athéisme n'existe pas ; celui qui déclare qu'il doute de l'existence de Dieu n'en a dans la bouche que le nom [1]. On peut vivre dans l'oubli de Dieu, mais on ne peut penser à Dieu et à la fois nier Dieu ; ce serait penser hors des conditions de la pensée. Prouver l'existence de Dieu, c'est ramener une âme à elle-même, c'est y réveiller une idée pour un temps évanouie, et Spinoza pense, comme Platon, que l'athéisme est une maladie de l'âme plutôt qu'une erreur de l'intelligence.

Spinoza abonde en fortes paroles sur l'incontestable certitude de l'existence de Dieu. Personne n'a développé avec plus de hardiesse et de confiance l'argument célèbre qui déduit l'existence réelle de Dieu de l'idée de sa perfection [2].

---

1. *De la Réforme de l'Entendement*, tome III, page. 307, note 2. — Comp. *Éthique*, part. 1, Scholie 2 de la Propos. 8.

2. Spinoza n'admettait pas l'argument *a posteriori*, je veux dire celui qui est

« La perfection, dit-il [1], n'ôte pas l'existence, elle la fonde. C'est l'imperfection qui la détruit; et il n'y a pas d'existence dont nous puissions être plus certains que de celle d'un être absolument infini ou parfait, savoir, Dieu; car son essence excluant toute imperfection, et enveloppant, au contraire, la perfection absolue, toute espèce de doute sur son existence disparaît; et il suffit de quelque attention pour reconnaître que la certitude qu'on en possède est la plus haute certitude [2]. »

fonde sur l'impossibilité d'un progrès à l'infini de causes secondes. On comprend bien que Spinoza ne pouvait pas reconnaître pour solide une preuve diamétralement opposée à un des principes fondamentaux de sa philosophie (voyez *Éthique*, part. 1, Propos. 18.) Mais non-seulement Spinoza ne veut pas de l'argument *a posteriori* pour son propre compte; il ne veut pas qu'Aristote l'ait adopté. Voici un passage curieux d'une lettre à Louis Meyer :

« Je veux noter en passant que les nouveaux péripatéticiens ont mal compris,
« à mon avis, la démonstration que donnaient les anciens disciples d'Aristote de
« l'existence de Dieu. La voici, en effet, telle que je la trouve dans un juif nommé
« Rabbi Ghasdaj : Si l'on suppose un progrès de causes à l'infini, toutes les choses
« qui existent seront des choses causées. Or, nulle chose causée n'existe nécessai-
« rement par la seule force de sa nature. Il n'y a donc dans la nature aucun être
« à l'essence duquel il appartienne d'exister nécessairement. Mais cette consé-
« quence est absurde. Donc le principe l'est aussi. — On voit que la force de cet
« argument n'est pas dans l'impossibilité d'un infini actuel ou d'un progrès de
« causes à l'infini. Elle consiste dans l'absurdité qu'il y a à supposer que les choses
« qui n'existent pas nécessairement de leur nature ne soient pas déterminées à
« l'existence par un être qui existe nécessairement. » (*Lettres*, XV, tome III, page 389.)

A la vérité, Spinoza dit quelque part qu'il va prouver l'existence de Dieu *a posteriori*; mais voici sa démonstration (*Éthique, de Dieu*, Propos. 11) : « Pouvoir ne pas exister, c'est évidemment une impuissance, et c'est une puissance, au contraire, que de pouvoir exister. Si donc l'ensemble des choses qui ont déjà l'existence ne comprend que des êtres finis, il s'ensuit que des êtres finis sont plus puissants que l'être absolument infini, ce qui est, de soi, parfaitement absurde. Il faut donc de deux choses l'une, ou qu'il n'existe rien, ou, s'il existe quelque chose, que l'être absolument infini existe aussi. Or, nous existons, nous, ou bien en nous-mêmes, ou bien en un autre être qui existe nécessairement. Donc, l'être absolument infini, en d'autres termes, Dieu, existe nécessairement. » Chacun reconnaît là la preuve *a priori* sous une de ses formes les plus hardies, les plus paradoxales.

1. *Éthique, de Dieu*, Schol. de la Propos. 11.
2. On pense involontairement à l'éloquent passage de Bossuet : « L'impie demande : Pourquoi Dieu est-il? Je lui réponds : Pourquoi Dieu ne serait-il pas? Est-ce à cause qu'il est parfait, et la perfection est-elle un obstacle à l'être? Erreur insensée! au contraire, la perfection est la raison d'être... Mon âme, âme raisonnable, mais dont la raison est si faible, pourquoi veux-tu être et que Dieu ne soit pas? Hélas! vaux-tu mieux que Dieu? Ame faible, âme ignorante, dévoyée, pleine d'er-

En un autre endroit, Spinoza résume sa doctrine d'un seul trait rapide et profond : « Si Dieu n'existait pas, la pensée pourrait concevoir plus que la nature ne saurait fournir [1]. »

Il est prouvé qu'il existe une Substance ; mais en peut-il exister plus d'une ? Spinoza prouve très-solidement que cela est impossible.

« Il ne peut exister, dit-il, et on ne peut concevoir aucune autre substance que Dieu [2]. En effet, Dieu est l'être absolument infini, duquel on ne peut exclure aucun attribut exprimant l'essence d'une substance [3], et il existe nécessairement [4]. Si donc il existait une autre substance que Dieu, elle devrait se développer par quelqu'un des attributs de Dieu, et de cette façon il y aurait deux substances de même attribut, ce qui est absurde [5]. Par conséquent, il ne peut exister aucune autre substance que Dieu, et on n'en peut concevoir aucune autre : car, si on pouvait la concevoir, on la concevrait nécessairement comme existante, ce qui est absurde (par la première partie de cette démonstration). Donc aucune autre substance que Dieu ne peut exister ni se concevoir. »

A coup sûr, cette démonstration est d'une rigueur

---

reurs et d'incertitudes dans ton intelligence, pleine, dans ta volonté, de faiblesse, d'égarement, de corruption, de mauvais désirs, faut-il que tu sois, et que la certitude, la compréhension, la pleine connaissance de la vérité et l'amour immuable de la justice et de la droiture ne soit pas ? *Élévations*, 1re semaine, Élév. 1.)

1. *De la Réforme de l'Ent.*, tome III, page 329, note 2. — Il est curieux de voir Oldenburg adresser à Spinoza, contre la preuve *a priori* de l'existence de Dieu, les mêmes objections que Gaunilon élevait contre saint Anselme, et que Gassendi renouvela plus tard contre Descartes. — Comp. Oldenburg, *Lettres à Spinoza*, tome III, page 352 sqq. — Gaunilon, *Liber pro insipiente*, dans saint Anselme. Opp., ed. dom Gerberon. — Gassendi, *Objections cinquièmes* contre les *Méditations*.
2. *Éthique, de Dieu*, Propos. 34.
3. Par la Définition, 6.
4. Par la Propos. 11.
5. Par la Propos. 5.

parfaite, et on ne peut pas mieux prouver qu'il n'existe qu'une substance unique, ce qui veut dire, dans la langue de Spinoza, qu'il n'y a qu'un seul Dieu. Mais regardez au corollaire de cette proposition incontestable. Voici ce que Spinoza en prétend déduire : c'est que la chose étendue et la chose pensante sont des attributs de Dieu ou des affections des attributs de Dieu, en d'autres termes, que les corps et les âmes sont de purs modes dont Dieu est la substance.

Il faut avouer que le passage est un peu brusque de cette proposition : il n'y a qu'une seule substance, qui, traduite en langage ordinaire, veut dire : il n'y a qu'un seul Dieu ; à celle-ci : tout ce qui est, est un attribut ou un mode de Dieu. De quel droit Spinoza peut-il franchir cette distance infinie?

Plus d'un esprit sérieux, déconcerté par ce mouvement imprévu et en apparence déréglé de la déduction, pourrait croire ici, ou bien que Spinoza raisonne mal et tombe dans quelque erreur logique, ou bien qu'il profite de l'ambiguïté du mot substance pour introduire le panthéisme à la faveur d'un malentendu.

Rien de tout cela n'est fondé. Spinoza n'est point un sophiste ; c'est un esprit parfaitement sincère et profondément convaincu. Spinoza raisonne avec une rigueur parfaite ; mais il raisonne sur cette donnée primitive : il n'y a que trois formes possibles de l'existence, la Substance (c'est-à-dire l'Être en soi), l'attribut, le mode. Ce sont là ses définitions, c'est-à-dire ses principes ; il s'y appuie avec confiance. Or, il a été démontré que la Substance existe et qu'elle est unique. Il suit de là rigoureusement que tout ce qui n'est pas la Substance en est un attribut ou un mode. Et comme il est clair que l'âme humaine, par exemple, et le corps humain ne sont pas des Substances, des Êtres parfaits, c'est une nécessité absolue que l'âme et le corps soient des attributs ou des modes de la Substance.

Il est donc très-certain que Spinoza raisonne juste, et que l'exactitude de ses déductions est aussi incontestable que la sincérité de sa croyance. Mais, qu'est-ce à dire? s'ensuit-il que Spinoza démontre en effet que l'âme humaine et le corps humain, que les âmes et les corps en général soient de purs modes de la Substance divine? il s'en faut infiniment. Et d'abord il y a ici une question de mots qu'il faut éclaircir. Dans la langue de Spinoza, Substance veut dire Dieu. Lors donc que Spinoza prétend que l'âme et le corps ne sont point des substances, cela signifie tout simplement que l'âme et le corps ne sont pas des dieux. Ce ne sont pas non plus des attributs de Dieu, personne ne le contestera. Donc, dit Spinoza, ce sont des modes, des affections de la nature divine. Mais que signifie ce langage? qu'entendez-vous par mode? ce qui existe en une autre chose et est conçu par cette chose, c'est-à-dire ce qui n'existe pas en soi et n'est pas conçu par soi. A ce compte, je veux bien convenir avec vous que l'âme humaine est un mode, par où j'entends que l'âme humaine n'existe pas en soi et par soi. J'irai même jusqu'à dire comme vous que l'âme humaine est un mode de Dieu, entendant par là qu'elle existe en Dieu et est conçue par Dieu. Mais qu'y gagnera votre système? De ce que l'âme humaine n'est pas Dieu, de ce qu'elle tient son être de Dieu, et en ce sens existe en Dieu, s'ensuit-il que l'âme humaine n'ait pas en soi un principe d'activité et d'individualité qui lui donne une existence distincte, durable et jusqu'à un certain point indépendante? s'ensuit-il que l'âme humaine, qui se sent une et vivante, soit une pure collection de modes, et ne possède que cette existence abstraite et diffuse, seule concevable dans une collection?

Il est clair que toute la puissance déductive de Spinoza est incapable d'aller jusque-là. Je reviens donc toujours à cette conclusion : Spinoza ne démontre pas sa doctrine, il la développe.

IV

DE LA NATURE DE DIEU.

De l'Étendue divine. — De la Pensée divine. — De la Liberté divine.

Dieu, c'est la Substance : en d'autres termes, l'Être en soi et par soi, l'Être parfait.

L'Être parfait est nécessairement infini [1]; car d'abord, à titre de substance unique, rien n'existe hors de lui qui le puisse limiter [2] et, de plus, il est de la nature de la Substance, de l'Être véritable, de posséder l'infinité [3]. Le fini, en effet, n'étant au fond que la négation partielle de l'existence d'une nature donnée, et l'infini l'absolue affirmation de cette existence, de cela seul que la Substance existe, il s'ensuit qu'elle doit être infinie [4]. La substance infinie possède nécessairement une infinité

---

1. *Éthique, de Dieu,* Propos. 8.
2. *Ibid.,* Propos. 15.
3. *Ibid.,* Demonstr. de la Propos. 8.
4. *Ibid.,* Schol. 1 de la Propos. 8.

d'attributs; car suivant qu'une chose a plus de réalité ou d'être, un plus grand nombre d'attributs lui appartiennent [1]. L'être de la Substance étant infini, il est donc nécessaire qu'il s'exprime par une infinité d'attributs; autrement les attributs de la Substance tomberaient sous la condition du nombre, du degré, du plus ou du moins, tandis que son être n'y tomberait pas, ce qui est contradictoire.

Nous savons donc de science certaine et par la plus claire intuition que Dieu se développe en une infinité d'attributs qui expriment, chacun à sa manière, l'absolue infinité de son être; et cependant, chose au premier abord inconcevable, nous n'en connaissons véritablement que deux, savoir, l'Étendue et la Pensée. De sorte qu'après avoir dit : Dieu est, il est l'Étendue, il est la Pensée, notre science positive de Dieu est épuisée. L'homme peut approfondir à l'infini cette triple connaissance, mais il est dans une impuissance éternelle d'y rien ajouter, et mille générations de philosophes se consumeraient en vain pour dépasser d'une ligne ce cercle fatal où nous enferme l'irrévocable condition de notre nature.

Aux esprits superficiels notre science de Dieu paraît infiniment plus riche. Nous pouvons dire, en effet, que Dieu possède l'éternité, l'immutabilité, l'activité, la causalité, la puissance, et ainsi de suite. Mais l'éternité de la Substance, c'est son existence elle-même, en tant qu'elle résulte de son essence [2]; car il est clair qu'une telle existence ne peut s'étendre dans la durée [3], bien

---

1. *Éthique, de Dieu*, Propos. 9.
2. *De Dieu*, Propos. 10.
3. *Éthique*, part. 1, Explication de la Définition 8.

que l'on conçoive la durée sans commencement ni fin [1].
« Il n'y a, dit Spinoza, que l'existence des modes qui tombe dans la durée; celle de la Substance est dans l'éternité, je veux dire qu'elle consiste dans une possession infinie de l'être (*essendi*). »

L'immutabilité de la Substance, ce n'est encore que la Substance elle-même, en tant que son existence et son essence sont une seule et même chose; d'où il suit que si la Substance subissait quelque altération dans son existence, elle la subirait aussi dans son essence, ce qui implique [2].

L'Activité, la Causalité, la Puissance de Dieu, c'est tout un, et tout cela c'est toujours son essence [3]. De la seule nécessité de l'essence divine, il résulte en effet que Dieu est cause de soi [4] et de toutes choses [5]. Donc la puissance de Dieu, par laquelle toutes choses existent et agissent, est l'essence même de Dieu.

Il suit de là que notre science de la nature divine, suivant Spinoza, est contenue tout entière dans ces trois propositions :

Dieu est l'Existence absolue, ou, ce qui est la même chose, l'Activité ou la Liberté absolues [6].

Dieu est l'Étendue absolue.

Dieu est la Pensée absolue.

Ce n'est point chose aisée que de bien entendre Spi-

---

1. Sur le rapport de l'éternité à la durée, voyez une fort belle lettre de Spinoza à Louis Meyer, tome III, page 382 et suiv. — Comp. Plotin, *Ennéades*, III, livre VII.
2. *De Dieu*, Coroll. 2 de la Propos. 20.
3. *Éthique*, part. 1, Propos. 34.
4. Par la Propos. 11, part. 1.
5. Par la Propos. 16, part. 1, et son Coroll.
6. Pour l'identité de l'Activité et de la Liberté, voyez *Éthique*, part. 1, Défin. 7, et Propos. 17, avec ses Coroll. et son Schol.

noza sur ces trois grands objets, l'essence, l'étendue et la pensée de la Substance.

Si l'essence de Dieu, prise en soi, s'exprime, se développe par une infinité d'attributs, et d'un autre côté, si nous ne pouvons connaître positivement que deux de ces attributs, l'Étendue et la Pensée, nous ne connaissons donc qu'infiniment peu l'essence de Dieu, et cette connaissance misérable s'évanouit et s'efface entièrement devant l'idéal d'une connaissance pleine et absolue, d'une connaissance véritable de l'essence divine.

Ce n'est point ainsi que Spinoza entend les choses. Il convient que nous ne connaissons qu'infiniment peu les attributs de la Substance infinie, puisque nous n'en pouvons atteindre qu'un certain nombre, et qu'elle en possède un nombre innombrable, une infinité. Mais il soutient que nous concevons parfaitement, que nous comprenons dans son fond, que nous connaissons enfin d'une connaissance adéquate l'essence de la Substance [1]. Comment, en effet, savons-nous que la Substance a une infinité d'attributs? parce que nous voyons clairement et distinctement son essence qui les contient. A quelle condition mesurons-nous la différence infinie qui sépare notre science des attributs de Dieu, de l'idéal de cette science? à condition de comprendre qu'il y a un idéal, c'est-à-dire à condition de comprendre que l'essence de Dieu enveloppe une infinité d'attributs, c'est-à-dire enfin à condition de comprendre cette essence. Oui, il existe un abîme entre le néant que nous sommes et l'Être que nous contemplons. Cet abîme infini confond et accable notre nature; mais elle se relève en le mesurant.

---

1. *De l'Ame*, Propos. 47.

Si nous avons une connaissance adéquate de l'essence de Dieu, aussi bien que de l'étendue et de la pensée divines, il est donc possible de définir la nature de ces trois choses et d'en marquer les rapports ; mais c'est ici qu'il est surtout difficile et nécessaire d'aller au fond de la doctrine de Spinoza.

Spinoza déclare positivement que Dieu est absolument indivisible, aussi bien dans ses attributs que dans son essence [1] ; d'où il suit évidemment, et c'est encore sa doctrine très-positive et très-expresse [2], que Dieu est incorporel.

Or, si Dieu pris en soi ne souffre aucune limite corporelle, il doit être également affranchi de toute limitation intellectuelle. Supposer en Dieu un entendement et une volonté, même infinis, ce n'est pas moins absurde que d'y supposer du mouvement; dans les deux cas on dégrade également la majesté de la nature divine [3]. L'entendement, en effet, et la volonté, même infinis, sont des modes de la Pensée [4], comme le mouvement et la figure sont des modes de l'Étendue. Dieu en soi n'a donc ni corps, ni entendement, ni volonté [5].

La science de Dieu, suivant Spinoza, aboutit donc à ce triple résultat :

Dieu est étendu, et toutefois incorporel.

Dieu pense, et il n'a pas d'entendement.

Dieu est actif et libre, et il n'a pas de volonté.

---

1. *De Dieu,* Propos. 12 et 23.
2. *Éthique,* part. 1, Schol. de la Propos. 15. — Voyez aussi *Lettre à Oldenburg,* tome III, page 365.
3. *Éthique,* part. 1, Schol. de la Propos. 32.
4. *De Dieu,* Propos. 31.
5. Voyez le Schol. de la Propos. 17, part. 1.

§ Ier.

De l'étendue de Dieu.

L'Étendue est un attribut de Dieu [1]; en effet, l'Étendue est infinie, et ce qui est infini ne peut être que Dieu ou un attribut de Dieu.

L'Étendue est infinie; car, essayez de limiter l'Étendue, avec quoi la limitez-vous? avec elle-même. En réalité, concevoir l'Étendue limitée, ce n'est plus concevoir l'Étendue, mais un de ses modes, c'est-à-dire un corps. L'Étendue réelle, distincte des corps, prise en soi dans sa plénitude et sa perfection, est parfaitement positive, c'est-à-dire sans négation, c'est-à-dire sans limitation.

L'Étendue n'est donc pas un mode, puisque tout mode est fini de sa nature. D'un autre côté l'Étendue, quoique infinie, n'est pas l'Infini, l'Infini absolu; car elle ne contient qu'un genre précis de perfection, et l'Infini absolu les contient tous. L'Étendue est donc une perfection déterminée, contenue dans l'absolue Perfection, une infinité relative, qui exprime à sa manière l'absolue Infinité, en d'autres termes, un attribut de Dieu.

Nous savons d'ailleurs que les corps, comme tout ce qui est, sont en Dieu et par Dieu [2]. Mais à quel titre et comment en est-il ainsi? c'est que les corps ne sont pas des substances, mais des modes, lesquels enveloppent le concept de l'étendue. Chaque corps exprime donc d'une manière finie l'infinité et la perfection de l'Étendue,

---

1. *Éthique*, part. 2, Propos. 1 et 2.
2. *De Dieu*, Propos 15.

qui exprime elle-même, d'une manière relative (quoique infinie), l'absolue perfection de la Substance [1].

Entre Dieu, pris en soi, dans la plénitude absolue de son essence, et les corps, pris en eux-mêmes, dans la limitation nécessaire de leur nature, l'Étendue est une sorte d'intermédiaire, infinie relativement aux corps, finie (en tant que détermination de l'Être) relativement à la substance divine. Mais il ne faut pas croire que l'Étendue soit séparée ni même distinguée de la Substance autrement que d'une distinction toute logique. Spinoza dit nettement et résolûment que l'étendue infinie, c'est Dieu même, et en termes plus significatifs encore, que Dieu est chose étendue (*Deus est res extensa*).

Dieu est en même temps indivisible, non-seulement dans le fond de son essence [2] non encore manifestée, mais dans toutes les manifestations immédiates de cette essence, dans tous les attributs [3] qui l'expriment et la développent.

Spinoza donne une simple et belle démonstration de l'indivisibilité divine [4] : « Si la substance infinie était divisible, les parties qu'on obtiendrait en la divisant retiendraient ou non la nature de la Substance. Dans le premier cas, on aurait plusieurs substances de même nature, ce qui est absurde [5] (ou même plusieurs dieux, ce qui est plus absurde encore); dans le second cas, la Substance, une fois divisée, perdrait sa nature, c'est-à-dire cesserait d'être. »

1. *De l'Ame*, Démonstr. des Propos. 1 et 2.
2. *Éthique*, part. 1, Propos. 13.
3. *De Dieu*, Propos. 12.
4. *De Dieu*, Démonstr. de la Propos. 13.
5. Par la Propos. 5. — Deux substances de même nature, pour Spinoza, ne sont pas moins impossibles que, pour Leibnitz, deux indiscernables.

Le résultat de cette double démonstration, c'est que Dieu est à la fois étendu et indivisible. Spinoza n'était pas homme à se faire illusion sur cette énorme difficulté (à nos yeux insoluble) de sa doctrine. Mais il faut reconnaître qu'il l'a abordée avec franchise. Tout s'explique, à l'en croire, par la distinction de l'étendue finie, qui est proprement le corps, et de l'étendue infinie, qui seule convient à la nature de Dieu.

Dire que Dieu est étendu, ce n'est pas dire que Dieu ait longueur, largeur et profondeur, et se termine par une figure. Car alors Dieu serait un corps, c'est-à-dire un être fini, ce qui est, suivant Spinoza, l'imagination la plus grossière et la plus absurde qui se puisse concevoir[1]. Dieu n'est pas telle ou telle étendue divisible et mobile, mais l'Étendue en soi, l'immobile et indivisible Immensité.

L'opinion de Spinoza, par cet endroit, se rapproche beaucoup de la célèbre doctrine de Newton, soutenue par Samuel Clarke, avec un zèle aussi ardent qu'inutile, contre la dialectique accablante de Leibnitz :

Newton disait de Dieu : *Non est duratio et spatium, sed durat et adest, et existendo semper et ubique, spatium et durationem constituit*[2]. Spinoza eût certainement souscrit à cette formule, et Leibnitz le savait bien, lui qui serrait Clarke de si près sur ce point délicat, et lui montrait du doigt le panthéisme à l'extrémité de sa doc-

---

1. *De Dieu*, Schol. de la Propos. 15.
2. *Newton, Principia*, Schol. gener. sub finem. Voici le morceau tout entier :
« *Deus æternus est et infinitus, omnipotens et omnisciens; id est, durat ab æterno in æternum, et adest ab infinito in infinitum; omnia regit et omnia cognoscit, quæ fiunt aut fieri possunt. Non est æternitas vel infinitas; non est duratio et spatium, sed durat et adest. Durat semper et adest ubique; et existendo semper et ubique, durationem et spatium, æternitatem et infinitatem constituit.* »

trine. Quand on donne en effet à l'espace une réalité distincte et absolue, que répondre à Spinoza qui vient vous dire : « L'espace existe, et il est infini. Ce qui est infini est parfait dans son genre ; ce qui est parfait ne peut être que Dieu lui-même ou une manifestation immédiate de sa perfection. »

Mais il est juste et nécessaire de signaler ici, entre l'opinion des newtoniens et celle de Spinoza, une différence capitale. Pour Newton l'espace pur, l'immensité, est distincte des corps, non pas d'une distinction tout idéale, mais d'une effective et réelle distinction. Les corps se meuvent dans l'espace ; mais ôtez les corps et leurs mouvements, l'espace demeure. Pour Spinoza, les corps sont les modes de l'étendue infinie, de l'espace pur, de l'immensité divine, peu importe le nom. Ils sont donc distincts de l'Étendue, mais ils n'en sont pas séparés ni séparables. Cette union est si forte que Spinoza dit quelque part : « Qu'un seul corps vienne à être anéanti, l'étendue infinie périt avec lui [1]. »

Chose singulière ! l'Espace et le Temps, qui ont toujours, dans les Écoles philosophiques, subi la même fortune, réduits par Aristote, par Leibnitz, à de simples rapports des êtres, par Kant à des formes de la sensibilité, élevés par les newtoniens et les Écossais au rang de réalités absolues, mais qui toujours, reconnus ou niés, diminués ou agrandis dans le degré et le caractère de leur être, ont partagé un sort commun, l'Espace et le Temps, dis-je, jouent un rôle infiniment différent dans la philosophie de Spinoza.

L'Espace est infini, réel ; il est la substance des corps,

---

[1]. *Lettre à Oldenburg*, tome III, pag. 358.

il est Dieu lui-même en tant qu'étendu. Le Temps et la Durée, au contraire, simples conceptions de la pensée, moins encore, pures formes de l'imagination [1], ne sont point infinis, mais indéfinis. Le Temps même n'est point indéfini; car, pour Spinoza, il n'est qu'une détermination de la Durée [2]; la Durée n'est point séparée des choses qui durent; elle est l'ordre de leur mouvement. A son plus haut degré, prise dans sa totalité indéfinie, elle représente l'écoulement éternel des modes de la substance. N'ayant pas commencé et ne pouvant finir, elle imite l'Éternité dans un effort perpétuel et une perpétuelle impuissance à l'égaler [3].

Spinoza, qui réduit ainsi la Durée à un ordre de succession dans les mouvements, aurait dû examiner plus attentivement si l'Étendue est autre chose en soi qu'un ordre de coexistence dans les composés. Il démontre, avec une force singulière, que l'étendue infinie ne peut être, en tant qu'infinie, qu'une forme de l'existence divine; mais cela suppose démontré que l'Étendue est distincte des corps et qu'elle existe en soi d'une existence propre et absolue. Or nulle part Spinoza n'a donné ni même essayé cette démonstration.

C'est ici que se découvre, par un point capital, l'éducation cartésienne de Spinoza. Comme Descartes, comme Malebranche, il ne voyait dans les corps que des modalités de l'étendue. Les corps ne sont point des êtres distincts; ils ne se composent point de parties effectives et réelles, séparées ou du moins séparables par des intervalles vides, comme les atomes de Démocrite et de

---

1. *Lettre à Meyer*, tome III, page 384.
2. *Ibid.*, page 361.
3. *Ibid*, page 359.

Newton. Le vide est une chimère absurde enfantée par l'imagination prise au dépourvu; tout est plein[1], car là où il y a de l'étendue, et il y en a partout, il y a aussi des corps; que les sens les aperçoivent ou non, peu importe, c'est une question qui ne les regarde pas. Se servir, en pareil cas, de l'imagination, c'est, dit Spinoza, vouloir faire servir l'imagination à nous rendre déraisonnables[2]. Les corps sont donc de purs phénomènes, de simples déterminations de l'Espace pur, des manifestations fugitives d'un fond qui seul est durable et subsistant. Cet invisible fond, c'est l'Étendue. L'Étendue est donc réelle comme les corps, et infiniment plus réelle encore. Réelle et infinie, l'Étendue manifeste Dieu, elle est Dieu même.

Reste une dernière difficulté.

On dira qu'il est possible de concevoir l'Étendue comme divisée en deux parties, et on demandera si chacune de ces parties sera finie ou infinie. Dans le premier cas, l'infini se composera de deux parties finies, ce qui est absurde. Dans le second cas, on aura un infini double d'un autre infini, ce qui est également absurde.

Spinoza répond en niant positivement que l'Étendue puisse se concevoir comme divisée, autrement que par un acte de l'imagination; mais par la raison, cela est impossible. L'Étendue est essentiellement une; elle ne se compose point de parties, pas plus qu'une ligne géométrique ne se compose d'un certain nombre de points : concevoir l'Étendue divisée, c'est donc en détruire l'es-

---

1. *De Dieu*, Schol. de la Propos. 15.
2. *Éthique*, 1, Propos. 15, Schol.

sence, c'est en contredire la notion. Mais supposons l'Étendue divisée; on demande si chaque partie sera infinie? Oui, sans doute, mais d'une infinité appropriée à sa nature, d'une infinité partielle. On se récrie en entendant parler d'un infini plus grand qu'un autre infini; c'est qu'on n'a pas assez approfondi la nature de l'infini.

Il y a trois degrés dans l'infinité[1]. Au premier degré on doit placer ce qui est absolument infini par la vertu de son essence, c'est-à-dire ce qui est l'Infini même, Dieu. Au second degré se trouvent des infinis relatifs et déterminés, qui ne sont point infinis par la force de leur essence, mais par celle de la cause qui les produit; par exemple, la pensée et l'étendue infinies. Enfin, il y a encore une espèce inférieure de choses infinies, celles qui ont des limites, mais dont les parties ne peuvent être égalées ni déterminées par aucun nombre, quoique l'on sache le maximum ou le minimum où ces parties sont comprises; par exemple, une ligne finie a un nombre infini de points; une durée finie comprend une infinité d'instants. L'infini absolu n'a absolument aucune limite, aucune détermination. L'infini relatif est illimité, mais en même temps déterminé dans son être. L'infini du troisième degré est à la fois déterminé et limité dans son être; il n'est illimité que dans ses parties.

Sans doute ce qui est absolument infini n'a aucune proportion numérique avec quoi que ce puisse être; mais il ne s'ensuit pas qu'il répugne à la nature de l'infini pris en général, qu'un infini soit plus élevé et même plus grand qu'un autre infini. Ainsi, l'on peut fort bien

---

[1]. Voyez toute la Lettre XV a Louis Meyer.

dire que l'Étendue, tout infinie qu'elle est, est infiniment moins infinie que la Substance, et qu'une sphère d'étendue, infinie en un sens par l'infinité de ses parties, est infiniment moins grande que l'Étendue, qui l'est infiniment moins que la Substance. Pourquoi donc ne serait-il pas permis de dire qu'une moitié de l'Étendue infinie est infinie en un sens, et cependant deux fois plus petite que l'Étendue tout entière?

Spinoza conclut que Dieu est à la fois étendu et incorporel, et, à son avis, c'est justement parce qu'il est parfaitement étendu qu'il est parfaitement indivisible.

§ 2.

De la Pensée de Dieu.

Dieu est la Pensée absolue, comme il est l'Étendue absolue. La Pensée en effet est nécessairement conçue comme infinie, puisque nous concevons fort bien qu'un être pensant, à mesure qu'il pense davantage, possède un plus haut degré de perfection [1]. Or il n'y a point de limite à ce progrès de la pensée; d'où il suit que toute pensée déterminée enveloppe le concept d'une pensée infinie, qui n'est plus telle ou telle pensée, c'est-à-dire telle ou telle limitation, telle ou telle négation de la Pensée, mais la Pensée elle-même, la Pensée toute positive, la Pensée dans sa plénitude et dans son fond.

La Pensée ainsi conçue ne peut être qu'un attribut de Dieu. Dieu pense donc; mais il pense d'une manière digne de lui, c'est-à-dire absolue et parfaite. A ce titre, quel peut être l'objet de la Pensée? Est-ce lui-même

---

[1]. *De l'Ame*, Scholie de la Propos. 1.

et rien que lui? est-ce à la fois lui-même et toutes choses? Ensuite quelle est la nature de cette divine pensée? A-t-elle avec la nôtre quelque analogie, ou du moins quelque ombre de ressemblance, et l'exemplaire tout parfait laisse-t-il retrouver, dans cette imparfaite copie que nous sommes, quelque trace de soi?

La réponse de Spinoza à ces hautes questions ne peut être pleinement entendue qu'à une condition : c'est d'avoir parcouru le cercle entier de sa métaphysique. Dans un système comme le sien, où Dieu et la Nature ne sont au fond qu'une seule et même existence, comprendre la nature divine considérée en elle-même et hors des choses, ce n'est pas vraiment la comprendre, c'est tout au plus l'entrevoir.

Dieu, en tant que Dieu, si l'on peut **parler de la sorte**, c'est-à-dire en tant qu'absolu, c'est la Substance avec les attributs qui constituent son essence, comme la Pensée et l'Étendue. La Nature, en soi, ce sont toutes ces choses mobiles et successives qui s'écoulent dans l'infinité de la Durée. Mais que sont au fond ces âmes toujours changeantes, ces corps périssables que le mouvement forme et détruit tour à tour? ce ne sont pas des êtres véritables, mais des modes fugitifs qui apparaissent pour un jour sur la scène du monde d'une manière déterminée, et y expriment à leur façon la perfection de l'Étendue, la perfection de la Pensée, en un mot, la perfection de l'Être.

Séparer la Nature de Dieu ou Dieu de la Nature, c'est, dans le premier cas, séparer l'effet de sa cause, le mode de sa substance; c'est, dans le second, séparer la cause absolue de son développement nécessaire, la substance absolue des modes qui expriment nécessairement la perfection de ses attributs. Égale absurdité; car Dieu n'existe pas plus sans la Nature que la Nature sans Dieu; ou plutôt, il n'y a qu'une Nature, considérée tour à tour comme cause et comme effet, comme Substance et comme mode, comme infinie et comme finie, et pour parler le langage bizarre mais énergique de Spinoza, comme *naturante* et comme *naturée*. La Substance et ses attributs, dans l'abstraction de leur existence solitaire, c'est la Nature naturante; l'univers, matériel et spirituel, abstractivement séparé de sa cause immanente, c'est la Nature naturée; et tout cela, c'est une seule Nature, une seule Substance, un seul Être, en un mot, Dieu [1].

Oui, tout cela est Dieu pour Spinoza : non plus Dieu conçu d'une manière abstraite et par conséquent partielle, mais Dieu dans l'expression complète de son être, Dieu manifesté, Dieu vivant, Dieu infini et fini tout ensemble, Dieu tout entier.

Il suit de ces principes généraux qu'aucun des attributs de Dieu, et notamment la Pensée, ne peut être embrassé complétement que si on l'envisage tour à tour, ou mieux encore, tout ensemble, dans sa nature absolue et dans son développement nécessaire.

A cette question : quel est l'objet de la pensée divine? il y a donc deux réponses, suivant que l'on considère la pensée divine d'une manière abstraite et partielle, soit en elle-même, soit dans un certain nombre ou dans la totalité de ses développements; ou d'une manière réelle et complète, c'est-à-dire à la fois dans son essence et dans sa vie, dans son éternel foyer et dans son rayonnement éternel, comme pensée substantielle et comme

---

[1] *Éthique*, part 1, Schol. de la Propos. 29.

pensée déterminée, comme pensée absolue et comme pensée relative, en un mot, comme pensée créatrice et naturante, et comme pensée créée et naturée.

Il faut donc bien entendre Spinoza, quand il ose affirmer que Dieu n'a ni entendement ni volonté. Il s'agit ici de Dieu considéré en soi, dans l'abstraction de sa nature absolue. A ce point de vue, la pensée de Dieu est absolument indéterminée. Mais ce n'est point à dire qu'elle ne se détermine pas : tout au contraire, il est dans sa nature de se déterminer sans cesse, et l'on peut dire strictement, au sens le plus juste de Spinoza, que s'il n'y avait pas en Dieu d'entendement, il n'y aurait pas de Pensée, tout comme il n'y aurait pas d'Étendue, si les corps, si un seul corps était absolument détruit [1].

Spinoza devait donc donner deux solutions au problème de la nature et de l'objet de la pensée divine. Recueillons la première de ces solutions ; la suite du système contiendra la seconde, et les éclaircira toutes deux en les unissant.

L'objet de la pensée divine, en tant qu'absolue, c'est Dieu lui-même, c'est-à-dire la Substance.

La pensée divine comprend-elle aussi les attributs de la Substance? c'est un des points les plus obscurs de la métaphysique de Spinoza. D'une part, il ne semble pas qu'on puisse séparer la pensée de la Substance d'avec la pensée de ses attributs, puisque ces attributs sont inséparables de son essence. Mais il faut céder devant les déclarations expresses de Spinoza. Il soutient que l'idée de Dieu, qui est proprement l'idée des attributs de Dieu [2], n'est qu'un mode de la pensée divine, et à ce

---

[1]. *Lettre à Oldenburg*, tome III, page 358.
[2]. *De Dieu*, Propos. 30.

titre, quoique éternel et infini, se rapporte à la Nature naturée[1]. La pensée divine est donc absolument indéterminée, et son objet, c'est l'Être absolument indéterminé, la Substance en soi, dégagée de ses attributs, qui déjà la déterminent en la développant.

Si telle est la nature, si tel est l'objet de la pensée divine, qu'a-t-elle à voir avec l'entendement des hommes? L'entendement en général est une détermination de la Pensée, et toute détermination est une négation[2]. Or, il n'y a pas de place pour la négation dans la plénitude de la Pensée.

Pour Spinoza, l'entendement humain n'est rien de plus qu'une suite de modes de la Pensée, ou, comme il dit encore, une idée composée d'un certain nombre d'idées. Supposer dans l'âme humaine, au delà des idées qui la constituent, une puissance, une faculté de les produire, c'est réaliser des abstractions. Tout l'être de l'entendement est compris dans les idées, comme tout l'être de la volonté s'épuise dans les volitions. La volonté en général, l'entendement en général sont des êtres de raison, et si on les réalise, des chimères absurdes, des entités scolastiques, comme l'humanité ou la pierréité[3].

Or, il est trop clair que la pensée de Dieu ne peut être une suite déterminée d'idées; si donc l'on attribue à Dieu un entendement, il faut le supposer infini. Mais qu'est-ce qu'un entendement infini? une suite infinie d'idées. Concevoir ainsi la pensée de Dieu, c'est la dégrader; car c'est lui imposer la condition du développe-

---

1. *De Dieu*, Propos. 31. — Comp. *Lettre à Simon de Vries*, tome III, page 378 et suiv.
2. *Lettres*, tome III.
3. *De l'Âme*, Scholie de la Propos. 48.

ment, c'est la faire tomber dans la succession et le mouvement, c'est la charger de toutes les misères de notre nature. L'entendement est de soi déterminé et successif ; il consiste à passer d'une idée à une autre idée dans un effort toujours renouvelé et toujours inutile pour épuiser la nature de la Pensée. L'entendement est une perfection sans doute, car il y a de l'être dans une suite d'idées ; mais c'est la perfection d'une nature essentiellement imparfaite qui tend sans cesse à une perfection plus grande, sans pouvoir jamais toucher le terme de la perfection véritable. Supposez l'entendement infini, ce ne sera jamais qu'une suite infinie de modes de la Pensée, et non la Pensée elle-même : la Pensée absolue, qui ne se confond pas avec ses modes relatifs, quoiqu'elle les produise, la Pensée infinie, qui sans cesse enfante et jamais ne s'épuise, la Pensée immanente qui, tout en remplissant de ses manifestations passagères le cours infini du temps, reste immobile dans l'éternité.

Plein du sentiment de cette opposition, Spinoza l'exagère encore, et va jusqu'à soutenir qu'il n'y a absolument rien de commun entre la pensée divine et notre intelligence, de sorte que, si on donne un entendement à Dieu, il faut dire, dans son rude et énergique langage, qu'il ne ressemble pas plus au nôtre que le Chien, signe céleste, ne ressemble au chien, animal aboyant.

La démonstration dont se sert Spinoza pour établir cette énorme prétention est aussi singulière que peu concluante. Pour prouver que la pensée divine n'a absolument rien de commun avec la pensée humaine, sait-on sur quel principe il va s'appuyer ? sur ce que la pensée divine est la cause de la pensée humaine. Ce raisonneur si exact oublie sans doute que la troisième Proposition de l'*Éthique* est celle-ci : *Si deux choses n'ont rien de commun, elles ne peuvent être cause l'une de l'autre*. Un ami pénétrant le lui rappellera [1], mais il sera trop tard pour revenir sur ses pas.

Spinoza argumente ainsi : « La chose causée diffère de sa cause précisément en ce qu'elle en reçoit : par exemple, un homme est cause de l'existence d'un autre homme, non de son essence. Cette essence, en effet, est une vérité éternelle ; et c'est pourquoi ces deux hommes peuvent se ressembler sous le rapport de l'essence ; mais ils doivent différer sous le rapport de l'existence ; de là vient que si l'existence de l'un d'eux est détruite, celle de l'autre ne le sera pas nécessairement. Mais si l'essence de l'un d'eux pouvait être détruite et devenir fausse, l'essence de l'autre périrait en même temps. En conséquence, une chose qui est la cause d'un certain effet, et tout à la fois de son existence et de son essence, doit différer de cet effet, tant sous le rapport de l'essence que sous celui de l'existence. Or l'intelligence de Dieu est la cause de l'existence et de l'essence de la nôtre. Donc l'intelligence de Dieu, en tant qu'elle est conçue comme constituant l'essence divine, diffère de notre intelligence, tant sous le rapport de l'essence que sous celui de l'existence, et ne lui ressemble que d'une façon toute nominale, comme il s'agissait de le démontrer [2]. »

Quand Louis Meyer arrêtait ici Spinoza au nom de ses propres principes, on peut dire qu'il était vraiment dans son rôle d'ami. Car, si les principes de Spinoza condui-

---

[1]. Louis Meyer, *Lettres à Spinoza*, tome III, page 440.
[2]. *De Dieu*, Scholie de la Propos. 17.

saient strictement à cette extrémité de nier toute espèce de ressemblance entre l'intelligence divine et la nôtre, quelle accusation plus terrible contre sa doctrine? A qui persuadera-t-on que la pensée humaine est une émanation de la pensée divine, et toutefois qu'il n'y a entre elles qu'une ressemblance nominale? Mais que nous parlez-vous alors de la pensée divine? comment la connaissez-vous? Si elle ne ressemble à la nôtre que par le nom, c'est qu'elle-même n'est qu'un vain nom.

§ 3.

De la Liberté de Dieu.

Exister, agir, être libre, pour Dieu, c'est tout un; car tout cela, c'est son essence. Deux choses, en effet, résultent de l'essence de Dieu : premièrement qu'il existe, secondement qu'il se développe par une infinité d'attributs infinis infiniment modifiés. Or tout développement est une action. Être étendu, pour Dieu, c'est produire l'étendue. Être pensant, c'est produire la pensée. De même que la Substance se développe par la Pensée et l'Étendue, l'Étendue se développe par les figures et les mouvements, et la Pensée par les idées. Être étendu, pour Dieu, c'est donc produire les corps; penser, c'est produire les âmes. A tous les degrés de l'être, on retrouve unies l'existence et l'action; dans le rapport du mode à l'attribut, de l'attribut à la Substance, dans l'essence de la Substance elle-même, elles se pénètrent et se confondent.

Dieu agit donc, puisqu'il existe; il est l'activité absolue, source de toute activité, comme il est l'existence absolue, source de toute existence; et cette action parfaite comme cette parfaite existence résultent immédiatement de son essence. Dieu est donc la liberté absolue, au même titre qu'il est l'activité absolue et l'existence absolue. La véritable liberté, en effet, consiste dans une activité qui n'est déterminée par aucune cause étrangère, qui se détermine soi-même et ne se développe que par la nécessité de sa nature [1].

Le vulgaire se fait une autre idée de la liberté. Il s'imagine qu'elle consiste dans le choix des motifs, dans le pouvoir de ne pas faire ce qu'on fait. Ce n'est point là le type de la liberté; ce n'est même qu'une illusion. Nous agissons et nous avons conscience d'agir; mais nous n'avons pas conscience des causes qui nous déterminent à agir d'une manière donnée. De là la chimère du libre arbitre [2]; de là le préjugé que l'indétermination de la volonté fait l'essence de la liberté. Mais ce préjugé est le renversement de la raison. Nous ne sommes vraiment libres que quand nous affirmons une chose claire et distincte, comme celle-ci : deux et deux font quatre [3]; car alors l'action de la pensée n'est point déterminée par une cause étrangère, mais par la nature même de la pensée. Voilà pour Spinoza l'idéal de la liberté; et il est si pénétré de la solidité de sa doctrine, il s'inquiète si peu du reproche qu'on lui pourrait faire de joindre dans la notion de liberté deux idées contradictoires, qu'il semble se jouer de cette opposition prétendue et jeter un défi au sens commun dans cette formule hardie. « A mes yeux, écrit-il à Guillaume de Blyenberg, la liberté

---

1. *Éthique*, part. 1, Défin. 7.
2. *Éthique*, part. 1, Appendice; part. 2, Propos. 48.
3. *Lettre à Blyenberg*, tome III, page 399.

n'est point dans le libre décret, mais dans une libre nécessité[1]. »

Dieu est donc l'être parfaitement libre, puisque le développement de son activité résulte, comme son existence, de la nécessité absolue de son essence.

Ainsi, ce qui détruit, aux yeux des hommes, la liberté, c'est pour Spinoza ce qui la fonde, et le trait distinctif qu'on assigne au libre arbitre lui en démontre la vanité; de sorte qu'à ses yeux le comble de la liberté est dans l'abolition absolue de la volonté.

Dieu, en effet, n'a pas de volonté, pas plus qu'il n'a d'entendement, et pour des raisons toutes semblables. D'abord, la volonté, si on la distingue des volitions, est un être chimérique. La volonté est donc tout entière dans une suite de volitions; mais une suite de volitions, même infinie, n'est qu'une suite de modes de l'activité, et non l'Activité elle-même. L'activité absolue est un acte éternel et non successif, simple et non composé d'actes divers, nécessaire et non point déterminé par des causes étrangères, parfait enfin, et dégagé des limitations, des incertitudes, des fluctuations de l'activité humaine.

Parti de cette triple opposition : Dieu est étendu et cependant incorporel, Dieu pense et il n'a pas d'entendement, Dieu est libre et il n'a pas de volonté, Spinoza aboutit donc à cette triple conséquence, que la

---

[1]. Voyez *Lettres à Blyenberg*, tome III. — Je citerai un autre passage curieux qui se trouve dans une *Lettre à Oldenburg* (tome III, page 370) :

« *Je suis loin de soumettre Dieu en aucune façon au fatum; seulement je conçois que toutes choses résultent de la nature de Dieu de la même façon que tout le monde conçoit qu'il résulte de la nature de Dieu que Dieu ait l'intelligence de soi-même. Assurément il n'est personne qui conteste que cela ne résulte en effet de l'existence de Dieu; et cependant personne n'entend par là soumettre Dieu au fatum, et tout le monde croit que Dieu se comprend soi-même, avec une parfaite liberté, quoique nécessairement.* »

perfection même de l'étendue divine en fonde l'indivisibilité, que la perfection de la pensée divine la dégage des limitations de l'entendement, enfin, que la perfection de la liberté divine rejette loin d'elle les misères de la volonté. Et il termine le premier livre de l'*Éthique* par cette hautaine parole, qu'il prononce avec un calme parfait : *J'ai expliqué la nature de Dieu.*

V

DU DÉVELOPPEMENT DE DIEU.

C'est une remarque juste et profonde de Jacobi que la philosophie de Spinoza se sépare de toutes les autres par ce trait distinctif, que le fameux axiome métaphysique : *Rien ne vient de rien*, y est maintenu et poussé avec la dernière rigueur[1]. S'il est en effet une idée que Spinoza ait rejetée de toute l'énergie d'une conviction inébranlable, une idée à laquelle il ait prodigué ce violent mépris que lui inspire tout ce qu'il exclut, c'est l'idée de la création.

Créer, c'est faire quelque chose de rien. L'idée de création implique donc avant tout une première condition : c'est que la substance du monde, et pour ainsi dire l'être des choses soit distinct, d'une distinction effective et réelle, de l'être de Dieu. Autrement, Dieu n'aurait pas *fait* le monde; à parler rigoureusement, il l'aurait plutôt *engendré*, pour me servir du langage de la métaphysique chrétienne; de plus, il ne l'aurait pas fait de rien, puisqu'il l'aurait tiré de soi-même. En se-

---

1. *Jacobi's Werke*, tome V, pages 125, 126.

cond lieu, si le monde est réellement distinct de Dieu, Dieu peut donc être conçu sans le monde, et conçu comme un Être parfait, accompli, auquel il ne manque rien. Lors donc que Dieu a laissé tomber de ses mains le grand ouvrage de l'univers, rien ne l'obligeait à lui donner l'être; s'il le lui a donné, ç'a été par un acte de sa libre volonté, par un décret de sa sagesse, par une inspiration adorable de sa bonté.

Voilà l'idée de la création dans les éléments essentiels qui la constituent. Or, quiconque entend un peu Spinoza sait d'avance qu'une telle idée devait lui paraître un tissu de contradictions. D'abord son Dieu n'a pas de volonté, et s'il est libre, il ne l'est point de cette fausse et misérable liberté que les hommes, dit-il, s'imaginent posséder. Mais surtout, le Dieu de Spinoza n'est pas un certain être, si grand, si parfait qu'on le suppose; il est l'Être même, l'Être qui est tout l'être, l'Être hors duquel il n'y a rien; et Dieu une fois donné, concevoir quelque chose au delà, c'est supposer de l'être au delà de l'être, ce qui implique.

Spinoza repousse donc avec toute la force dont il est capable la doctrine d'un Dieu créateur. Mais il ne faut pas croire que son Dieu soit inactif et infécond; c'est au nom de son activité absolue, de sa puissance infinie, de sa fécondité parfaite que Spinoza combat les partisans de la création.

Le Dieu de Spinoza est essentiellement une cause. Il est cause de soi; il est cause de tout le reste. L'activité n'est pas en lui quelque chose de fortuit et d'accidentel; elle est identique à son existence. Et comme il est éternellement, éternellement il agit et se développe. Si le monde est suspendu à sa puissance, ce n'est point comme l'ouvrage d'un jour, échappé par hasard à une volonté jusque-là oisive, qu'un caprice a formé, qu'un autre caprice peut détruire; ce monde est le développement éternel d'un principe éternellement fécond; et Dieu n'est point la cause *transitive* des choses, mais leur cause *immanente* (*omnium rerum causa immanens, non vero transiens*)[1].

On peut donc dire en un sens que Spinoza, loin de rejeter la création, la proclame plus haut que personne, puisque dans son système elle n'est pas seulement possible, mais nécessaire. Son Dieu crée sans cesse, puisque sans cesse il se développe, et que du sein de son éternité immuable, il remplit la durée infinie de l'inépuisable variété de ses effets.

Mais il n'est pas d'un homme sérieux de se complaire aux ambiguïtés. Au sens ordinaire du mot création, la rendre nécessaire, c'est la détruire. Comme en effet elle suppose essentiellement que Dieu est complet sans le monde, si on n'admet pas la création libre, on n'admet pas au fond la création. C'est ce qui résultera clairement, nous l'espérons, d'une rapide esquisse de l'histoire de la question de la création.

Cette question n'est rien moins que celle du rapport du fini à l'infini, question sublime et redoutable qui inspire un invincible attrait à toute âme philosophique, mais que nul génie n'a pu résoudre encore, et qui peut-être passe l'esprit humain. Chose singulière! dans cette fécondité prodigieuse de systèmes philosophiques dont l'histoire nous retrace les destinées, on ne rencontre sur ce grand problème que deux idées, pas une de

---

1. *De Dieu*, Propos. 18.

plus : l'idée dualiste, qui suppose deux principes coéternels, Dieu et la matière, et l'idée panthéiste qui fait du monde une émanation, un développement de la substance de Dieu.

Il y a bien encore deux systèmes qui touchent à cette question suprême : le système Éléatique, qui ne voit dans l'univers qu'une illusion, absorbe toute existence réelle au sein d'une immobile unité, incapable de sortir d'elle-même; et le système Atomistique, le matérialisme absolu, qui n'admet pour réelles que les choses finies, et disperse en quelque sorte l'existence en une variété éternellement mobile. Mais ce n'est point là résoudre le problème du rapport du fini à l'infini, c'est le détruire. La difficulté consiste pour l'esprit humain à comprendre la coexistence de l'infini et du fini. L'éléatisme en niant le fini, le matérialisme en niant l'infini, ôtent-ils la difficulté? non sans doute : ils ne la voient pas; c'est l'enfance de la pensée.

L'esprit humain n'a donc véritablement produit que deux systèmes sur le rapport du fini et de l'infini. Dans le premier, le système dualiste, Dieu n'est point véritablement la cause du monde; car l'être des choses est distinct et séparé du sien; il débrouille le chaos de l'univers, il n'en fait pas les éléments. Dieu est donc l'intelligence ordonnatrice, l'immobile moteur, l'âme du monde, l'architecte de l'univers; mais dans aucun cas, pour Anaxagore comme pour Aristote, comme pour Zénon, et peut-être pour Platon lui-même, Dieu n'est point la source unique de l'être, le premier et le dernier principe des choses.

Les terribles difficultés où jette le dualisme devaient conduire les esprits à concevoir d'une manière tout opposée le rapport du fini à l'infini. Le dualisme sépare Dieu de l'univers, le panthéisme les confond. Si l'univers n'existe point par lui-même, s'il est absurde de supposer que Dieu l'ait tiré d'une matière qui en contenait le fond; il ne reste plus qu'une supposition à faire : c'est que Dieu a tiré le monde de soi-même, que le monde est une émanation, un écoulement, un rayonnement de son être. C'est la théorie dont les Alexandrins prétendirent découvrir le germe dans les derniers replis de la métaphysique de Platon; ils la soutinrent pendant quatre siècles, non sans génie, et ils lui auraient donné sans doute un développement plus puissant et plus régulier sans la misère des temps et ce cortége de rêveries mystiques, de traditions bizarres et d'intempérante érudition, qui vint obscurcir et comme étouffer leur philosophie.

Quand la métaphysique chrétienne s'organisa dans les écrits des Pères et par les décrets des conciles, elle rencontra ces deux grands adversaires, le dualisme et le panthéisme, et les combattit tous deux avec une égale vigueur. Contre le dualisme, elle établit la parfaite unité du premier principe. Contre le panthéisme, elle maintint la distinction radicale de Dieu et du monde. A ses yeux, le dualisme n'est qu'un manichéisme déguisé; et le panthéisme, une tentative sacrilége de diviniser la nature. Oui, sans doute, Dieu est distinct du monde; mais le monde est son ouvrage, et l'être du monde dépend du sien. Et, d'un autre côté, ce lien de dépendance, si fort qu'il puisse être, laisse au monde une réalité propre, fondée sur la volonté de Dieu, et profondément distincte de sa substance. Le Verbe seul est consubstantiel à Dieu; Dieu ne le fait pas, ne le crée pas, il l'engendre (*genitum non factum, consubstantialem Patri*). Dire que le monde est une émanation de la substance divine, c'est une parole aussi sacrilége que de soutenir que le Verbe est une créature du Père. Dans le premier cas, on élève le monde à la dignité de Dieu; dans le second, on abaisse Dieu au niveau de la misère humaine.

Dieu a donc fait le monde, il l'a fait de rien; en d'autres termes, il l'a fait sans le tirer de soi-même et sans avoir besoin d'aucun principe étranger. Voilà la création.

Si l'on demande maintenant comment Dieu a fait le monde, le système de la création ne répond pas. Ce système n'est point une explication du rapport du fini à l'infini, une troisième conception métaphysique substituée à la conception dualiste et à la conception panthéiste. En d'autres termes, c'est une troisième conception, si l'on veut, mais qui est tout entière dans l'exclusion commune des deux autres.

Toute philosophie qui admet la coexistence du fini et de l'infini, de Dieu et du monde, reconnaît que le monde dépend de Dieu, que l'infini agit sur le fini. Ce sont les termes mêmes du problème. Le problème, c'est d'expliquer la nature de cette dépendance, le comment de cette action. Le dualisme l'explique à sa manière, le panthéisme à la sienne; le système de la création ne l'explique pas. C'est peut-être un trait de sagesse profonde de ne rien expliquer ici; mais enfin on n'explique rien. On écarte d'une main le dualisme, de l'autre le panthéisme, et on laisse étendu sur le problème lui-même le voile épais que chacun de ces systèmes essayait de soulever.

Dans les temps modernes, le dualisme n'a point reparu, et c'est l'honneur du christianisme et de la philosophie moderne que l'unité parfaite du premier principe ait désormais pris dans le monde le rang d'une vérité incontestée. La question s'agite donc aujourd'hui entre la doctrine panthéiste et celle de la création.

Bacon, Locke, l'École écossaise, celle de Kant, les uns par prudence, les autres par timidité, presque tous par un commun sentiment de la faiblesse humaine, n'ont point touché à ce problème. Descartes, Malebranche, Leibnitz, ces esprits vigoureux et hardis, ne l'ont abordé qu'avec une extrême défiance; tous trois cependant, chacun avec le caractère particulier de sa doctrine, ont adopté hautement la solution chrétienne. Spinoza seul a soutenu le système contraire avec tant de hardiesse, de suite et de génie qu'il l'a marqué à jamais de son empreinte et lui a laissé son nom.

Si donc la question du rapport du fini et de l'infini, après avoir traversé tant d'épreuves, n'a pas été résolue, elle s'est du moins beaucoup simplifiée et éclaircie. On ne peut plus être reçu à dire aujourd'hui que le fini ou l'infini n'existent pas, ni même qu'il y a deux principes coéternels des choses. L'éléatisme pur, le pur matérialisme, le dualisme enfin, ont été relégués dans l'histoire, ou bien ils sont tombés dans une région si inférieure que la philosophie n'a rien à y démêler. Entre la théorie panthéiste et la théorie de la création, l'unité parfaite du premier principe, la contingence et la dépendance du monde sont devenus des points communs. Le problème, c'est de savoir si le monde est réellement distinct de Dieu, et à ce titre, s'il est l'ouvrage de sa volonté; ou bien si le fini et l'Infini ne sont point au fond deux existences, mais une seule, le fini n'étant qu'un développement nécessaire, une éternelle émanation de l'infini.

On remarquera que cette question : le monde a-t-il ou non un commencement dans le temps? n'est pas strictement engagée dans celle de la création. La plupart des métaphysiciens chrétiens, en donnant un commencement au monde, n'ont voulu qu'exprimer fortement la liberté du Dieu créateur. Si, en effet, la création est éternelle, elle peut paraître nécessaire et fondée sur l'essence de Dieu plutôt que sur sa volonté; pour être parfaitement libre, il faut donc qu'elle ait commencé. Toutefois, cela n'est point strictement nécessaire, et il ne faut pas s'étonner de voir Leibnitz, partisan sincère de la création, incliner à un monde infini et éternel[1], ni de rencontrer dans les Pères les plus accrédités, dans saint Augustin, par exemple, des pensées comme celle-ci :

« Dieu a toujours été avant les créatures, sans jamais exister sans elles, parce qu'il ne les précède point par un intervalle de temps, mais par une éternité fixe[2]. »

C'est que le commencement de la création n'est qu'une expression très-sensible et très-forte de ce que le christianisme veut surtout inculquer aux âmes, savoir : que la création est distincte du Créateur, et qu'elle est l'ouvrage de sa libre volonté.

Spinoza a réuni contre cette doctrine, si imposante en elle-même, si forte surtout par sa réserve, toutes les ressources de sa dialectique. Il sentait bien que ce n'était point là seulement une controverse de grande con-

---

1. Leibnitz, *Troisième Réplique contre M. Clarke.*
2. *Cité de Dieu,* livre XII, chap. xv.

séquence, mais qu'il y allait de tout son système.

Avant de combattre ses adversaires, Spinoza établit d'abord ses propres principes :

Dieu, c'est par essence l'Être, l'Être infini, l'Être parfait. Il est donc nécessaire que Dieu contienne en soi toutes les formes de la perfection. Si l'Existence est une perfection, Dieu renferme en soi l'Existence. Si la Pensée est une perfection, Dieu renferme en soi la Pensée. Si l'Étendue est aussi une perfection, Dieu renferme en soi l'Étendue ; et il en est ainsi de toutes les perfections possibles.

La pensée de Dieu, la pensée en soi est parfaite et infinie ; elle doit donc renfermer en soi toutes les formes, toutes les modalités de la pensée. L'étendue en Dieu, l'étendue en soi doit, au même titre, renfermer toutes les formes, toutes les modalités de l'étendue. Et de même qu'il implique contradiction que Dieu soit parfait et ne contienne pas la perfection de la pensée et la perfection de l'étendue, il est contradictoire également que la pensée et l'étendue soient parfaites, et qu'il y ait hors d'elles quelque étendue et quelque pensée. Qu'est-ce que la pensée parfaite, l'étendue parfaite, sans leur rapport à l'Être parfait ? de pures abstractions. Une pensée particulière, une étendue déterminée ne seraient donc aussi que des abstractions vaines sans leur rapport à la pensée en soi et à l'étendue en soi. Or, les déterminations de la Pensée, c'est ce que nous appelons les âmes ; et les déterminations de l'Étendue, c'est ce que nous appelons les corps. Par conséquent, l'Être enfante nécessairement la Pensée, l'Étendue, et une infinité d'autres attributs infinis que notre faiblesse n'atteint pas, et l'Étendue et la Pensée enfantent nécessairement une variété infinie de corps et d'âmes qui surpasse l'imagination et que l'entendement humain ne peut embrasser. La pensée parfaite, l'étendue parfaite, dans leur plénitude et leur unité, ne tombent point sous la condition du temps. Dieu les produit donc dans l'éternité; elles sont le rayonnement toujours égal de son être. Les âmes et les corps, choses limitées et imparfaites, ne peuvent exister que d'une manière successive. Dieu, du sein de l'éternité, leur marque un ordre dans le temps, et comme leur variété est inépuisable et infinie, ce développement, qui n'a pas commencé, ne doit jamais finir.

Ainsi tout est nécessaire. Dieu une fois donné, ses attributs sont également donnés, les déterminations de ces attributs, les âmes et les corps, l'ordre, la nature, le progrès de leur développement, tout cela est également donné. Dans ce monde géométrique, il n'y a pas de place pour le hasard, il n'y en a pas pour le caprice, il n'y en a pas pour la liberté. Au sommet, au milieu, à l'extrémité, règne une nécessité inflexible et irrévocable.

S'il n'y a point de liberté ni de hasard, il n'y a point de mal. Tout est bien, car tout est ce qu'il doit être. Tout est ordonné, car toute chose a la place qu'elle doit avoir. La perfection de chaque objet est dans la nécessité relative de son être, et la perfection de Dieu est dans l'absolue nécessité qui lui fait produire nécessairement toutes choses.

Que vient-on nous parler maintenant, s'écrie Spinoza, d'un Dieu qui crée pour son bon plaisir ou par pure indifférence, qui choisit ceci et rejette cela, qui se repose et se fatigue, qui crée pour sa gloire, qui poursuit une certaine fin et se consume à l'atteindre! Chimères bonnes à repaître l'imagination des enfants et des esprits faibles! Dieu, dites-vous, a fait tout ce qui est, mais il aurait pu faire le contraire. Dieu pouvait donc faire que la somme des angles d'un triangle ne fût point égale à deux droits¹? Dieu a choisi l'univers entre les possibles : il y a donc des possibles que Dieu ne réalisera jamais? Car s'il les réalisait tous, il ne pourrait plus choisir, et suivant vous, il épuiserait sa toute-puissance et se rendrait lui-même imparfait. Vous voilà donc réduits à soutenir que Dieu ne peut faire tout ce qui est compris en sa puissance, chose plus absurde et plus contraire à la toute-puissance de Dieu que tout ce qu'on voudra imaginer. Vous dites que la création est l'ouvrage de sa volonté. Or, tout effet a un rapport nécessaire à sa cause, et des effets différents veulent des causes différentes. Si donc le monde était autre, autre serait la volonté du Dieu qui l'a créé. Mais la volonté divine n'est pas séparée de son essence. Supposer que Dieu peut avoir une autre volonté, c'est supposer qu'il peut avoir une autre essence, ce qui est absurde. Si donc l'essence de Dieu ne peut être que ce qu'elle est, la volonté de Dieu ne peut être que ce qu'elle est, et les produits de cette volonté, les choses, ne peuvent être autres que ce qu'elles sont². — Y a-t-il un philosophe qui conteste qu'en Dieu tout est nécessairement éternel et en acte? Or, dans l'éternité d'un acte immanent, il n'y a ni avant ni après, il n'y a ni différence, ni changement concevables. Cet acte est éternellement ce qu'il est, et incapable de différer de soi, il ne peut être que ce qu'il est. — Vous accorderez

---

1. *De Dieu*, Scholie de la Propos. 17.
2. *Éthique*, part. 1, Propos. 33 et ses deux Scholies.

au moins que l'entendement divin n'est jamais en puissance, mais toujours en acte; mais peut-on séparer la volonté de l'entendement et tous deux de l'essence? Telle est l'essence, tel est l'entendement, telle est la volonté. Être, pour Dieu, c'est penser, c'est agir. Ce qu'il pense, il le fait. Ses idées, ce sont des êtres. Si vous voulez changer les êtres, commencez par changer les idées de Dieu, sa pensée, son essence même [1]. — Que parlez-vous d'une volonté absolue, d'une volonté d'indifférence qui flotte dans le vide, n'étant fondée ni sur l'essence de Dieu ni sur les idées? Cette volonté, c'est le hasard.

« Je l'avouerai toutefois, ajoute Spinoza [2], cette opinion, qui soumet toutes choses à une certaine volonté indifférente et les fait dépendre du bon plaisir de Dieu, s'éloigne moins du vrai, à mon avis, que celle qui fait agir Dieu en toutes choses par la raison du bien. Les philosophes qui pensent de la sorte semblent en effet poser hors de Dieu quelque chose qui ne dépend pas de Dieu, espèce de modèle que Dieu contemple dans ses opérations, ou de terme auquel il s'efforce péniblement d'aboutir. Or, ce n'est là rien autre chose que soumettre Dieu à la fatalité, doctrine absurde s'il en fut jamais, puisque nous avons montré que Dieu est la cause première, la cause libre et unique, non-seulement de l'existence, mais même de l'essence de toutes choses. »

On voit que Spinoza partage le mépris de l'école cartésienne et de tout son siècle pour les causes finales. Il dirait volontiers avec Bacon : « *La recherche des causes*

---

1. *De Dieu*, Scholie 2 de la Propos. 33.
2. *De Dieu*, Appendice.

finales est une recherche stérile, et comme une vierge consacrée à Dieu, elle ne peut donner aucun fruit. »

Suivant Spinoza, c'est un des préjugés les plus funeste et les plus enracinés dans le cœur des hommes, que la nature et Dieu même agissent pour une fin. L'origine de cette erreur grossière est dans l'ignorance de l'homme qui conçoit toutes choses à son image, et dans son orgueil qui lui persuade que tout est fait pour lui. De là une foule de superstitions et d'erreurs. On appelle *Bien* ce qui est utile à l'homme, et *Mal* ce qui lui est nuisible, tandis qu'en réalité toutes choses sont également bonnes, étant également nécessaires. On s'imagine que la beauté et la laideur sont dans les choses, au lieu qu'elles n'existent que dans l'imagination des hommes, qui se représentent les objets avec plus ou moins de facilité. On veut tout expliquer par des causes surnaturelles; « et quiconque s'efforce de comprendre les choses naturelles en philosophe au lieu de les admirer en stupide, est tenu aussitôt pour hérétique et pour impie, et proclamé tel par les hommes que le vulgaire adore comme les interprètes de la nature et de Dieu [1]. »

Spinoza élève contre cette doctrine des causes finales deux objections fondamentales : la première, c'est qu'elle renverse l'ordre de perfection des choses; la seconde, c'est qu'elle détruit la perfection divine [2]. Elle renverse l'ordre de perfection des choses; car l'effet le plus parfait est celui qui est produit immédiatement par Dieu, et un effet devient de plus en plus imparfait à mesure que sa production suppose un plus grand nombre de causes

---

1. *De Dieu,* tome III, page 45.
2. *De Dieu,* Appendice.

intermédiaires. Or, si les choses que Dieu produit immédiatement étaient faites pour atteindre la fin que Dieu se propose, il s'ensuivrait que celles que Dieu produit les dernières seraient les plus parfaites de toutes, les autres ayant été faites en vue de celles-ci.

De plus, la doctrine des causes finales détruit la perfection de Dieu. Car si Dieu agit nécessairement pour une fin, il désire nécessairement une chose dont il est privé. En vain les théologiens distinguent entre une fin poursuivie par indigence et une fin d'assimilation; ils sont toujours forcés de convenir que tous les objets que Dieu s'est proposés, en disposant certains moyens pour y atteindre, Dieu en a été quelque temps privé et a désiré les posséder.

Spinoza ne se demande pas si une fin éternellement atteinte ne change pas de caractère, si un désir éternellement comblé ne cesse pas d'être un besoin. Il n'a pas l'air de songer que lui-même, arrivé à la région la plus haute de la morale, reconnaîtra en Dieu une sorte d'amour et une félicité parfaite, fruit éternel d'un désir de perfection éternellement rassasié [1]. Il suffit que la théorie des causes finales soit favorable à la création pour qu'il lui déclare une guerre acharnée et s'épuise à la renverser, au détriment même d'un de ses principes.

Spinoza ne pouvait admettre, en effet, la création sans abandonner, je ne dis pas telle ou telle partie de sa philosophie, mais sa philosophie elle-même. Car elle est fondée sur l'idée d'une activité nécessaire, infinie, qui se développe nécessairement et infiniment, et traverse sans les épuiser jamais tous les degrés possibles de

---

1. *De la Liberté*, Propos. 35.

l'existence. Dans ce développement infini, la volonté occupe et doit occuper une place très-inférieure [1]. Comment la volonté de Dieu pourrait-elle être la cause du monde? La volonté, en général, suppose l'entendement, l'entendement se rapporte à la pensée, et la pensée est postérieure à l'être. La volonté ne peut donc être le premier principe des choses, puisqu'elle demande un principe supérieur à elle-même. Tout vient de l'être, et tout en vient nécessairement; il n'y a que l'être qui soit absolument premier. De l'être émane la pensée, de la pensée l'entendement, de l'entendement la volonté. Placer la volonté au premier rang, elle qui est tout au plus au quatrième, c'est renverser l'ordre des choses.

VI

DES MODES ÉTERNELS ET INFINIS DE DIEU.

On croit généralement que, dans la doctrine de Spinoza, entre Dieu pris en soi et les êtres finis et mobiles qui composent l'univers, il n'y a d'autre intermédiaire que les attributs infinis d'où émanent les modes, et qui émanent eux-mêmes de la Substance. Ce préjugé est une grave erreur, et j'ose dire que quiconque l'a dans l'esprit ne se forme pas une idée complète des spéculations de Spinoza.

Sans doute, Spinoza ne distingue que trois ordres d'existences, la Substance, l'attribut et le mode; mais il y a pour lui deux sortes de modes, les modes proprement dits, variables, finis, successifs, qui constituent les âmes

---

1. *Éthique*, de Dieu, Propos. 21, 23, 30 et 31.

et les corps, et puis d'autres modes d'une nature toute différente, éternels, infinis, plus étroitement liés que les âmes et les corps à la Substance.

Spinoza semble faire effort pour multiplier les modes de cette nature, comme s'il était effrayé du vide infini qui sépare Dieu du monde et qu'il eût à cœur de le combler. Sa doctrine présente sous ce point de vue des analogies très-frappantes avec les traditions orientales, et elles auraient été déjà signalées sans doute, si ce côté de la doctrine de Spinoza n'était resté enseveli dans une profonde obscurité.

Il faut dire que Spinoza lui-même a pris bien peu de peine pour l'éclaircir. A peine indiquée dans trois ou quatre propositions du premier livre de l'*Éthique*[1], Spinoza n'y revient plus; et quand ses amis le pressent de s'expliquer, il répond à peine et d'une façon presque évasive[2].

Spinoza distingue expressément deux sortes de modes éternels et infinis de la substance divine : ceux qui découlent de la nature absolue d'un attribut de Dieu, et il donne pour exemple l'idée de Dieu[3]; et au-dessous de ces modes, ceux qui en découlent, et qui se trouvent ainsi séparés de la Substance par deux intermédiaires, l'attribut et le mode immédiat de l'attribut. Spinoza, dans l'*Éthique*, ne donne aucun exemple de cette seconde espèce de modes éternels et infinis, et sur ce point grave et délicat on est presque réduit à des conjectures.

Une chose certaine, c'est que Spinoza était conduit,

---

1. *Éthique*, part. 1, Propos. 21, 22, 23, 30 et 31.
2. *Lettre à Meyer*, tome II, page 419.
3. *De Dieu*, Propos. 21.

par la nécessité de son système, à établir des intermédiaires entre les attributs de Dieu et les choses. Considérez, par exemple, l'ordre des choses dans le développement de la Pensée : la pensée absolue, la pensée de Dieu, a Dieu seul pour objet ; c'est le degré le plus élevé, la fonction la plus haute de la Pensée. Allez maintenant aux degrés les plus inférieurs, vous y trouvez les âmes. Or, les âmes, ce sont les idées. Mais toute idée particulière a un objet particulier. Pour Spinoza, l'objet propre de chaque âme, c'est le corps auquel elle est unie. Il y a sans doute un nombre infini d'âmes, comme il y a un nombre infini de corps ; mais ni les déterminations particulières de la Pensée ni la pensée absolue n'épuisent l'être de la Pensée. Ainsi la Pensée implique l'idée de Dieu ; l'idée de Dieu implique l'idée de chacun des attributs de Dieu. Or, toutes ces idées diffèrent essentiellement et de la pensée en soi et des déterminations limitées de la Pensée. L'idée de Dieu, en effet, n'est point la pensée en soi, mais la première de ses manifestations. La pensée en soi est absolument indéterminée ; l'idée de Dieu est déjà déterminée en quelque façon. D'un autre côté, l'idée de Dieu est éternelle et infinie : infinie, car elle comprend toutes les autres idées ; éternelle, parce qu'elle est une émanation parfaitement simple et nécessaire de la pensée divine ; elle ne peut donc être confondue avec ces idées changeantes et finies qui composent les âmes.

Maintenant, de l'idée de Dieu, qui émane immédiatement de la pensée divine, Spinoza fait immédiatement émaner certaines modifications également éternelles et infinies ; et je crois entrer dans son sens en citant pour exemple, l'idée de l'étendue de Dieu. Cette idée est simple, par conséquent éternelle ; elle est infinie, car elle comprend toutes les idées qui correspondent à tous les modes de l'étendue infinie. Et elle n'est pourtant pas une immédiate émanation de la pensée divine ; car l'idée de l'étendue de Dieu implique immédiatement l'idée de Dieu, et d'une façon seulement médiate la pensée divine.

Je ne sais si je me trompe et si l'interprétation que je vais proposer d'un des points les plus importants, les plus obscurs, et jusqu'à présent les plus inexplorés de la doctrine de Spinoza, ne paraîtra pas téméraire. Quant à moi, après un sérieux examen, je persiste à la croire vraie, et je ne dissimule point que je la propose ici avec quelque confiance.

Dieu et ses attributs infinis, la Pensée et l'Étendue, avec tous les autres attributs en nombre infini inconnus à nos faibles yeux, voilà la nature naturante. Quel est le premier degré de la nature naturée? dans l'ordre de la pensée, c'est l'idée de Dieu ; Spinoza le dit expressément[1]. L'idée de Dieu n'est pas l'idée de la Substance ; car alors elle se confondrait avec la pensée infinie et ferait partie de la nature naturante. La pensée infinie n'est pas une idée, elle est le fond de toutes les idées ; elle est absolument indéterminée, et n'a pour objet que l'Être absolument indéterminé, la Substance. L'idée de Dieu est donc l'idée des attributs de Dieu. On s'explique ainsi que Spinoza en fasse la première émanation de la Pensée ; car ce que la pensée de la Substance implique immédiatement, c'est l'idée des attributs de la Substance. On s'explique également que l'idée de Dieu ap-

---

1. *Éthique,* Propos. 21.

partienne à la nature naturée, non à la naturante, comme la Pensée. La pensée de la Substance est simple et indéterminée, comme son objet; dans l'idée des attributs de la Substance, il y a déjà de la détermination et de la variété. C'est donc un point bien établi que l'idée de Dieu est l'idée des attributs de Dieu, ou, comme Spinoza l'appelle aussi, l'Entendement infini.

Or, qu'est-ce que l'idée de Dieu, l'Entendement infini? L'Entendement infini enveloppe une infinité d'idées, car il enveloppe l'idée de chacun des attributs de Dieu [1], et il y en a une infinité. Chacune de ces idées, par exemple, l'idée de l'Étendue, est une émanation immédiate de l'idée de Dieu, comme l'idée de Dieu est une émanation immédiate de la pensée de Dieu, comme la pensée de Dieu elle-même est une émanation immédiate de l'essence de Dieu.

Outre l'idée de l'Étendue, nous connaissons encore une autre idée, c'est l'idée de la Pensée. Il doit y avoir, en effet, dans l'idée de Dieu, l'idée de tous les attributs de Dieu, et la Pensée est un de ces attributs. Or, la Pensée est de sa nature représentative; elle n'existe qu'à condition d'avoir un objet, et c'est ce caractère qui la distingue des autres attributs de la Substance. L'Étendue, par exemple, n'exprime rien et ne contient rien qu'elle-même. Prise en soi, elle n'a de rapport qu'à soi. Mais la Pensée exprime en un sens et contient toutes les formes de l'Être. D'une certaine façon, elle est l'Étendue; car ce que l'Étendue est formellement, la Pensée l'est objectivement, et, dans ce sens, la Pensée est toutes choses. Mais si elle embrasse, si elle comprend toutes

---

[1]. *De Dieu*, Propos. 30.

les perfections de la Substance, elle doit se comprendre elle-même ; car elle est elle-même une perfection de la Substance. La pensée absolue se pense donc elle-même, et il y a par conséquent une idée de la Pensée.

Voilà les deux seules idées que nous connaissions positivement, de toutes celles qui sont comprises en nombre infini dans l'idée de Dieu.

Maintenant que contient chacune de ces idées de chacun des attributs de Dieu, par exemple, l'idée de l'Étendue ? elle comprend les idées de toutes les modalités de l'Étendue. Or qu'est-ce qu'une modalité de l'Étendue ? c'est une âme, une âme particulière jointe à un corps particulier. L'idée de l'Étendue enveloppe donc toutes les âmes ; elle est donc, à la lettre, l'âme du monde corporel. C'est une âme universelle, conçue à la façon des Alexandrins, dont toutes les âmes particulières sont des émanations. C'est un océan infini d'âmes et d'idées. Chaque idée, chaque âme est un fleuve de cet océan ; chaque pensée en est un flot.

Mais ce n'est pas tout, et les analogies du monde de *l'Éthique* et de celui des *Ennéades* ne s'arrêtent pas là.

L'idée de l'Étendue est l'âme du monde corporel ; mais l'idée de l'Étendue est elle-même une émanation particulière d'un principe qui en contient une infinité, un fleuve d'un océan plus vaste. L'idée de l'Étendue est enveloppée avec l'idée de la Pensée, avec une infinité d'idées du même degré, dans l'idée de Dieu. L'idée de Dieu n'est plus l'âme de l'univers que nous connaissons ; elle est l'âme de cette infinité d'univers qu'enfante sans cesse l'incompréhensible fécondité de l'Être. Elle est vraiment l'âme du monde, en prenant le monde dans ce sens étendu où l'univers infini que nous connaissons, l'univers des âmes et des corps, de la matière et de l'esprit, se perd comme un atome imperceptible.

Que cette conception de l'ordre de choses élève notre âme et à la fois confond notre faiblesse! Que sommes-nous? une âme jointe à un corps. Cette âme se connaît un peu elle-même et connaît un peu le corps auquel elle est unie, et par suite, mais déjà beaucoup moins, les corps qui peuvent agir sur le sien Voilà le cercle de nos connaissances. Mais cet univers borné que nos sens nous font voir et où nous occupons si peu de place n'est qu'un point dans l'univers infini des corps et des âmes Eh bien! cet univers lui-même dont l'infinité nous passe, que nos sens ignorent, que notre raison conçoit mais sans l'embrasser, cet univers infini se réduit lui-même à une infinie petitesse, quand on songe qu'il n'est qu'une partie d'une infinité d'univers semblables qui se développent à côté du nôtre en une infinité de modifications. L'idée de l'Étendue enveloppe notre univers; mais elle-même est enveloppée par l'idée de Dieu, qui contient tous les univers possibles. Et Dieu enfin enveloppe ce nombre innombrable d'univers dans sa Pensée et sa Pensée elle-même dans sa Substance, dernier fond qui contient tout, foyer primitif d'où tout rayonne, inépuisable océan où tout s'alimente, profondeur insondable que la pensée humaine adore en s'y abîmant.

VII

De l'univers des corps. — De l'univers des âmes. — De l'union des âmes et des corps.

L'être absolu est identique à l'activité absolue. Être,

pour Dieu, c'est agir ; agir, c'est produire ; produire, c'est parcourir et remplir tous les degrés de l'existence.

Dieu produit d'abord la Pensée et l'Étendue, qui résultent immédiatement de son essence. De la Pensée et de l'Étendue découlent éternellement des modes infinis qui contiennent en soi d'autres modes, infinis encore, mais d'une perfection inférieure ; car ce qui fonde et mesure la perfection d'une chose, c'est le rapport plus ou moins immédiat qui l'unit à l'être. Enfin, au-dessous de ces émanations successives qui enveloppent l'univers comme des sphères concentriques de grandeur proportionnellement décroissante, s'agite la variété infinie des êtres mobiles, les âmes et les corps. Dans cette région inférieure, les âmes composées d'idées claires et distinctes occupent le premier rang. Elles correspondent à des corps plus parfaits que tous les autres, d'une organisation plus riche et plus variée. Viennent ensuite aux divers degrés de l'échelle infinie, ordonnés suivant leurs rapports de perfection, unis par une loi nécessaire de correspondance, des âmes de plus en plus obscurcies, des corps de plus en plus simples, et ce progrès n'a d'autres limites que celles du possible ; car il y a de la place dans l'univers pour tous les degrés et toutes les formes de l'existence. Les êtres les plus humbles sont bons encore, parce qu'ils sont, et si chétifs qu'on les suppose, ils représentent pourtant à leur manière, selon leur nature et leur fonction, la perfection absolue de l'être.

§ 1.

De l'univers des corps.

Spinoza définit un corps en général : *un mode qui exprime d'une certaine façon déterminée l'essence de Dieu, en tant que l'on considère Dieu comme chose étendue* [1].

Il y a deux parties dans cette définition : l'une qui est commune à Descartes, à Malebranche, à Fénelon, à Spinoza, en un mot à toute l'école cartésienne ; l'autre qui appartient en propre à l'auteur de l'*Éthique*, et qui fait le caractère original de sa théorie de la nature. Tout corps, dit Spinoza est un mode de l'étendue ; jusque-là il reste fidèle à Descartes. Mais il ajoute : un mode de l'étendue divine. Ici le disciple se sépare du maître, ou s'il lui reste fidèle encore, c'est d'une tout autre façon.

Suivant les cartésiens, toutes les qualités des corps peuvent se réduire à quatre : l'étendue, la figure, la divisibilité, le mouvement. Tout le reste, le chaud et le froid, la mollesse et la dureté, la saveur, le son, la couleur, n'existe que dans la sensibilité humaine. Ce sont des images ou des impressions que le vulgaire, dupe des illusions des sens, répand sur les objets extérieurs, mais qui, séparés de l'âme, n'ont aux yeux des philosophes qu'une réalité fantastique [2]. Or, qu'est-ce que la figure ? une limitation de l'étendue. Qu'est-ce que la divisibilité ? une suite nécessaire de l'étendue. Qu'est-ce enfin que le mouvement ? un changement de rapports dans l'étendue.

---

1. *Éthique*, part. 2, Définition 1.
2. *De Dieu*, Appendice.

Il n'y a donc dans le corps rien de primitif et de fondamental que l'étendue.

Tous les corps, dit Spinoza, ont donc quelque chose de commun[1], puisqu'ils enveloppent tous le concept d'un seul et même attribut, savoir, l'Étendue. Ils ne diffèrent donc point par la Substance qui est la même pour tous, mais par les modalités qui sont diverses pour chacun.

Il y a deux sortes de corps, les corps simples, éléments premiers de l'univers matériel, et les corps composés, qui sont les corps proprement dits, les individus, comme un minéral, une plante, le corps humain[2]. Les corps simples se distinguent les uns des autres par le mouvement et le repos, la vitesse ou la lenteur[3]; les corps composés, par leur degré de solidité, savoir : la dureté, la mollesse ou la fluidité[4].

On demandera comment un corps, qui est par hypothèse un mode de l'Étendue, peut être simple, c'est-à-dire indivisible; et comment un corps simple peut se mouvoir. On voudra savoir aussi comment les corps composés peuvent se distinguer par leur degré de solidité, si la solidité n'est point comprise dans les qualités réelles de l'étendue. Car il ne paraît pas que des parties purement étendues et sans solidité intrinsèque puissent acquérir par leur réunion une propriété étrangère à leur essence. Spinoza s'efforce de répondre à ces questions, et s'il ne résout pas les difficultés, on ne peut pas l'accuser de ne les point voir. Spinoza suppose en effet des

---

1. *Ethique*, part. 2, Lemme 2, après la Propos. 13.
2. *Ethique*, Axiome 2, après le Lemme 3.
3. *Ibid.*, Lemme 1, après la Propos. 13.
4. *Ibid.*, Axiome 3, après le Lemme 3.

corps simples ; mais ce serait se méprendre étrangement que d'entendre par là des atomes. Les atomes, le vide, ne sont à ses yeux que des fantômes de l'imagination [1]. Tout est plein, et l'Étendue, substance des corps, loin de se résoudre en particules distinctes, séparées ou séparables par des intervalles, est un seul être continu et indivisible. L'univers corporel de Spinoza, c'est l'univers de la géométrie. L'étendue, en effet, réduite à quelque chose de figurable et de mobile, en quoi diffère-t-elle de l'espace pur? Or, dans la continuité absolue de l'espace géométrique, la divisibilité et la mobilité sont choses tout idéales; ce sont des actes de la pensée.

Un corps, pour Spinoza, n'est donc véritablement qu'une détermination de l'espace pur ; et c'est une des raisons qui lui feront dire dans la suite qu'un corps est un mode de l'étendue correspondant à un certain mode, à un certain acte de la pensée, et, par une conséquence facile à prévoir, que les modes de l'étendue sont au fond identiques aux modes de la pensée, un corps n'étant que l'objet d'une idée, une idée n'étant que la forme, l'acte d'un corps [2].

Qu'est-ce maintenant qu'un corps simple? Si ce n'est pas un atome, est-ce un point géométrique? pas davantage. L'atome est une chimère des sens; le point géométrique est une abstraction de la pensée. Composer un corps de surfaces, une surface de lignes, une ligne de points, c'est composer les êtres réels d'éléments abstraits et les nombres de zéros. Un corps simple, c'est donc ce qui correspond dans l'étendue absolue à un acte

---

1. *Éthique*, part. 1, Schol. de la Propos. 15.
2. *De l'Ame*, Schol. de la Propos. 21.

simple de la pensée, déterminant, circonscrivant dans des limites précises l'idée de l'espace pur. Maintenant, les sens et l'imagination, venant à se mettre de la partie, revêtent de leurs couleurs ce produit de la pensée pure, et voilà le corps.

Spinoza parle de corps simple, mais cette simplicité est toute relative. Ce corps simple, produit en quelque façon par un acte de la pensée, un autre acte de la pensée peut le diviser, et cette division, par sa nature, ne souffre pas de limites. L'étendue est donc à la fois indivisible et divisible à l'infini, divisible dans ses modes, indivisible dans sa substance. Quelque jugement qu'on porte sur la valeur de cette théorie, dont Spinoza prit le germe dans Descartes, on ne peut disconvenir qu'elle ne soit extrêmement originale; et il serait difficile de lui trouver des analogues dans l'histoire de la philosophie. Ce n'est point la théorie des métaphysiciens-géomètres, qui composent le corps de points, de lignes et de surfaces, ni celle des physiciens matérialistes, pour qui tout se résout en atomes; ce n'est pas non plus la théorie de Leibnitz, où les corps sont formés de ces *atomes métaphysiques* qu'il appelle monades. Chose curieuse ! la doctrine avec laquelle celle de Spinoza présente le plus d'analogie, c'est celle de Kant. Pour tous deux, en effet, les qualités secondaires de la matière se réduisent à des impressions de la sensibilité, et le fond de l'existence corporelle, c'est l'idée pure de l'espace avec ses déterminations infinies.

Mais voici une différence capitale qui sépare Spinoza de Kant, ainsi que de Berkeley et de tous les idéalistes : c'est que l'étendue, pour Spinoza, n'est pas une idée, mais un objet. Qu'est-ce, en effet, qu'un corps dans sa théorie? ce n'est point seulement un acte de la pensée; c'est ce qui, dans l'étendue absolue, correspond à cet acte de la pensée. La pensée et l'étendue, les idées et les corps, se pénètrent et s'unissent dans la Substance qui les enfante sans cesse; mais bien qu'un corps n'existe pas sans être pensé, bien qu'une idée n'existe pas sans avoir un corps pour objet, l'idée et le corps n'en sont pas moins deux choses distinctes et même indépendantes. L'idée, en effet, n'est point fondée sur son objet, ni le corps sur le sujet qui le représente; l'idée ne repose que sur la pensée; le corps ne repose que sur l'étendue; l'idée et le corps ne sont identiques, à leur racine dernière, que parce que l'étendue et la pensée d'où ils relèvent sont elles-mêmes identiques dans la Substance.

Qu'est-ce maintenant qu'un corps composé? Voici la définition de Spinoza[1] :

« Lorsqu'un certain nombre de corps de même grandeur ou de grandeur différente sont ainsi pressés qu'ils s'appuient les uns sur les autres, ou lorsque, se mouvant d'ailleurs avec des degrés semblables ou divers de rapidité, ils se communiquent leurs mouvements suivant des rapports déterminés, nous disons qu'entre de tels corps il y a union réciproque, et qu'ils constituent dans leur ensemble un seul corps, un individu, qui, par cette union même, se distingue de tous les autres. Or, ajoute Spinoza[2], à mesure que les parties d'un individu corporel ou corps composé reposent réciproquement les unes sur les autres par des surfaces plus ou moins grandes, il est plus ou moins difficile de changer leur

---

1. *De l'Ame.* Défin., après le Lemme 3.
2. *Ibid.* Axiome 3, après le Lemme 3.

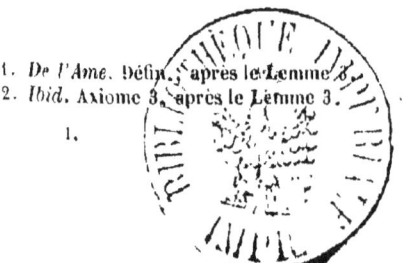

situation, et par conséquent de changer la figure de l'individu en question. Et c'est pourquoi j'appellerai les corps *durs*, quand leurs parties s'appuient l'une sur l'autre par de grandes surfaces, *mous,* quand ces surfaces sont petites, *fluides*, quand leurs parties se meuvent librement les unes par rapport aux autres. »

On voit que la solidité d'un corps, pour Spinoza, dépend uniquement de la figure de ses parties composantes; la figure est donc, dans cette théorie, le véritable principe de l'individualité des corps. Et cela devait être dans ce monde tout géométrique; car si un corps n'est autre chose qu'une détermination de l'étendue, comme c'est la figure qui détermine l'étendue, la figure seule pouvait servir à distinguer les corps les uns des autres. Mais la figure n'est rien de positif; c'est une limite. Elle ne peut communiquer à l'étendue ce que l'étendue ne contient pas. Or, l'étendue pure ne contient que soi, c'est-à-dire l'extension infinie en longueur, largeur et profondeur. Spinoza se tourmente donc en vain pour trouver la solidité qui lui échappe. Il a beau dire : lui aussi, et Leibnitz le lui prouvera, compose les corps réels avec des abstraits, et fait avec des zéros des unités et des nombres.

Après avoir déterminé les éléments de son univers, Spinoza recherche les transformations dont ils sont susceptibles. A l'en croire, il n'en est pas une seule qui ne soit explicable par les lois mathématiques du mouvement. Il n'y a pas de naissance réelle ni de mort effective dans la nature; il n'y a pas de développement interne des choses; tout se réduit à des additions ou à des soustractions de parties. Les modes simples de l'étendue se composent, et c'est la naissance; ils se décomposent, et c'est la mort; ils se maintiennent dans un rapport fini, et c'est la vie.

Considérez les modes simples de l'étendue hors de toute composition, vous avez les éléments inertes de l'univers corporel. Les combinaisons les plus simples de ces modes forment les corps inorganiques. Ajoutez à ces combinaisons un degré supérieur de complexité, l'individu devient capable d'un plus grand nombre d'actions et de passions; il est organisé, il vit. Avec la complexité croissante des parties, se perfectionne et s'élève l'organisation, et l'on arrive ainsi de degré en degré à cette admirable machine, la plus riche, la plus diversifiée, la plus complète de toutes; et ce chef-d'œuvre de la nature, qui contient toutes les formes de combinaison et d'organisation dont elle est capable, ce petit monde où l'univers entier vient se réfléchir, c'est le corps humain [1].

Spinoza est donc, en physique, pour le mécanisme pur de Descartes. S'il donne une âme à la nature, s'il rend aux animaux la vie et le sentiment que Descartes leur avait retranchés, c'est qu'après avoir nié le dynamisme en physique, il le retrouve en métaphysique (comme il arriva plus tard à Leibnitz). — A l'exemple de Descartes et de Malebranche, Spinoza n'admet dans le corps, en tant que corps, aucune vertu motrice. Un corps

---

[1]. *De l'Âme,* Schol. de la Propos. 13. — « Quand nos adversaires (dit Spinoza faisant allusion aux partisans des causes finales) considèrent l'économie du corps humain, ils tombent dans un étonnement stupide ; et comme ils ignorent les causes d'un art si merveilleux, ils concluent que ce ne sont point des lois mécaniques mais une industrie divine et surnaturelle qui a formé cet ouvrage et en a disposé les parties de façon qu'elles ne se contrarient pas réciproquement. »
(*Éthique,* part 1, Appendice.)

ne peut, de soi, changer son état [1]. S'il est en mouvement ou en repos, il a dû y être déterminé par un autre corps, lequel a été déterminé lui-même au mouvement ou au repos par un troisième corps, et ainsi à l'infini. D'où il suit qu'un corps en repos ou en mouvement resterait éternellement dans l'état où il a été mis une fois, s'il ne recevait l'action d'une cause étrangère.

Mais, dira-t-on, il faut au moins admettre un premier corps qui a été mis en mouvement ou par soi-même, ou par une cause incorporelle. Spinoza n'accepte point cette conséquence, qui, en effet, est diamétralement opposée à l'esprit de sa philosophie. Suivant lui, de même que les idées ne relèvent que de la pensée, les corps et leurs mouvements ne relèvent que de l'étendue. Expliquer un mode d'un des attributs de Dieu par l'action d'un principe étranger à la nature de cet attribut, c'est ne pas entendre l'ordre des développements divins [2]. Et il est aussi absurde d'expliquer un mouvement par un principe incorporel, qu'il le serait d'expliquer une idée par un mouvement. En général les modes d'un attribut quelconque ont Dieu pour cause, en tant que Dieu est considéré sous le point de vue de ce même attribut dont ils sont les modes et non sous un autre point de vue [3]. Si donc l'on considère l'ordre des choses sous le point de vue de l'étendue, en d'autres termes si l'on regarde à l'univers des corps, tout doit y être expliqué ou du moins explicable par des mouvements, comme si l'on considère l'ordre de choses sous le point de vue de la pensée, ou, en d'autres termes, si l'on regarde à l'uni-

---

1. *De l'Âme,* Lemme 3, après la Propos. 13.
2. *Ibid.* Propos. 5.
3. *Ibid.* Propos. 6

vers des âmes, tout s'y doit expliquer par des idées[1].

On demandera : quel est donc le premier mouvement? Spinoza répond : il n'y a pas de premier mouvement, pas plus qu'il n'y en a de dernier. La durée, dans son écoulement infini du sein de l'éternité, forme une série où chaque instant suppose celui qui précède et est supposé par celui qui suit, sans commencement ni fin. De même l'étendue, immobile en soi, se développe dans le temps par une mobilité inépuisable.

Est-ce à dire que dans ce progrès à l'infini Dieu soit absent ou inutile? Mais ce progrès éternel est celui de Dieu même; car c'est le progrès d'une activité infinie qui, dans l'ordre de l'étendue comme dans tous les ordres d'existence, sort de l'immobilité de son essence éternelle et abstraite pour se réaliser successivement en traversant tous les degrés d'une mobilité sans terme.

C'est ainsi que Spinoza se représente la nature. Elle forme une existence pleine et indépendante, une en soi et enveloppant toutefois une diversité infinie. Et il n'y a point là de contradiction. Qu'est-ce, en effet, qui constitue l'unité d'un être corporel? qu'est-ce qui en constitue la variété? Considérons les composés les plus simples, par exemple un minéral. Ce minéral n'existe, comme individu, qu'à une condition, c'est qu'il y ait un rapport constant entre le mouvement et le repos de ses parties. Mais cette condition suffit. Retranchez, en effet, d'un tel individu un certain nombre de parties, mais faites qu'elles soient remplacées simultanément par un nombre égal de parties de même nature, il est clair que cet individu conservera sa nature primitive, sans que sa forme, son

---

[1]. *De l'Âme*, Schol. de la Propos. 7.

essence, en éprouve aucun changement [1]. Supposez maintenant que les parties qui composent un individu viennent à augmenter ou à diminuer, mais dans une telle proportion que le mouvement ou le repos de toutes ces parties, considérées les unes à l'égard des autres, s'opèrent selon les mêmes rapports, l'individu conservera encore sa nature première, et son essence ne sera pas altérée [2]. Admettez enfin qu'un certain nombre de corps composant un individu soient forcés de changer la direction de leur mouvement, de telle façon pourtant qu'ils puissent continuer ce mouvement et se le communiquer les uns aux autres suivant les mêmes rapports qu'auparavant, l'individu conservera encore sa nature, sans que sa forme éprouve aucun changement [3].

On voit par là comment un individu composé peut être affecté d'une foule de manières en conservant toujours sa nature. Or, jusqu'à ce moment, nous n'avons considéré que les composés les plus simples. Si nous venons maintenant à considérer un individu comme composé lui-même de plusieurs individus de nature diverse, nous trouverons qu'il peut être affecté de plusieurs autres façons en conservant toujours sa nature; car puisque chacune de ses parties est composée de plusieurs corps, elle pourra, sans que sa nature en soit altérée, se mouvoir tantôt avec plus de vitesse, tantôt avec plus de lenteur, et par suite communiquer plus lentement ou plus rapidement ses mouvements aux autres parties. Et maintenant, si nous concevons un troisième genre d'individus formé de ceux que nous venons de dire, nous trouve-

---

1. *De l'Âme*, Lemme 4, après la Propos. 13.
2. *Ibid.* Lemme 5.
3. *Ibid.* Lemme 6 et 7.

rons qu'il peut recevoir une foule d'autres modifications sans aucune altération de sa nature. Enfin, si nous poursuivons de la sorte à l'infini, nous concevrons facilement que toute la nature est un seul individu, dont les parties, c'est-à-dire tous les corps, varient d'une infinité de façons sans que l'individu lui-même, dans sa totalité infinie, reçoive aucun changement[1].

Spinoza éclaircit cette vue profonde sur la nature par un exemple ingénieux[2] : « Imaginez, dit-il, je vous prie, qu'un petit ver vive dans le sang, que sa vue soit assez perçante pour discerner les particules du sang, de la lymphe, etc., et son intelligence assez subtile pour observer suivant quelle loi chaque particule, à la rencontre d'une autre particule, rebrousse chemin ou lui communique une partie de ce mouvement... Ce petit ver vivra dans le sang comme nous vivons dans une certaine partie de l'univers ; il considérera chaque particule du sang, non comme une partie, mais comme un tout, et il ne pourra savoir par quelle loi la nature universelle du sang en règle toutes les parties, et les force, en vertu d'une nécessité inhérente à son être, de se combiner entre elles de façon qu'elles s'accordent toutes ensemble suivant un rapport déterminé. Car si nous supposons qu'il n'existe hors de ce petit univers aucune cause capable de communiquer au sang des mouvements nouveaux, ni aucun autre espace, ni aucun autre corps auquel le sang puisse communiquer son mouvement, il est certain que le sang restera toujours dans le même état, et que ses particules ne recevront aucun autre changement

---

[1]. *De l'Ame*, Schol. du Lemme 7.
[2]. *Lettre à Oldenburg*, tome II, page 331 et suiv.

que ceux qui se peuvent concevoir par les rapports de mouvement qui existent entre la lymphe, le chyle, etc.; et de cette façon le sang devra être toujours considéré, non comme une partie, mais comme un tout. Or, comme il existe en réalité beaucoup d'autres causes qui modifient les lois de la nature du sang et sont à leur tour modifiées par elles, il arrive que d'autres mouvements, d'autres changements se produisent dans le sang, lesquels résultent, non pas du seul rapport du mouvement de ses parties entre elles, mais du rapport du mouvement du sang à celui des choses extérieures ; et de cette façon le sang joue le rôle d'une partie, et non celui d'un tout.

« Je dis maintenant, ajoute Spinoza, que tous les corps de la nature peuvent et doivent être conçus comme nous venons de concevoir cette masse de sang, puisque tous les corps sont environnés par d'autres corps et se déterminent les uns les autres à l'existence et à l'action suivant une certaine loi, le même rapport de mouvement au repos se conservant toujours dans tous les corps pris ensemble, c'est-à-dire dans l'univers tout entier ; d'où il suit que tout corps, en tant qu'il existe d'une certaine façon déterminée, doit être considéré comme une partie de l'univers, s'accorder avec le tout et être uni à toutes les autres parties. Et comme la nature de l'univers n'est pas limitée comme celle du sang, mais absolument infinie, toutes ses parties doivent être modifiées d'une infinité de façons et souffrir une infinité de changements en vertu de la puissance infinie qui est en elle. »

A côté de cet univers infini des corps se développe l'univers infini des âmes et une infinité d'autres univers.

La Pensée est donc aussi un individu infini, immobile en soi dans la variété infinie de ses parties, parce qu'une même loi les enchaîne toutes dans un rapport éternellement subsistant.

Or, ces individus infinis d'eux-mêmes, la Pensée, l'Étendue, ne sont point isolés. Un même rapport les relie et les maintient. Ce sont des parties infinies d'un seul individu infiniment infini : unité suprême qui enveloppe toute variété, maintient tout rapport, produit toute harmonie, identité incompréhensible où les corps et les âmes, la pensée et l'étendue, le réel et l'idéal, en un mot toutes les formes et tous les degrés de l'existence viennent se pénétrer et s'unir.

§ 2.

De l'univers des âmes.

Pour Spinoza, comme pour Descartes, l'essence de l'âme, le fond de l'existence spirituelle, c'est la pensée; la sensibilité, la volonté, l'imagination, n'étant que des suites ou des formes de la pensée. L'âme est donc, aux yeux de Descartes, une pensée. Spinoza ajoute qu'elle est une pensée de Dieu, et par là il donne à la définition cartésienne de l'âme, soit qu'il l'altère, soit qu'il la développe, une physionomie toute nouvelle.

La pensée divine, étant une forme de l'activité absolue, ne peut pas ne pas se développer en une suite infinie de pensées ou d'idées ou encore d'âmes particulières. D'un autre côté, il implique contradiction qu'aucune idée, aucune âme, en un mot, aucun mode de la Pensée puisse exister hors de la Pensée elle-même; tout ce qui pense, par conséquent, à quelque degré et de quelque façon qu'il pense, en d'autres termes toute âme est un mode de la pensée divine, une idée de Dieu.

Or, qu'exprime cette suite infinie d'âmes et d'idées qui découlent éternellement de la pensée divine? elle exprime l'essence de Dieu. Mais le développement infini de la nature corporelle exprime-t-il autre chose que l'essence infinie et parfaite de Dieu? L'Étendue exprime sans doute l'essence de Dieu d'une tout autre façon que ne fait la Pensée, et de là la différence nécessaire de ces deux choses; mais elles expriment toutes deux la même perfection, la même infinité, et de là leur rapport nécessaire.

Par conséquent, à chaque mode de l'étendue divine doit correspondre un mode de la pensée divine, et, comme dit Spinoza, l'ordre et la connexion des idées est le même que l'ordre et la connexion des choses[1]. De plus, de même que l'Étendue et la Pensée ne sont pas deux Substances, mais une seule et même Substance considérée sous deux points de vue, ainsi un mode de l'Étendue et l'idée de ce mode ne sont qu'une seule et même chose exprimée de deux manières différentes. Par exemple, un cercle qui existe dans la nature et l'idée d'un tel cercle, laquelle est aussi en Dieu, c'est une seule et même chose exprimée relativement à deux attributs différents[2]. « Et c'est là, ajoute Spinoza[3], ce qui paraît

---

1. *Ibid.*, au Scholie.
2. Comp. *Éthique*, part. 1, Schol. de la Propos. 17. — Dans ces passages, Spinoza songe-t-il aux Kabbalistes ou à d'autres sectaires de race hébraïque? Sur ce point obscur et délicat, voyez notre seconde Partie, I.
3. *De l'Ame*, Propos. 7.

avoir été aperçu comme à travers un nuage par quelques Hébreux qui soutiennent que Dieu, l'intelligence de Dieu et les choses qu'elle conçoit ne font qu'un. »

Une conséquence évidente de cette doctrine, c'est que tout corps est animé; car tout corps est un mode de l'Étendue, et tout mode de l'Étendue correspond si étroitement à un mode de la Pensée que tous deux ne sont au fond qu'une seule et même chose.

Spinoza n'a point hésité ici à se séparer ouvertement de l'école cartésienne. On sait que Descartes ne voulait reconnaître la pensée et la vie que dans cet être excellent que Dieu a fait à son image. Tout le reste n'est que matière et inertie. Les animaux mêmes qui occupent les degrés les plus élevés de l'échelle organique ne trouvent point grâce à ses yeux. Il les prive de tout sentiment et les condamne à n'être que des automates admirables dont la main divine a disposé les ressorts. Cette théorie donne à l'homme un prix infini dans la création ; mais outre qu'elle a de la peine à se mettre d'accord avec l'expérience et à se faire accepter du sens commun, on peut dire qu'elle rompt la chaîne des êtres et ne laisse plus comprendre le progrès de la nature.

Cet abîme ouvert par Descartes entre l'homme et le reste des choses, Spinoza n'hésite pas à le combler[1]. Il est loin de rabaisser l'homme et de l'égaler aux animaux ; car, à ses yeux, la perfection de l'âme se mesure

---

1. Je citerai un passage remarquable de l'*Éthique* : « *Tous les individus de la nature*, dit Spinoza (*Éthique*, part. 2, Schol. de la Propos. 12), *sont animés à des degrés divers. De toutes choses, en effet, il y a nécessairement en Dieu une idée dont Dieu est cause, de la même façon qu'il est cause de l'idée du corps humain, et, par conséquent, tout ce que nous disons de l'idée du corps humain, il faut le dire nécessairement de l'idée de toute autre chose quelconque. Et toutefois nous ne voulons pas nier que les idées ne diffèrent entre elles comme les*

sur celle des corps, et réciproquement. Par conséquent, à ces organisations de plus en plus simples, de moins en moins parfaites qui forment les degrés décroissants de la nature corporelle, correspondent des âmes de moins en moins actives, de plus en plus obscurcies, jusqu'à ce qu'on atteigne la région de l'inertie et de la passivité absolues, limite inférieure de l'existence, comme l'activité pure en est la limite supérieure.

Qu'est-ce donc que l'âme humaine dans une telle doctrine ? évidemment, c'est une suite de modes de la Pensée étroitement unie à une suite de modes de l'Étendue ; en d'autres termes, c'est une idée unie à un corps, et, comme dit Spinoza : l'âme humaine, c'est l'idée du corps humain.

Il est aisé maintenant de définir l'homme de Spinoza : c'est l'identité de l'âme humaine et du corps humain. L'âme humaine, en effet, n'est au fond qu'un mode de la substance divine ; or, le corps humain en est un autre mode. Ces deux modes sont différents en tant qu'ils expriment d'une manière différente la perfection divine, l'un dans l'ordre de la Pensée, l'autre dans l'ordre de l'Étendue ; mais en tant qu'ils représentent un seul et même moment du développement éternel de l'activité infinie, ils sont identiques. Ce que Dieu est, comme corps, à un point précis de son progrès, il le pense, comme âme, et voilà l'homme. Le corps humain n'est

---

objets eux-mêmes, de sorte que l'une est supérieure à l'autre et contient une réalité plus grande à mesure que l'objet de celle-ci est supérieur à l'objet de celle-là et contient plus de réalité. C'est pourquoi si nous voulons déterminer en quoi l'âme humaine se distingue des autres âmes et par où elle leur est supérieure, il est nécessaire que nous connaissions la nature de son objet, savoir : le corps humain. » — Comp. *Éthique,* part. 3, Schol. de la Propos. 57.

que l'objet de l'âme humaine; l'âme humaine n'est que l'idée du corps humain. L'âme humaine et le corps humain ne sont qu'un seul être à deux faces, et, pour ainsi dire, un seul et même rayon de la lumière divine qui se décompose et se dédouble en se réfléchissant dans la conscience.

Malgré la prodigieuse confiance que Spinoza laisse partout éclater en la vérité de ses systèmes, malgré ce calme dans l'affirmation que nul philosophe n'égala jamais, il ne faut pas croire qu'il se dissimule les difficultés dont sa théorie de l'homme est hérissée. A plusieurs reprises, il interrompt le cours de ses déductions pour supplier le lecteur de ne point trop s'effaroucher et d'attendre la fin [1]. Comment, en effet, ne pas arrêter Spinoza pour lui dire : Que faites-vous de l'individualité de l'homme? que faites-vous de son activité? de son identité personnelle? Quoi! l'âme humaine est une idée de Dieu, et elle dit : Moi. L'âme humaine est une suite de pensées qui se poussent en quelque façon l'une l'autre comme des flots, et vous dites qu'elle est active. Elle s'échappe sans cesse à elle-même dans une mobilité que rien ne peut arrêter, et vous soutenez qu'elle persiste dans l'être et a conscience de soi.

Il est curieux d'observer ici les efforts sincères de Spinoza pour concilier avec les principes de sa doctrine l'individualité, l'activité, l'identité personnelle de l'âme humaine.

On sait que pour lui l'âme humaine est un mode de Dieu. Or, Dieu est l'activité infinie au même titre qu'il est l'existence infinie. Si donc il a communiqué à l'âme

---

1. *De l'Âme*, Schol. de la Propos. 11.

humaine cette émanation de sa substance infinie, une portion de son existence, il a dû lui communiquer en même temps une portion de son activité. L'âme est donc active, et elle l'est essentiellement. Autant elle a d'être, autant elle a d'activité. Être, pour elle comme pour Dieu, c'est agir, et son activité ne peut périr qu'avec son essence.

Ainsi donc, dit Spinoza, l'âme est une idée, l'idée du corps humain; que manque-t-il à son unité? Elle est une idée active, et par là même elle tend à persévérer dans l'être et à développer sa puissance; que manque-t-il à son activité? Enfin, en tant qu'idée, elle a conscience de soi; car toute idée se représente elle-même en même temps qu'elle représente son objet. Une, active, se pensant elle-même, que manque-t-il à sa personnalité?

Cette unité, dira-t-on, est toute factice, puisque l'âme n'est pas une idée simple, mais une idée composée de plusieurs autres idées, en d'autres termes, une collection d'idées.

Je l'accorde, répond Spinoza; mais cette collection est réglée par un rapport invariable qui en fait l'individualité. L'âme humaine, en effet, c'est l'idée du corps humain. L'individualité de l'âme humaine doit donc réfléchir celle du corps humain. Or, qu'est-ce qui constitue en général l'individualité d'un corps? ce n'est point le nombre, ce n'est point le mouvement de ses parties; c'est la proportion constante qui les enchaîne. Les parties du corps humain, par exemple, changent sans cesse; elles diminuent ou augmentent, elles se meuvent avec des degrés divers de vitesse et selon diverses directions; elles reçoivent une infinité d'actions différentes et réagissent à leur tour d'une infinité de façons sur les autres êtres. Le corps humain n'est donc qu'une collection de modes toujours changeants. Et cependant le corps humain est un individu. Pourquoi cela? c'est qu'une loi constante, une proportion durable maintiennent toutes ces parties dans un rapport qui ne change pas. Il en est de même pour l'âme; elle est une collection, je l'avoue; son unité est une unité de proportion, j'en conviens; mais si cette proportion suffit dans le corps pour en maintenir l'individualité au travers de mille variations toujours renouvelées, pourquoi l'âme ne serait-elle pas aussi tout ensemble une unité et une collection, un être à la fois identique et divers, en un mot, un principe stable au sein d'une mobilité régulière. Dieu seul est un d'une unité absolue, l'unité indivisible de l'éternité et de l'être; les modes sont des unités relatives et changeantes. Par la proportion constante de leurs parties, ils imitent autant qu'ils peuvent l'unité de l'être, comme par la continuité de leur mouvement ils en imitent l'éternité.

Mais Spinoza a beau donner ici la torture à son génie et développer toutes les ressources de la plus rare souplesse, de la plus exquise pénétration; il y a quelque chose de plus puissant que toutes les subtilités où se consume un grand esprit égaré, c'est l'autorité de la conscience.

J'existe et je me sens exister. Il n'y a pas de connaissance plus claire, plus immédiate, plus certaine que celle-là. Or, je me sens exister à titre de principe actif, capable de se déterminer soi-même. Sans doute, il y a de la variété dans mon être, car mon activité se déploie diversement, et comme elle a des limites diverses et rencontre des obstacles divers, je dois éprouver diverses passions. Mais mon existence n'est point dispersée dans la variété de ses déterminations; elle est une, et sa variété même n'est que le déploiement divers de son unité.

Je ne suis donc point une collection d'idées, pas plus qu'une collection de sensations; l'unité d'une collection est une unité tout abstraite, une unité mathématique, un nombre. Or, je ne suis pas un être abstrait, mais un être vivant. Je ne suis pas un nombre, mais une force.

L'âme, dira Spinoza, n'est pas une pure collection, un total; c'est une collection dont les parties sont liées entre elles par un rapport constant. Soit; mais si un rapport constant peut jusqu'à un certain point constituer l'individualité d'un corps, considéré alors comme un pur agrégat, c'est-à-dire comme un phénomène destitué de toute activité propre et de toute vie, il ne saurait fonder l'individualité d'un être réel, d'une force véritable, d'une vivante unité. Le moi ne se reconnaît donc pas à l'image qu'en trace Spinoza, et cette fausse image accuse d'erreur tout le système.

Ce n'est pas tout, le système lui-même peut être tourné contre Spinoza. Considérons en effet avec lui et sur ses traces la nature pensante, l'univers des âmes dans son infinité. Qu'est-ce qu'une âme particulière? une partie de l'univers spirituel, exactement comme chacune des idées qui composent l'âme humaine est une partie de cette âme. De même, si nous envisageons la nature étendue, l'univers des corps, nous trouverons que chaque corps individuel est une partie de cet univers infini, exactement au même titre que le cerveau par exemple est une partie du corps humain. Or, l'univers des âmes et celui des corps ne sont pas de pures collections, pas plus que l'âme humaine et le corps humain. Ces deux univers ont de l'unité. Comment Spinoza explique-t-il cette unité? Ici, une proportion ne lui suffit pas. Il ne lui suffit pas que le même rapport du repos au mouvement se conserve entre les parties de l'univers des corps, et qu'un rapport semblable entre les idées se conserve également dans l'univers des âmes. Il faut à l'univers des corps un principe d'unité et d'individualité, c'est l'étendue absolue; il faut à l'univers des âmes un principe d'unité et d'individualité, c'est la pensée absolue. A la proportion constante qui règne entre les mouvements de l'univers corporel, il faut une cause et un sujet; et une cause et un sujet sont également nécessaires à celle qui règle toutes les idées de l'univers spirituel. La Pensée en soi, l'Étendue en soi, voilà ce sujet, voilà cette cause. Enfin la correspondance étroite des idées et des mouvements, l'analogie des deux proportions qui gouvernent les âmes et les corps, demandent une cause dernière. Cette cause, c'est la Substance, identique, une, active, qui constitue toute variété, maintient tout rapport, explique enfin la vie universelle.

Au nom de ces principes, je dis maintenant : Si le moi est un d'une unité réelle, s'il est identique d'une véritable identité, s'il agit et s'il vit, il faut à la variété et à l'harmonie de ses actes un principe d'unité et d'individualité. Si un rapport constant entre les parties de l'univers ne suffit pas, comme Spinoza le déclare expressément lui-même, pour en constituer l'unité, un rapport constant entre les parties de l'âme ne suffit pas davantage. A ce rapport il faut un sujet, et à cette proportion constante, une cause. Ce sujet, cette cause, c'est le moi, et le moi n'a pas de place dans le système de Spinoza. Ce système est donc ici infidèle à l'expérience et à lui-même. Pour être conséquent et aller jusqu'à l'extrémité fatale où conduisait la logique, il fallait nier l'unité de l'âme, nier son individualité, nier son identité, comme déjà on avait nié sa liberté, et dire hautement : Il n'y a qu'un individu véritable, comme il n'y a qu'un être véritable, savoir : Dieu.

§ 3.

De l'union des âmes et des corps.

Les vues de Spinoza sur la nature corporelle et spirituelle le conduisirent à une théorie de l'union de l'âme et du corps, qui n'est point vraie sans doute, pas plus que tout son système, mais dont on ne peut pas trop admirer toutefois l'originalité, la suite et la grandeur. Je n'hésite point à dire qu'elle égale, si elle ne la surpasse point, la fameuse Harmonie préétablie de Leibnitz. J'ajoute qu'elle la fait clairement pressentir, et présente avec elle les plus curieuses analogies.

On peut dire que dans l'histoire de la philosophie, ce n'est point Descartes, ce n'est point Malebranche, mais bien Spinoza qui représente ce que j'appellerai volontiers l'idée cartésienne de la communication des substances. Seul, il l'a comprise dans son fonds ; seul, il l'a développée dans toute sa rigueur et toute sa plénitude.

On connaît les sentiments de Descartes sur l'union des substances. Pour lui, le problème est beaucoup plus simple que pour Leibnitz et pour Spinoza; car il n'admet d'autre âme dans l'univers que l'âme humaine, et réduit tous les êtres organisés à des machines absolument privées de sentiment et de vie. Tout le problème, c'est donc de savoir comment l'âme humaine est unie au corps humain. Cette simplification est assurément un des avantages métaphysiques de la théorie de l'animal-machine; mais on ne l'obtient qu'en choquant le bon sens, en méprisant l'expérience, et, ce qui n'est pas moins grave, en isolant l'homme au sein de l'univers et en rompant les liens qui l'unissent à tous les êtres.

Ces inconvénients sont communs à Descartes et à Malebranche. Ils détruisent également la continuité du progrès de la nature. On ne comprend pas par quel accident, par quel hasard, l'âme humaine se trouve unie à un corps. Ce n'est point là une suite des lois générales du monde, c'est une exception. Mais Descartes s'est embarrassé de beaucoup d'autres difficultés que Malebranche a quelquefois heureusement évitées. Il admet que l'âme a pour essence la pensée, et le corps l'étendue, et qu'entre la pensée et l'étendue, il n'y a aucun rapport concevable. Voilà donc l'âme qui est dans le corps comme une étrangère. Je dis qu'elle est dans le corps, mais au vrai elle n'y est pas; elle n'a, elle ne peut avoir aucun rapport avec le corps; car la pensée n'en a pas et n'en peut avoir avec l'étendue. Et cependant Descartes nous assure que l'âme a son siége dans le corps humain, et que ce siége, c'est la glande pinéale. Mais cela ne s'entend véritablement pas; cela même est contradictoire. Comment la pensée aurait-elle son siége dans le corps, l'inétendu dans l'étendu? De plus, l'âme n'ayant point de rapport avec le corps ne peut évidemment agir sur lui. Et cependant Descartes accorde à l'âme le pouvoir d'opérer des changements dans le corps. A la vérité, elle ne peut donner au corps du mouvement, mais elle peut changer la direction des mouvements corporels. C'est une nouvelle contradiction; car si l'âme est absolument incapable de mouvoir le corps, cela ne peut venir que de l'opposition absolue de la nature de la pensée et de celle de l'étendue, opposition qui doit rendre l'âme absolument incapable d'influer sur la direction d'un mouvement qu'elle n'a pas produit.

Quoi qu'il en soit, Descartes pense que l'âme ne peut, naturellement et physiquement, mouvoir le corps. Pour qu'elle le meuve, il faut l'assistance divine. Or, on comprend aisément que pour que le corps à son tour agisse sur l'âme, il faudra invoquer encore la divine assistance qui devient de plus en plus nécessaire. Et du jour où l'on fait intervenir Dieu dans la nature, il est bien difficile qu'il ne finisse pas par tout envahir.

Le système des causes occasionnelles en est la preuve. Ce que j'ai appelé l'idée cartésienne de la communication des substances s'y dégage et s'y éclaircit déjà beaucoup plus que dans le système de Descartes; mais il s'en faut encore que le père Malebranche l'ait embrassée dans toute son étendue.

Ici, l'âme n'agit plus sur le corps d'aucune manière, et dès lors le siége de l'âme n'est plus qu'un mot qui importe peu. Dieu seul agit sur l'âme, Dieu seul agit sur le corps. L'union de l'âme avec le corps n'est plus une union physique, naturelle; elle est toute métaphysique : elle consiste dans l'accord parfait des mouvements du corps avec les pensées de l'âme, et cet accord est fondé sur la sagesse de l'action divine. On pourrait même dire à la rigueur que dans le système de Malebranche il n'y a plus ni corps ni âmes. Les corps ne sont que des modalités inertes de l'étendue; les âmes, des suites de pensées et de désirs sans activité, sans individualité véritables. Il est vrai que Malebranche accorde à l'âme, par des détours infinis, quelque ombre d'activité; mais ce n'est là qu'une inconséquence. Au vrai, la vie, l'activité, désertent l'univers de Malebranche pour se concentrer dans la seule Cause vraiment cause, non plus cause occasionnelle, mais cause efficiente et réelle.

Il est certain que le père Malebranche, avec un degré supérieur de pénétration, de rigueur et de hardiesse, aurait fait l'une de ces deux choses : ou bien il aurait abandonné son système, ou bien il aurait dit : L'âme n'est qu'un mode de Dieu, le corps en est un autre mode. Dieu seul est substance et cause; il est la substance et la cause des mouvements des corps et des corps eux-mêmes, des pensées de l'âme et de l'âme elle-même; l'union de l'âme et du corps n'est que l'ordre des modifications de Dieu, qui se correspondent dans le développement de son être et s'identifient dans son fonds.

Mais il faut faire un pas de plus. L'idée cartésienne a déjà de la suite et de la rigueur, elle manque d'étendue. Si en effet la suite des modalités du corps humain correspond à une suite de modalités de la pensée divine, pourquoi toute autre suite de modalités corporelles ne trouverait-elle pas en Dieu une série correspondante de modalités spirituelles? Les âmes des hommes sont des idées de Dieu; mais il y a en Dieu bien d'autres idées, par conséquent bien d'autres âmes. Or si les âmes des hommes, comme idées de Dieu, sont unies aux corps des hommes comme modes de l'étendue de Dieu, ces autres âmes doivent aussi être unies à des corps disposés pour elles, et si elles sont inférieures à l'âme humaine, elles doivent être assorties à des corps moins parfaits que le corps humain.

Il n'est point permis de s'arrêter ici à tel ou tel degré du développement de la nature. Tout corps a une âme, toute âme a un corps; toute âme et tout corps doivent se correspondre dans toute la suite de leur vie, étant au fond identiques dans la substance. Voilà l'union vraiment intérieure et profonde, voilà la correspondance vraiment naturelle et nécessaire des êtres.

Qui n'admirerait la suite, la rigueur, l'étendue, la clarté de cette conception? Et qui ne voit que c'est là véritablement l'idée cartésienne, mal démêlée par celui même qui en donna le germe, et qui déjà, tandis que Malebranche essayait de la dégager et de l'éclaircir, s'était constituée et accomplie dans Spinoza? Voilà peut-être le sens vrai du mot célèbre de Leibnitz : « Le spinozisme n'est qu'un cartésianisme immodéré. » Mais *immodéré* est un mot d'indulgence, et c'est *conséquent* qu'on voulait dire.

Aussi, quand Leibnitz entreprit de réformer le cartésianisme, ce grand esprit ne s'attacha point à telle ou telle modification partielle. Il reprit l'édifice par les fondements; il toucha au principe même du système. Et de là une doctrine nouvelle, aussi régulière, aussi bien liée que celle de Spinoza, et qui lui ressemble même par une foule d'endroits ; mais si les proportions de l'édifice se ressemblent, la base est différente, ainsi que la nature des matériaux.

Pour Leibnitz comme pour Spinoza, il n'y a point d'action de l'âme sur le corps, je parle d'action physique; il n'y a qu'une communication métaphysique en Dieu[1].

---

1. Leibnitz a dit plusieurs fois que Descartes serait arrivé infailliblement à la

A ce titre seulement, tout âme a un corps ; tout corps a une âme ; c'est-à-dire que pour toute suite de pensées dans l'univers des âmes, il y a dans l'univers des corps une suite de mouvements.

« Le corps d'une âme, dit Leibnitz, est son point de vue dans l'univers physique. » — « Le corps d'une âme, dit Spinoza, est son objet immédiat. » Pour l'un et l'autre philosophe, toutes nos connaissances, notamment celle du monde extérieur, sortent du propre fonds de l'âme, sans que le corps humain exerce sur elle aucune action réelle et lui transmette aucune image.

Suivant Spinoza, c'est par la connaissance immédiate que l'âme a des affections de son corps qu'elle connaît les corps extérieurs, avec lesquels le corps humain a des rapports, et de proche en proche tout l'univers ; car toute chose a des rapports avec toutes les autres ; or, à ce point de vue, Spinoza dirait fort bien avec Leibnitz

---

doctrine de l'harmonie préétablie, s'il eût connu les véritables lois du mouvement. Descartes en effet pensait que dans l'univers la quantité du mouvement est constante et la direction seule variable. C'est pourquoi il refusait à l'âme le pouvoir de donner au corps du mouvement, et lui accordait cependant la faculté de changer la direction des mouvements corporels. Mais la vérité est, suivant Leibnitz, que non-seulement la même quantité de force mouvante (plutôt que la quantité de mouvement) se conserve dans l'univers, mais encore la même quantité de direction, vers quelque côté qu'on la prenne dans le monde. C'est-à-dire que si l'on mène une droite quelconque, et qu'on prenne tant de corps qu'on voudra, on trouvera, si l'on tient compte de tous les corps qui agissent sur ceux qu'on a pris, qu'il y aura toujours la même quantité de progrès d'un même côté, dans toutes les parallèles à la droite qu'on a menée. — Il suit de ce principe que pour la direction des mouvements de l'univers, comme pour ces mouvements eux-mêmes, l'intervention de l'âme est inutile. Par conséquent, les âmes n'agissent pas physiquement sur les corps, ce qui est le point de départ de l'harmonie préétablie. — Or, il est intéressant de remarquer qu'avant Leibnitz, Spinoza était parti de la même loi générale du mouvement dont parle Leibnitz, et avait abouti à la même conséquence. De là, les analogies que présentent sur ce point le Spinozisme et le Leibnitianisme. Spinoza admettait expressément que *le même rapport du mouvement au repos se conserve toujours dans tous les corps pris ensemble, c'est-à-dire dans l'univers tout entier* (*Lettre à Oldenburg*, tome III, page 358). Ce serait donc, pour Spinoza, une chose *surnaturelle* qu'un principe incorporel vînt à changer soit la quantité, soit la direction du mouvement dans l'univers.

que l'âme humaine est un miroir vivant où tout l'univers vient se réfléchir.

L'âme, dans Leibnitz, se développe sans le concours du corps par une suite continue de perceptions. L'âme, dans Spinoza, se développe également sans le concours du corps, par une suite de pensées, et ce qui est curieux, pour caractériser la régularité de ce mouvement, Spinoza emploie l'expression fameuse de Leibnitz : « L'âme est un automate spirituel[1]. »

« Tout se produit dans l'âme, dit Leibnitz, comme si elle existait seule avec Dieu. » Les choses se passent de même dans le monde de Spinoza. Supprimez l'univers physique par abstraction, l'univers des âmes n'en est point altéré, et les idées des corps subsistent, quand les corps ne sont plus.

Dans les deux systèmes, à chaque sorte d'âmes correspond une espèce particulière de corps : aux âmes les plus parfaites, les corps les plus parfaits. Toute âme a des pensées; mais les unes n'ont que des idées inadéquates, comme parle Spinoza, ou des perceptions, comme dit Leibnitz. On n'y rencontre que passions, appétits, images. Les autres ont des idées adéquates, ou, en d'autres termes, à la perception elles joignent l'aperception; et de là la conscience, la raison, l'activité. Ce sont les esprits, les intelligences.

Les corps, en tant que corps, sont réglés par des lois mécaniques : mais le dynamisme, la vie sont partout. Sur ce point, Leibnitz et Spinoza sont bien près de se donner la main. Mais la ressemblance est ici plus délicate à saisir, et d'autant plus curieuse. Il ne faut point croire que dans le système de Spinoza, Dieu produise di-

[1]. *De la Réforme de l'Entendement*, tome III, page 333.

rectement les modes de la pensée, ni ceux de l'étendue. La cause immédiate d'un mode de la pensée, c'est un mode antérieur, qui a lui-même pour cause immédiate un autre mode antérieur, et ainsi de suite à l'infini. Il en est exactement de même pour les modes de l'étendue. Or, ceci est parfaitement conforme à la doctrine de Leibnitz, où chaque perception d'une monade a sa raison suffisante dans une perception antérieure, et chaque mouvement dans un mouvement antérieur. Ainsi donc, sur tous les points qui viennent d'être signalés, les analogies sont frappantes et incontestables.

On pourrait être tenté de les pousser plus loin encore. Je viens de dire que Spinoza ne pense pas que Dieu agisse immédiatement sur l'âme humaine; l'état de l'âme, à un moment donné, a sa raison dans un état antérieur. Mais il ne faut pas conclure de là que Spinoza refuse absolument toute puissance à l'âme, et toute influence sur sa destinée. L'âme, par cela même qu'elle est un mode de l'existence de Dieu, est aussi un mode de sa puissance; elle a donc une part d'activité exactement correspondante à sa part d'existence. A ce titre elle agit, elle agit sans cesse, elle agit essentiellement; car sa nature enveloppe nécessairement quelque effet. Il faut en dire autant du corps. Faisant partie de l'existence divine, il fait aussi partie de la divine puissance, et à ce titre il est doué d'une certaine tendance à l'action qui se développe et s'actualise sans cesse dans le progrès de ses mouvements.

A regarder les choses de ce côté, Spinoza et Leibnitz se confondent. Mais cela même nous avertit de ne pas oublier les différences profondes, après avoir marqué les analogies.

Entre toutes les différences que je n'ai point à épuiser ici, il en est une capitale. Le principe de la métaphysique de Leibnitz, c'est que l'essence de tout être est dans l'action. S'il a dit plusieurs fois que l'âme humaine est un automate spirituel, son expression a certainement excédé sa pensée, et, en tout cas, elle marquerait plutôt une déviation qu'une suite naturelle du système. L'idée cartésienne, dont le système de Spinoza donne le dernier mot, avait ôté l'action, la force, la vie à la nature pour la concentrer en Dieu. Leibnitz a restitué à la nature sa part légitime d'indépendance et d'activité propre. Ç'a été son entreprise philosophique, le but de sa vie : c'est aux yeux de l'histoire le trait distinctif de son système et son véritable titre d'honneur. Au contraire, dans le système de Spinoza, l'individualité des corps et surtout celle des âmes n'est introduite qu'à force de détours, et ne s'explique qu'à l'aide de raffinements d'abstraction qui couvrent des inconséquences nécessaires.

La doctrine de Spinoza sur l'union des êtres est donc essentiellement et purement cartésienne ; c'est le pur cartésianisme arrivé à son plus rigoureux, à son plus complet développement; mais si elle fait pressentir, si elle a pu préparer l'harmonie préétablie, elle en diffère par un point capital. L'harmonie préétablie est encore, si l'on veut, cartésienne, mais d'un cartésianisme réformé dans son principe.

VIII.

THÉORIE DE L'AME HUMAINE.

*De l'Entendement ou des idées. — De la Volonté
ou des passions.*

C'est la prétention hautement avouée de Spinoza de construire une métaphysique où les données de l'expérience n'entrent pour rien, où tout découle strictement d'une seule idée, l'idée de l'Être. Fidèle à cette méthode périlleuse et hardie, nous l'avons vu déduire de l'idée de la substance infinie l'existence et la nature de Dieu, de la nature de Dieu son développement nécessaire, de cet infini développement l'existence d'une infinité d'univers infinis dont deux seuls tombent directement sous notre connaissance, l'univers des corps et l'univers des âmes, enfin de la nature de ce double univers celle des éléments qui le composent, l'ordre éternel de ces éléments, leur différence nécessaire et leur nécessaire identité. Dans ce progrès de la déduction pure, il semble que Spinoza s'éloigne à chaque pas des hauteurs de l'abstrait et de l'idéal pour s'approcher de plus en plus de la réalité et de la vie; le voici qui touche enfin à la sphère de l'expérience. Refusera-t-il d'y entrer? nous dira-t-il ce que l'âme humaine doit être avant de savoir ce qu'elle est? osera-t-il nous présenter avec confiance le tableau complet, l'exacte copie de notre existence intellectuelle et morale sans avoir regardé l'original?

La hardiesse de Spinoza va jusque-là. De la nature de l'âme humaine conçue *à priori* et déduite de la nature de la pensée divine, il entreprend de déduire, toujours *à priori*, les lois de notre existence, les principes régulateurs de nos pensées et de nos actes, les conditions de notre destinée[1]. Sa psychologie découle nécessairement de sa métaphysique; sa logique, sa morale, sa politique, sa religion, découlent nécessairement de sa psychologie, et ce vaste assemblage de spéculations forme une chaîne dont le raisonnement seul lie tous les anneaux.

Mais il faut payer tribut à l'expérience, et elle ne se laisse pas éconduire de la sorte. Spinoza ne veut s'appuyer que sur des définitions et des axiomes; c'est fort bien, mais voici deux de ses axiomes :

L'homme pense.

Nous sentons un certain corps affecté de plusieurs manières[2].

Ici, la sévérité de la méthode géométrique est en défaut; car ces axiomes sont des faits, et des faits que l'expérience seule peut fournir.

Forcé de faire à l'expérience sa part, Spinoza la lui fera aussi petite que possible[3]. Il ramènera sans cesse les faits à leurs principes premiers, et si quelque débat s'engage entre le raisonnement et l'expérience, entre un fait et une idée pure, c'est l'expérience qui aura tort, c'est le fait qui devra succomber.

---

1. Spinoza appelle dédaigneusement la psychologie expérimentale, conçue à la manière de Bacon, *hanc historiolam animæ* (*Lettres*, tome III, p. 421).
2. *De l'Ame*, Axiomes II et IV.
3. Il ne sera pas inutile de faire remarquer ici que c'est seulement dans l'ordre des sciences métaphysiques que Spinoza exclut l'expérience ; il était loin d'en méconnaître l'usage dans des recherches d'une autre espèce. Voici un passage où la méthode d'observation et d'induction est décrite avec une précision parfaite : « Quel est, en effet, l'esprit de la méthode d'interprétation de la nature ? elle consiste à tracer avant tout une histoire fidèle de ses phénomènes, pour aboutir ensuite, en partant de ces données certaines, à d'exactes définitions des choses naturelles. » (*Traité théologico-politique*, chap. XII, init.)

« Pour les esprits superficiels, dit quelque part Spinoza, c'est une chose très-surprenante que j'entreprenne de traiter des vices et des folies des hommes à la manière des géomètres. Mais qu'y faire? cette méthode est la mienne... Je vais donc traiter de la nature des passions comme j'ai traité de la nature divine ; et j'analyserai les actions et les appétits des hommes comme s'il était question de lignes, de plans et de solides[1]. »

C'est un point établi pour Spinoza que l'âme humaine est une idée, ou pour mieux dire une suite d'idées. Or, comment l'âme humaine ainsi conçue aurait-elle des facultés? Une faculté suppose un sujet; la variété des facultés d'un même être demande un centre commun d'identité et de vie. Or l'âme humaine n'est pas proprement un être, une chose, et, comme dit Spinoza, *ce n'est pas la substance qui constitue la forme ou l'essence de l'homme*[2] ; l'âme humaine est un pur mode, une pure collection d'idées. Or la réalité d'une collection se résout dans celle des éléments qui la composent. Ne cherchez donc pas dans l'âme humaine des facultés, des puissances; vous n'y trouverez que des idées.

Qu'est-ce donc que l'entendement? qu'est-ce que la volonté? des êtres de raison, de pures abstractions que le vulgaire réalise ; au fond, il n'y a de réel que telle ou telle pensée, telle ou telle volition déterminées[3].

Or l'idée et la volition ne sont pas deux choses, mais une seule, et Descartes s'est trompé en les distinguant[4].

---

1. *De l'Ame*, Schol. de la Propos. 44.
2. *Éthique*, part. 3, Préambule.
3. *De l'Ame*, Propos. 10 et son Coroll.
4. *Ibid.*, Scholie de la Propos. 48.

À l'en croire, la volonté est plus étendue que l'entendement, et il explique par cette disproportion nécessaire la nature et la possibilité de l'erreur. Il n'en est point ainsi[1] : vouloir, c'est affirmer. Or il est impossible de percevoir sans affirmer, comme d'affirmer sans percevoir. Une idée n'est point une simple image, une figure muette tracée sur un tableau[2]; c'est un vivant concept de la pensée, c'est un acte. Le vulgaire s'imagine qu'on peut opposer sa volonté à sa pensée. Ce qu'on oppose à sa pensée en pareil cas, ce sont des affirmations ou des négations purement verbales. Concevez Dieu et essayez de nier son existence, vous n'y parviendrez pas. Quiconque nie Dieu n'en pense que le nom[3]. L'étendue de la volonté se mesure donc sur celle de l'entendement. Descartes a beau dire que s'il plaisait à Dieu de nous donner une intelligence plus vaste, il ne serait pas obligé pour cela d'agrandir l'enceinte de notre volonté[4] : c'est supposer que la volonté est quelque chose de distinct et d'un; mais la volonté se résout dans les volitions, comme l'entendement dans les idées. La volonté n'est donc pas infinie, mais composée et limitée, ainsi que l'entendement. Point de volition sans pensée, point de pensée sans volition[5]; la pensée, c'est l'idée considérée comme représentative; la volition, c'est encore l'idée considérée comme active; dans la vie réelle, dans la complexité naturelle de l'idée, la pensée et l'action s'identifient.

1. *Éthique*, part. 2, Propos. 49.
2. *De l'Ame*, Schol. de la Propos. 49.
3. *De la Réforme de l'Entendement*, tome III, page 317.
4. *De l'Ame*, Schol. de la Propos. 49, pages 94, 95.
5. « *Il n'y a dans l'âme aucune autre volition, c'est-à-dire aucune autre affirmation que celle que l'idée, en tant qu'idée, enveloppe.* » (*Éthique*, II, Propos. 49.)

On objectera peut-être à Spinoza qu'il doit au moins reconnaître dans l'âme humaine une faculté, savoir, la conscience. Mais la conscience, prise en général, n'est à ses yeux qu'une abstraction, comme l'entendement et la volonté.

Ce n'est pas que Spinoza ne reconnaisse expressément la conscience; il la démontre même *à priori*, et c'est un des traits les plus curieux de sa psychologie que cette déduction logique qu'il croit nécessaire pour prouver à l'homme, par la nature de Dieu, qu'il a conscience de soi-même[1].

Il y a, dit-il, en Dieu une idée de l'âme humaine[2], et cette idée est unie à l'âme comme l'âme est unie au corps. De la même façon que l'âme représente le corps, l'idée de l'âme représente l'âme à elle-même; et voilà la conscience[3]. Mais l'idée de l'âme n'est pas distincte de l'âme, autrement il faudrait chercher encore l'idée de cette idée dans un progrès à l'infini. C'est la nature de la pensée de se représenter elle-même avec son objet. Par cela seul que l'âme existe et qu'elle est une idée, l'âme a donc conscience de soi.

Telle est la théorie de Spinoza sur les facultés de l'âme humaine prise en général. Il va maintenant la considérer tour à tour comme représentative et comme active, comme pensée et comme volition, comme entendement et comme volonté.

---

[1]. Spinoza démontre aussi *à priori* que le corps humain existe tel que nous le sentons. Voyez *Éthique*, part. 2, Schol. de la Propos. 12.
[2]. *De l'Ame*, Propos. 20.
[3] *Ibid.*, Propos. 21 et son Schol.

§ 1.

Théorie de l'Entendement.

L'âme humaine est une idée, l'idée du corps humain. En tant qu'idée, l'âme se connaît elle-même; voilà la conscience. En tant qu'idée du corps humain, l'âme connaît le corps humain ; et comme les modifications du corps humain enveloppent la nature des corps extérieurs, l'idée du corps humain enveloppe la connaissance des autres corps ; voilà les sens, ou, comme dit l'École écossaise, la perception extérieure[1]. Or les impressions des corps étrangers laissent des traces dans le corps humain, qui subsistent même quand ces corps étrangers sont absents ou détruits, de sorte que l'âme peut se les représenter ; voilà l'imagination[2]. Enfin ces traces sont liées entre elles, dans l'âme comme dans le corps, suivant le même ordre que les impressions primitives qui les ont produites ; voilà la mémoire et l'association des idées[3].

La conscience, les sens, l'imagination, la mémoire, l'association des idées, tout cela n'est que la partie la plus humble de l'intelligence humaine. C'est la région de l'*expérience vague*, des idées obscures et confuses, de la passivité et de l'erreur.

L'âme humaine, en effet, ne connaît pas immédiatement le corps humain[4], elle n'en connaît que les affections. Par conséquent l'âme humaine ne se perçoit pas elle-même d'une manière immédiate, mais seulement

---

1. *De l'Ame*, Propos. 16.
2. *Ibid.*, Propos. 17, avec son Coroll. et son Schol.
3. *Ibid.*, Propos. 18 et son Schol.
4. *Ibid.*, Propos. 19.

en tant qu'elle a l'idée des affections du corps humain [1].
Enfin l'âme ne perçoit aucun corps extérieur que par
l'idée des affections de son propre corps [2]. Or les idées immédiates sont seules claires et distinctes. Nous n'avons
donc aucune idée claire et distincte, aucune idée adéquate, ni de l'âme, ni du corps humain, ni des corps
extérieurs.

Tel est l'état de l'âme humaine, tant que son activité
ne s'est pas encore déployée; telle est la misérable condition où s'ensevelissent pour jamais les âmes vulgaires,
toujours emportées par le flot mobile des sensations et
des images, n'ayant de leur corps et d'elles-mêmes qu'un
sentiment confus, ignorant Dieu, pleines de ténèbres et
de hasard.

Et toutefois l'âme humaine n'est pas faite pour les
ténèbres, le sommeil et la mort, mais pour la lumière,
l'activité et la vie. Elle est une idée, une idée de Dieu;
elle est destinée à penser, à comprendre, à vivre en
Dieu. Comment s'opère cette merveilleuse transformation qui rend l'âme à elle-même et à sa véritable destinée?

L'âme humaine perçoit les affections du corps humain
et celle des corps étrangers, et cette perception passive
est complexe, variable et fugitive comme son objet. Mais
qu'est-ce que les affections des corps et les corps eux-mêmes? des modalités de l'Étendue. Toute affection corporelle est donc dans l'Étendue et la suppose, comme
l'effet suppose la cause, comme le mode suppose la substance. Par conséquent toute idée d'une affection corpo-

---

[1]. *De l'Âme*, Propos. 23.
[2]. *Ibid.*, Propos. 26.

relle enveloppe le concept de l'Étendue. Maintenant toute idée, en même temps qu'elle est l'idée d'un objet, est aussi l'idée de soi-même. Or, qu'est-ce qu'une idée? une modalité de la Pensée. Toute idée est donc dans la Pensée, la suppose, et en tant qu'elle a conscience de soi-même, elle en enveloppe le concept. Voilà deux concepts dans l'âme, celui de l'Étendue et celui de la Pensée. Or l'Étendue et la Pensée sont dans la Substance; d'où il résulte que le concept de l'Étendue et celui de la Pensée enveloppent le concept de la Substance. Là s'arrête nécessairement le progrès de la connaissance; parce que la Substance étant conçue par soi, il n'y a pas, il ne peut y avoir de concept plus élevé.

Ainsi donc toute affection corporelle, si grossière qu'elle puisse être, enveloppe en son idée le concept sublime de la Substance, et la plus humble, la plus obscure, la plus fugitive de nos perceptions, développée et éclaircie, contient Dieu [1].

Or, dans ce rapide élan qui transporte une âme libre de la région des choses qui passent au sommet le plus élevé de l'ordre intelligible, l'âme n'est plus déterminée extérieurement et par le concours fortuit des choses à percevoir.tel ou tel objet; elle est déterminée intérieurement à la connaissance, elle s'y détermine elle-même[2]. C'est du sein de sa propre nature, c'est du fond de son essence que les idées naissent et se développent; c'est une nécessité absolue, inhérente à la pensée même, qui conduit l'âme, suivant une ligne inflexible, à travers les degrés de l'ordre des choses, jusqu'à leur éternel prin-

---

1. *De l'Ame,* Propos. 45.
2. *Ibid.,* Schol. de la Propos. 29.

cipe. L'âme est donc essentiellement active dans l'intuition intellectuelle, comme elle est essentiellement passive dans la perception, et cette activité nécessaire étant l'essence de la liberté, il s'ensuit qu'esclave par ses sensations, l'âme n'est libre que par ses concepts.

Maintenant que représente toute intuition sensible ? un *corps*, c'est-à-dire un mode de l'Étendue, composé, variable, déterminé au mouvement ou au repos par d'autres modes variables et composés de l'Étendue, qui eux-mêmes en supposent d'autres encore dans un progrès à l'infini[1]. Et qu'est-ce que l'intuition sensible elle-même ? une idée aussi variable, aussi composée que son objet, un mode de la Pensée déterminé par d'autres modes antérieurs, qui sont déterminés par des modes nouveaux, et toujours ainsi sans terme et sans repos. De là la confusion nécessaire de ce genre inférieur de connaissance, par suite l'erreur, qui a sa source dans des idées confuses, et par suite encore le mal, dont la racine est dans l'erreur.

Considérez au contraire les objets de l'intuition intellectuelle : la pensée absolue, l'étendue infinie, la Substance, l'Être, la Perfection, objets éternels, simples, immuables, existant en soi, conçus par soi, ne supposant rien au delà de soi. De là la clarté de ce genre sublime de connaissance, et ces idées distinctes, lumineuses, adéquates, où l'âme se repose en toute sécurité, idées fécondes qui engendrent d'autres idées[2], et augmentent sans cesse notre activité, notre perfection, notre bonheur.

---

1. *De Dieu*, Propos. 28.
2. *De l'Âme*, Propos. 40.

Entre ces deux extrémités de la connaissance humaine, l'intuition sensible, passive, fortuite, obscure, confuse, et l'intuition intellectuelle, libre, active, claire et distincte, le raisonnement est une sorte d'intermédiaire et de lien[1]; tantôt il part de la région sensible, encore aveugle, mal sûr de lui-même, cherchant des principes qu'il invoque sans les comprendre, qu'il pressent sans les posséder; tantôt, prenant son point d'appui dans la région de l'intelligence, assuré dans son cours, suivant la chaîne des êtres, à la lumière de l'idée même de l'être[2], et répandant la clarté de cette idée jusque dans les derniers degrés de l'existence.

Dans ce développement nécessaire d'une déduction toujours fondée sur des idées pures, comme dans la simplicité, la clarté, la liberté parfaite de l'intuition intellectuelle, ni l'erreur, ni la contradiction, ni le doute ne peuvent trouver aucune place. Le doute en effet naît à la suite de la contradiction, et la contradiction est fille de l'erreur.

Or qu'est-ce que l'erreur? rien de positif[3]. Essayez en effet de concevoir un mode positif de la Pensée qui constitue l'essence de l'erreur. Un tel mode ne peut évidemment se trouver en Dieu, puisque toutes les idées, en tant qu'elles se rapportent à Dieu, sont vraies[4]. Il faudrait donc qu'il pût exister et se concevoir hors de Dieu; mais rien ne peut être ni être conçu qu'en Dieu[5]; l'erreur n'est donc pas une chose positive. D'un autre côté, elle

---

1. *De l'Ame*, Schol. 2 de la Propos. 40.
2. *De la Réforme de l'Entendement*, tome III, p. 302 et suiv.
3. *De l'Ame*, Propos. 33.
4. *Ibid.*, Propos. 32.
5. *Ibid.*, Propos. 15.

ne peut consister dans une absolue privation de connaissance[1] (car on ne dit pas que les corps se trompent ou soient dans l'erreur, mais seulement les âmes), ni dans l'absolue ignorance d'une chose, car autre chose est l'ignorance, autre chose l'erreur ; il faut donc que l'erreur consiste dans la privation de connaissance qu'enveloppent les idées inadéquates, c'est-à-dire les idées mutilées et confuses[2]. Par exemple, les sens me montrent le soleil éloigné de moi d'environ deux cents pieds. Je pense, j'affirme que le soleil est à deux cents pieds de la terre, et je me trompe. Pourquoi cela? c'est que j'ignore les preuves mathématiques qui établissent la vraie distance du soleil. L'errreur est donc un mélange de connaissance et d'ignorance. En effet, ne pas voir le soleil, ce n'est pas se tromper, et je ne tombe dans l'erreur touchant la distance du soleil qu'à condition de voir le soleil. D'un autre côté, quand je pense que le soleil est à deux cents pieds de moi, il n'y a rien là de positivement faux. Car je vois en effet le soleil à cette distance, et alors même que les physiciens m'ont fait connaître son prodigieux éloignement, je continue de le voir assez près de moi. L'erreur n'est donc ni une connaissance absolument et positivement fausse, ni une absolue privation de connaissance : elle est tout entière dans une connaissance incomplète, ou, comme dit Spinoza, dans une idée inadéquate.

L'erreur ne peut donc pénétrer dans la région des idées claires[3], ni par conséquent la contradiction et le doute. Comment le doute subsisterait-il quand la ra-

---

1. *De l'Âme*, Propos. 35.
2. *Ibid.*, Propos. 35 et son Schol.
3. *Ibid.*, Propos. 41 et 42.

cine du doute est détruite? « Celui qui a une idée vraie, dit avec un bon sens profond Spinoza, sait en même temps qu'il a cette idée et ne peut douter de la vérité de son objet[1]. » C'est le fait d'un sophiste ou le caprice d'un esprit malade de chercher une règle de vérité plus certaine qu'une idée claire et distincte. La lumière se montre elle-même en montrant tout le reste, et elle se fait distinguer des ténèbres. Ainsi la vérité est sa marque à elle-même et la marque du faux[2].

Au premier coup d'œil, rien de plus simple que ces principes de l'idéologie et de la logique de Spinoza; mais que de difficultés s'accumulent pour qui les veut entendre à fond et les accorder avec l'ensemble du système! Comment Spinoza peut-il dire que l'âme humaine ne connaît pas le corps humain, du moins en lui-même, tandis qu'il définit l'âme humaine : l'idée du corps humain? Quoi! l'essence de l'âme humaine, c'est de représenter le corps humain, et elle ne saisit que d'une manière médiate et partielle son objet propre et immédiat? Mais supposons qu'il en soit ainsi : n'est-il pas surprenant d'entendre dire à un logicien si exact que, dans le corps humain, que l'âme ne connaît pas, rien ne peut arriver qui ne soit perçu nécessairement par l'âme humaine[3]: proposition exorbitante et qui vient inopinément donner une extension démesurée à la sphère tout à l'heure si rétrécie de nos connaissances! Ce n'est pas tout : après

---

1. *De l'Ame*, Propos. 43.
2. *Ibid.*, Scholie de la Proposition 43. — On ne s'étonnera pas qu'un des Axiomes par où commence l'*Éthique* soit celui-ci : *Une idée vraie doit s'accorder avec son objet*. (*De Dieu*, Axiome 6.)
3. *Ibid.*, Propos. 12.

avoir refusé à l'âme humaine la connaissance adéquate de cette parcelle de matière à laquelle elle est unie, sait-on ce que Spinoza lui accorde? la connaissance adéquate de l'infinie et éternelle essence de Dieu[1]. Ainsi ce que nous connaissons le mieux, c'est l'infini, c'est l'invisible; et ce que nous connaissons le moins, c'est notre corps, c'est nous-mêmes. N'y a-t-il pas là tout ensemble un excès d'orgueil et un excès d'humilité également éloignés du vrai?

Considérez maintenant l'âme humaine, non plus comme idée du corps humain, mais comme mode de la pensée divine. A ce point de vue, l'âme est une idée de Dieu, et l'univers infini des âmes n'est que le développement infini de la pensée de Dieu. Or, dans la vie parfaite d'une intelligence parfaite, où est la possibilité de l'erreur? Comment les idées de Dieu tomberaient-elles dans la confusion, étant claires et distinctes de leur nature?

Spinoza ne recule devant aucune de ces difficultés, et il croit les résoudre toutes ensemble par une distinction très-difficile à comprendre, il n'en disconvient pas, mais parfaitement conforme à l'esprit de sa philosophie.

L'âme humaine, dit-il, est par essence l'idée du corps humain, et cette idée est en Dieu. Mais à quel titre et comment est-elle en Dieu? L'idée d'une chose particulière et qui existe en acte a Dieu pour cause, non pas en tant qu'infini, mais en tant qu'il est affecté de l'idée d'une autre chose particulière et qui existe en acte, idée dont Dieu est également la cause en tant qu'affecté d'une troisième idée, et ainsi à l'infini[2].

---

[1] *De l'Ame*, Propos. 47.
[2] *Ibid.*, Propos. 9.

Il suit de ce principe que si l'âme humaine, ou, en d'autres termes, l'idée du corps humain est en Dieu, ce n'est pas en tant que Dieu constitue l'essence de l'âme humaine, mais en tant qu'il est affecté de plusieurs autres idées[1]. En conséquence l'âme humaine ne connaît pas le corps humain en lui-même; elle ne le connaît que par les idées des affections qu'il éprouve, et par suite elle n'a du corps humain, des autres corps et de soi-même, qu'une connaissance indirecte, mutilée et confuse.

Maintenant l'âme humaine a l'idée de Dieu : à quel titre et comment conçoit-elle cette idée? Spinoza l'a fait voir : c'est que l'âme humaine a l'idée des affections du corps humain, et que cette idée enveloppe la connaissance de l'essence de Dieu. Or à quel titre et comment l'âme humaine a-t-elle l'idée des affections du corps humain? c'est que l'idée des affections du corps humain est en Dieu, en tant qu'il constitue la nature de l'âme humaine[2]. Mais, s'il en est ainsi, il semble que ces idées que nous avons des affections du corps humain devraient être claires et distinctes; d'où vient qu'elles sont confuses? « C'est, dit Spinoza, qu'elles enveloppent la nature des corps extérieurs ainsi que celle du corps humain lui-même[3]; et non-seulement du corps humain, mais aussi de ses parties. Or, la connaissance adéquate des corps extérieurs, et celle des parties qui composent le corps humain, sont en Dieu[4], en tant qu'il est affecté, non de l'âme humaine, mais d'autres idées; par consé-

---

[1] *De l'Ame.* Propos. 19.
[2] *Ibid.*, Propos. 12 et 19.
[3] Par la Propos. 16, p. 2.
[4] Par les Propos. 24 et 25, p. 2.

quent les idées des affections du corps humain, en tant qu'elles se rapportent seulement à l'âme humaine, sont comme des conséquences séparées de leurs prémisses, c'est-à-dire évidemment des idées confuses[1]. »

L'âme humaine serait donc réduite à des idées confuses sur toutes choses, si elle n'était douée de la faculté de ramener la diversité des perceptions à l'unité, et de concevoir ce qui est commun à toutes choses et se trouve également dans le tout et dans la partie[2]. Or de tels objets ne peuvent être conçus que d'une manière adéquate[3]; car l'idée de ces objets est en Dieu, en tant qu'il constitue la nature de l'âme, et ces objets étant d'une simplicité et d'une indépendance parfaites, rien n'en peut mutiler la notion.

Ainsi donc, pour résumer cette obscure théorie, l'idée du corps humain est en Dieu, non pas en tant qu'il constitue l'essence de l'âme humaine, mais en tant qu'il constitue l'essence de plusieurs autres âmes; et c'est pourquoi l'âme humaine ne connaît qu'imparfaitement le corps humain, les corps extérieurs et elle-même. L'idée des affections du corps humain est en Dieu, à la vérité, en tant qu'il constitue l'essence de l'âme humaine, et c'est pour cela que l'âme humaine perçoit nécessairement tout ce qui arrive dans le corps humain; mais comme les affections du corps humain enveloppent la nature des corps extérieurs et du corps humain lui-même, dont l'âme n'a et ne peut avoir qu'une connaissance inadéquate, il s'ensuit que l'âme humaine ne connaît que très-confusément ce qui arrive dans le corps humain et dans

---

1. *De l'Ame*, Propos. 28.
2. *Ibid.*, Propos. 37 et 38
3. *Ibid.*, Propos. 39.

les corps extérieurs. Maintenant l'idée des affections du corps humain, si confuse qu'elle soit, enveloppe le concept de l'Étendue et le concept de la Pensée, et par conséquent la connaissance de l'essence divine. Or cette connaissance est en Dieu, en tant qu'il constitue la nature de l'âme humaine; et comme elle est parfaitement simple et ne dépend absolument d'aucune autre, elle ne peut être que parfaitement adéquate.

Il y a donc, suivant Spinoza, une règle générale pour distinguer une idée nécessairement adéquate d'une idée nécessairement inadéquate. « Quand nous affirmons, dit-il, que l'âme humaine perçoit ceci ou cela, nous n'affirmons pas autre chose sinon que Dieu, non pas en tant qu'infini, mais en tant qu'il s'exprime par la nature de l'âme humaine, ou bien en tant qu'il en constitue l'essence, a telle ou telle idée; et lorsque nous disons que Dieu a telle ou telle idée, non plus seulement en tant qu'il constitue la nature de l'âme humaine, mais en tant qu'il a en même temps l'idée d'une autre chose, nous disons alors que l'âme humaine perçoit une chose d'une façon partielle ou inadéquate[1]. »

Il est fort à craindre que cette explication de l'imperfection des connaissances humaines et de l'origine de nos erreurs en même temps que de nos plus sublimes connaissances, ne paraisse à tout le monde obscure autant qu'artificielle. Nous sommes loin de penser qu'elle ne soit pas en effet très-artificielle et très-arbitraire; mais avant de la juger il faut la comprendre, et pour la comprendre il la faut éclaircir. Qu'on songe que cette théorie de l'adéquation et de l'inadéquation des idées touche

---

1. *De l'Âme*, Coroll. de la Propos. 11.

aux points les plus essentiels et les plus profonds de la doctrine de Spinoza, et notamment à toute sa théorie de la vie en Dieu et de l'immortalité de l'âme[1].

Si nous entendons bien Spinoza, l'âme humaine doit être envisagée sous deux points de vue, parce qu'elle a deux rapports essentiels, l'un au monde et au temps, l'autre à Dieu et à l'éternité.

Envisagée dans son rapport à Dieu, l'âme est un mode éternel de la pensée divine ; son existence est parfaite en soi et immuable ; c'est une idée de Dieu, claire, distincte, adéquate, exempte de changement et d'erreur. Maintenant considérez l'âme, non plus dans l'éternité, mais dans le temps, non plus en Dieu, mais dans le monde : l'âme est l'idée du corps humain. Or le corps humain est un être composé d'une infinité de parties, et lui-même est une partie d'un tout infiniment composé : toutes ces parties dépendent l'une de l'autre, se déterminent l'une l'autre, agissent et pâtissent d'une infinité de façons. L'idée du corps humain est aussi un être composé et dépendant comme son objet. Elle comprend une infinité d'idées particulières ; et elle-même est une partie de l'univers infini des idées, où, comme dans l'univers des corps, toute partie est liée aux autres parties, agit sur elles et en reçoit l'action.

L'âme humaine ainsi envisagée est pleine d'obscurité, de confusion et d'erreur. En effet, la suite des idées est

---

[1]. Spinoza sentait lui-même que sa doctrine aurait bien de la peine à se faire comprendre et accepter. Il s'interrompt, contre son usage, pour exhorter ses lecteurs à la patience :
« Ici, dit-il (Schol. de la Propos. 12, part. 2), les lecteurs vont sans doute être arrêtés, et il leur viendra en mémoire mille choses qui les empêcheront d'avancer ; c'est pourquoi je les prie de poursuivre lentement avec moi leur chemin, et de suspendre leur jugement jusqu'à ce qu'ils aient tout lu. »

infinie dans la durée, et l'âme humaine ne remplit qu'un point du temps; l'univers des corps n'a pas de bornes, et l'âme humaine n'est que l'idée d'un certain corps; elle ne peut donc connaître l'univers que de son point de vue, c'est-à-dire d'un point de vue très-particulier et très-déterminé.

Il y a donc dans l'âme deux modes d'existence, et pour ainsi dire deux vies : une vie en Dieu, vie éternelle et parfaite, et une vie temporelle, pleine de misère, d'erreur et d'imperfection. De là deux ordres de facultés dans l'âme : celles qui se rapportent au monde, facultés passives, qui n'embrassent les choses que d'une manière partielle et déterminée; celles qui se rapportent à Dieu, facultés essentiellement actives et capables d'embrasser leurs objets avec plénitude [1]. L'imagination, les sens, la mémoire, perçoivent les choses dans la durée comme contingentes; mais la raison conçoit les choses comme nécessaires [2], et il est de sa nature d'apercevoir tous ces objets sous la forme de l'éternité [3].

De là ce beau théorème de Spinoza, justement admiré de Schelling :

« *Notre âme, en tant qu'elle connaît son corps et soi-même sous le caractère de l'éternité, possède nécessairement la connaissance de Dieu, et sait qu'elle est en Dieu et est conçue par Dieu* [4]. »

Maintenant comment s'opère le passage de la vie éternelle de l'âme à la vie temporelle et imparfaite? quel est le nœud de ces deux existences? L'âme humaine comme

---

1. *Éthique*, part. 5, Coroll. de la Propos. 40.
2. *De l'Âme*, Propos. 44.
3. *Ibid.*, Coroll. II.
4. *De la Liberté*, Propos. 30.

idée éternelle de Dieu, l'âme humaine comme idée passagère d'un corps périssable, ce ne sont pas deux choses, mais une seule. L'âme humaine en tombant de l'éternité dans le temps ne se sépare pas de Dieu; supposer cela, ce serait supposer que Dieu peut se séparer de lui-même. L'âme humaine, comme mode éternel de la pensée, c'est Dieu envisagé dans la fécondité non encore développée de son être; l'âme humaine, comme idée du corps humain, c'est Dieu encore, envisagé dans un moment précis de son développement éternel à travers la durée.

Si vous considérez l'entendement infini de Dieu, tout y est lumière, ordre, action, l'erreur n'y a aucune place; mais si vous le considérez, non plus dans la totalité infinie de ses idées, mais dans une partie, cette partie, par cela même qu'elle est une partie, telle partie et non pas telle autre, n'est plus un entendement infini, clair, lumineux, distinct, mais une âme, un individu, un moi, limité dans son existence, uni à une partie déterminée de l'univers des corps, apercevant toutes choses, non en elles-mêmes, mais dans leur rapport avec soi. De là toutes les erreurs et toutes les misères de l'individualité En un sens, Dieu n'y tombe pas ; car, en soi, il est la Pensée qui comprend tout d'une manière parfaite. En un autre sens, il y tombe; car une âme particulière, un moi, c'est un moment de la vie de Dieu. Or, pour comprendre complétement Dieu et complétement l'âme humaine, il faut unir les deux sens et identifier les deux points de vue.

La Pensée est donc une vie parfaite qui a son principe dans l'éternité, et son développement sans terme dans le temps. La Pensée, dans sa perfection éternelle, c'est proprement Dieu; la Pensée dans sa vie, ce sont les âmes.

La Pensée éternelle enveloppe éternellement toutes les âmes; chaque âme est donc à la fois éternelle par son rapport à la Pensée éternelle, et passagère par son rapport au corps. Comme éternelle, l'âme est exempte de toute erreur et de tout changement; comme temporelle, elle est sujette à l'erreur. Pour se dégager de l'erreur, il lui suffit de se ramener sans cesse à son principe; elle n'est plus alors telle ou telle âme, telle ou telle idée, tel ou tel moi; elle est Dieu même : Dieu, dis-je, qui se perd en quelque sorte sans cesse en se développant dans la durée par les degrés successifs de l'individualité et qui se retrouve sans cesse en ramenant sans cesse la variété de ses effets à l'unité de leur cause immanente, et en forçant l'individu à se nier soi-même pour redevenir libre et parfait au sein de l'être qui le créa.

§ 2.

Théorie de la Volonté ou des Passions.

Un individu, un être déterminé, n'est autre chose qu'une forme déterminée de l'existence absolue[1]. Or l'existence absolue est identique à l'activité absolue[2]; tout être est donc actif au même titre qu'il existe, et sa part d'activité se mesure exactement sur sa part de réalité. D'un autre côté, nul être n'a rien en soi qui le puisse détruire; car la définition d'un être quelconque contient l'affirmation et non la négation de son essence; en d'autres termes, elle pose son essence et ne la détruit pas[3].

---

1. *De Dieu*, Coroll. de la Propos. 25.
2. *Ibid.*, Propos. 34. — Comp. *Éthique*, p. 4, Préambule.
3. *Des Passions*. Propos. 4 et 5.

Si donc tout être est actif de sa nature, et s'il ne contient en soi rien qui supprime son existence, il s'ensuit que tout être, autant qu'il est en lui, s'efforce de persévérer dans son être [1]; et cet effort est son essence même, son essence actuelle [2], laquelle n'enveloppe aucun temps fini, mais une durée indéterminée [3].

L'homme, comme tout autre être, a donc sa part d'activité, et en vertu de son essence, il tend à persévérer indéfiniment dans son être. Voilà l'appétit, qui ne se rapporte exclusivement ni à l'âme ni au corps, mais à l'homme tout entier, dont il constitue l'essence. Or, l'âme a conscience d'elle-même, et à ce titre elle sent cet effort permanent par où elle tend à persévérer dans son être. Voilà le désir ou la volonté. Le désir ou la volonté ne sont donc rien de plus que l'appétit exclusivement rapporté à l'âme et ayant conscience de soi [4].

Spinoza appelle l'âme humaine une idée, mais on peut la définir tout aussi bien dans son système : un désir ou une activité qui a conscience d'elle-même. Ces définitions sont identiques ; car dans l'âme humaine comme en Dieu, la pensée et l'action se pénètrent mutuellement, l'abstraction seule les distingue, et comme tout l'être et toute l'activité de l'âme humaine sont dans les idées qui la composent, plus elle a d'idées, plus elle a d'être et d'activité.

Si l'âme humaine était isolée et indépendante dans la nature, il n'y aurait en elle qu'activité, perfection, lumière, et elle persisterait éternellement dans son être ;

---

1. *Des Passions*, Propos. 6.
2. *Ibid.*, Propos. 7.
3. *Ibid.*, Propos. 8.
4. *Ibid.* Propos. 9 et son Schol.

mais l'âme humaine n'est qu'une partie de la nature, un atome d'un monde infini. L'existence et l'action de l'âme humaine dépendent donc jusqu'à un certain point de l'existence et de l'action de tous les autres êtres, la nature étant un système organisé où tout se tient, et où une loi éternelle règle les rapports de toutes les parties et coordonne la vie de chacune d'elles à la vie universelle [1]. Or tantôt l'action de l'âme humaine est favorisée par les causes étrangères, tantôt elle y rencontre des obstacles. Voilà l'origine de la passion.

L'âme humaine est une idée; toute idée implique une affirmation et par conséquent une action. L'âme humaine est donc toujours active; mais quand cette activité permanente rencontre un obstacle, l'état de l'âme n'est plus une suite immédiate de son essence; en d'autres termes, l'âme n'est plus cause adéquate de ses déterminations, mais seulement cause partielle [2]. Ses idées ont alors deux causes : d'une part, l'activité propre de l'âme; de l'autre, l'activité d'un nombre infini de causes étrangères que l'âme humaine ne peut apercevoir que d'une manière très-confuse. Au lieu d'avoir des idées claires et distinctes, des idées adéquates, l'âme n'a plus que des idées inadéquates et mutilées; au lieu d'agir, elle pâtit [3].

La passion n'est donc qu'une *moindre action* de l'âme humaine. Si l'âme agissait avec plénitude, elle existerait avec plénitude, elle serait Dieu. Si l'âme était absolument passive, elle serait entièrement livrée à l'empire des causes étrangères et comme absorbée par la nature.

---

1. *Lettre à Oldenburg*, tome III, pag. 349 et suiv.
2. *Des Passions*, Défin. 1.
3. *Ibid.*, Défin. 2; Propos. 1 et 3.

Cessant d'agir, elle cesserait d'être. La vie humaine est donc une activité nécessairement incomplète, une pensée nécessairement obscurcie, un désir nécessairement contrarié; et tout cela est nécessaire, parce que la vie humaine n'est pas la vie universelle, mais une de ses formes, en d'autres termes, parce que l'homme n'est pas Dieu, mais une partie de Dieu [1].

Qu'arrive-t-il maintenant chaque fois que l'âme humaine reçoit l'action d'une cause étrangère? De deux choses l'une : ou la puissance de penser de l'âme humaine est favorisée, ou elle est contrariée. Dans le premier cas, la perfection ou l'être de l'âme humaine est augmenté; dans le second, il est diminué. Par conséquent, le désir qu'a l'âme de persévérer dans son être est satisfait dans le premier cas et contrarié dans le second. Mais un désir de l'âme comblé, qu'est-ce autre chose que la joie? et ce désir blessé ou incomplètement satisfait, qu'est-ce autre chose que la tristesse? La joie et la tristesse résultent donc nécessairement du désir, qui résulte lui-même de la nature de l'âme, et Spinoza peut les définir de la sorte : La joie est *une passion par laquelle l'âme passe à une perfection plus grande*, et la tristesse : *une passion par laquelle l'âme passe à une moindre perfection* [2].

Un être éternel et parfait est inaccessible à la tristesse, et même à la joie, parce qu'il est incapable de pâtir et que le désir de persévérer dans l'être est en lui éternellement satisfait; mais tout être imparfait et qui tombe dans le temps est sujet aux passions et à cette

---

1. *De l'Esclavage*, Propos. 2, 3, 4, 5 et 6.
2. *Des Passions*, Schol. de la Propos. 11.

alternative de joie et de tristesse qu'on appelle la vie.

Spinoza ne veut reconnaître dans l'âme que ces trois passions primitives : le désir, la joie et la tristesse [1]; et il se charge avec ces données si simples d'expliquer cette prodigieuse diversité des passions humaines qui décourage l'observation la plus patiente et semble défier l'analyse. Rien n'est curieux pour un philosophe comme d'assister à cette espèce d'anatomie du cœur humain : Spinoza le démonte pour ainsi dire pièce à pièce, et par une analyse d'une rare subtilité, la plus régulière, la plus systématique, la plus complète qui peut-être ait jamais été essayée, il ramène ce mécanisme si compliqué, si divers, si mobile, à l'action de trois ressorts essentiels.

Qu'est-ce que l'amour et la haine? rien de primitif, mais des suites nécessaires de la joie et de la tristesse. Unissez à la joie ou à la tristesse l'idée des causes qui les produisent, et voilà l'amour ou la haine [2]. On dira que l'amour est plus qu'une idée, qu'il est aussi une tendance. Spinoza est le premier à le reconnaître; il fait dériver l'amour de la joie, qui elle-même vient du désir. L'activité du désir se communique à l'amour, et l'âme tend vers l'objet aimé de toute la force de son être.

L'espérance et la crainte ne sont encore autre chose que des suites particulières de la joie et de la tristesse. L'espérance est *une joie mal assurée, née de l'image d'une chose future ou passée dont la présence à venir ou le retour sont pour nous incertains;* et la crainte : *une tristesse*

---

1. *Des Passions*, Schol. de la Propos. 11 — Cf. *Défin. des Passions,* Explic. de la Défin. 4.
2. *Ibid.*, Schol. de la Propos. 13. — Comp. *Défin. des Pass.*, Défin. 6 et 7

mal assurée, née aussi de l'image d'une chose douteuse [1].

Retranchez le doute de ces affections, l'espérance et la crainte deviennent la sécurité et le désespoir [2].

La joie et la tristesse, venant à se combiner en sens divers avec l'amour et la haine, avec la crainte et l'espérance, produisent une infinie variété de passions nouvelles. Par exemple, l'envie, qui n'est autre chose que *la haine, en tant qu'elle dispose l'homme à se réjouir du malheur d'autrui et à s'attrister de son bonheur* [3]; la jalousie, passion complexe, où la haine pour l'objet aimé se mêle à l'affection qu'il nous inspire et à l'envie pour notre rival [4]; l'émulation qui peut se définir : *le désir d'une chose, produit en nous, parce que nous nous représentons nos semblables animés du même désir* [5]; le regret, espèce particulière de tristesse produite par l'absence de l'objet aimé [6]; l'humilité, autre sorte de tristesse, née du sentiment de notre impuissance [7]; la paix intérieure ou *acquiescence*, passion des vrais philosophes, joie sublime, née de la contemplation de nous-mêmes et de notre puissance d'agir [8].

L'analyse ne peut épuiser les combinaisons infinies des passions humaines; mais il suffit qu'elle en découvre les lois fondamentales et les ramène à leurs principes. Or, ces principes sont d'une simplicité et d'une généralité parfaites. Ils se résolvent tous en effet en une tendance

---

1. *Des Passions*, Schol. 2 de la Propos. 18. — Comp. Défin. des Pass., Defin. 12 et 13
2. *Ibid.*, Défin. 14 et 15.
3. *Ibid.*, Schol. de la Propos. 24.
4. *Ibid.*, Schol. de la Propos. 35.
5. Appendice de la part. 3 de l'*Éthique*, Défin. 33.
6. *Définition des Passions*, Défin. 32.
7. *Ibid.*, Defin. 26.
8. *Ibid.*, Défin. 25.

commune à tous les êtres, savoir : le désir de persévérer dans l'être. Ce désir, favorisé ou contrarié, donne naissance à la joie et à la tristesse, lesquelles produisent tout le reste.

Spinoza supprime ici évidemment un élément fondamental de la passion, je veux dire le plaisir et la douleur. La passion n'est pour lui qu'*une idée confuse;* la joie ou la tristesse, qu'un accroissement ou une diminution de l'être. C'est substituer au phénomène sa cause métaphysique. Mais il fallait réduire tous les phénomènes de l'âme à celui de la pensée, et comme dans l'analyse de l'activité on avait supprimé l'élément fondamental, la liberté, dans l'analyse de la sensibilité on supprime la sensation elle-même. Grâce à ces mutilations arbitraires, toutes les passions s'expliquent par le désir ; et le désir lui-même étant déjà réduit à l'affirmation que toute idée enveloppe, on trouve aisément dans une psychologie aussi docile la confirmation de ce principe que la métaphysique avait donné *a priori :* l'âme humaine est un mode de la Pensée.

IX.

MORALE DE SPINOZA.

Du libre arbitre. — Du Bien et du Mal. — De l'amour de Dieu. — De l'immortalité de l'âme.

Spinoza a résumé d'un seul mot sa psychologie, quand il a dit : « L'âme humaine est un automate spirituel [1]. » Cet automate est mû par trois ressorts : le désir, la joie

---

[1]. *De la Réforme de l'Entendement,* tome II, pag. 306.

et la tristesse. Or, le désir, c'est l'être même de l'âme ; la joie et la tristesse, c'est l'être de l'âme, augmenté ou diminué par l'action des causes étrangères. L'âme ne s'appartient donc pas à elle-même, elle appartient à la Nature[1] ; elle ne fait pas sa destinée, elle la subit; et, pour emprunter à Malebranche sa bizarre et forte expression, elle n'agit pas, elle *est agie*.

Se peut-il comprendre maintenant que le problème moral ait sa place dans la philosophie de Spinoza? Ce problème, en effet, le voici : comment l'homme doit-il régler sa destinée pour qu'elle soit conforme à l'ordre et au bien ? Le problème moral suppose donc deux conditions : premièrement, que l'homme soit capable de régler sa destinée, de diriger à son gré sa conduite, en un mot, que l'homme soit libre; secondement, qu'il existe un bien moral, un ordre absolu auquel l'homme doive conformer toutes ses actions. Ces deux conditions sont même si étroitement liées qu'une seule supprimée rend l'autre inutile, de sorte qu'il suffit de nier, soit l'ordre moral, soit le libre arbitre, pour rendre toute morale impossible. Qu'importe, en effet, qu'il existe une loi naturelle, si je ne suis pas le maître d'y obéir, et si je puis innocemment la violer? Et si je suis libre, mais d'une liberté sans règle, tout alors est légitime, et le devoir et le droit n'existent pas pour moi.

Interrogez maintenant Spinoza sur ces deux objets, le libre arbitre et l'ordre moral. Sa pensée est aussi claire, aussi tranchante, aussi résolue, sur l'un que sur l'autre; il les nie tous deux, non pas une fois, mais en toute rencontre, à chaque page de ses écrits, et toujours avec une

---

[1]. « *Il ne faut point s'imaginer*, dit Spinoza, *que l'homme soit dans la nature comme un empire dans un autre empire.* » (Préface de la partie 3 de l'*Éthique*.)

énergie si inébranlable, une conviction si profonde et si calme, que l'esprit en est confondu et comme effrayé. C'est que le libre arbitre et le sentiment du bien et du mal ne sont, après tout, que des faits, et entre des faits et une nécessité logique, Spinoza n'hésite pas. Reste à comprendre qu'après ce démenti éclatant donné à la conscience du genre humain au nom de la logique, Spinoza vienne ensuite proposer aux hommes une morale dont il a par avance détruit les conditions. C'est ici qu'il faut se donner le spectacle de la radicale insuffisance du spinozisme, et des puissants et inutiles efforts d'une grande intelligence dévoyée aux prises avec l'impossible.

§ 1.

Du libre arbitre.

Deux chemins divers peuvent conduire un philosophe à nier le libre arbitre : ou bien on le déclare impossible *a priori,* parce qu'il est absolument inconciliable avec certains principes qu'on s'est formés sur la nature des choses ; ou bien on le rejette *a posteriori*, comme un fait qui n'existe réellement pas, comme une illusion du genre humain dont le prestige se dissipe devant une observation approfondie de la conscience.

Spinoza nie le libre arbitre *a priori* et *a posteriori; a priori,* au nom de la nature de Dieu et de l'ordre de ses développements; *a posteriori*, au nom de cette mathématique des passions qui soumet toutes les actions humaines à des lois invariables. Mais il ne le nie pas seulement dans l'homme; il le nie aussi en Dieu et dans toute la nature il le nie, en un mot, de toutes les façons dont on peut le nier.

Dieu est libre, toutefois, dans ce système ; mais on sait de quelle liberté[1] : elle consiste dans l'absolue nécessité d'un éternel développement. Cette liberté toute métaphysique, si différente de la liberté morale, Dieu seul la possède, suivant Spinoza. Car Dieu seul agit par une nécessité parfaite immédiatement inhérente à sa nature ; tout le reste agit par la nécessité de la nature divine, c'est-à-dire par une nécessité plus ou moins imparfaite, suivant qu'elle est fondée d'une manière plus ou moins médiate sur la suprême nécessité. A ce compte, soit qu'on entende la liberté au sens de Spinoza, soit qu'on l'entende au sens de tout le monde, l'homme et tous les êtres de la nature en sont également privés.

Il n'y a rien de contingent dans l'ordre des choses[2] ; car tout ce qui existe et agit est déterminé par Dieu même à l'existence et à l'action[3] ; et il est aussi absurde de supposer qu'un être que Dieu ne détermine pas à l'action s'y déterminera de soi-même, que de s'imaginer qu'une fois déterminé par Dieu à l'existence et à l'action, cet être pourra se rendre indéterminé[4]. L'action d'un individu est fondée sur son être ; l'être d'un individu est fondé sur l'être de Dieu. Supposer qu'un individu trouvera autre part qu'en Dieu le principe de son action, c'est supposer qu'il trouvera hors de l'être le principe de son être, ce qui implique.

Qu'est-ce donc qu'une chose contingente[5]? est-ce une chose qui puisse également être ou ne pas être, être ceci ou être cela? Mais ce sont là des chimères de l'imagina-

---

1. *De Dieu*, Défin. 7.
2. *Ibid.*, Propos. 29.
3. *Ibid.*, Propos. 26.
4. *Ibid.*, Propos. 27.
5. *Ibid.*, Schol. 1 de la Propos. 23.

tion, qui, ne voyant que les effets, nie les causes qu'elle ne voit pas. Pour la raison, tout ce qui est, doit être; tout ce qui est de telle façon, doit être de cette façon; ce qui arrive à tel point précis du temps ne pouvait arriver une minute avant, ni une minute après, sans que l'ordre entier des choses ne fût troublé, sans que le hasard n'envahît le développement divin, sans que Dieu cessât d'être nécessaire, c'est-à-dire d'être Dieu [1].

Dieu seul du reste est nécessaire, de cette nécessité éternelle, absolue, toujours égale à elle-même. Les choses finies, tout en résultant nécessairement de la nature divine, ne peuvent exister que dans la durée d'une manière bornée et successive. Elles apparaissent au jour marqué dans l'éternité, mais pour disparaître bientôt et céder la place à d'autres êtres. Rien d'arbitraire, rien de désordonné dans ce mouvement perpétuel qui crée, détruit et renouvelle sans cesse toutes choses; chaque être est déterminé à l'existence et à l'action par un autre être également déterminé à l'existence et à l'action par un être antérieur, et ainsi de suite à l'infini [2]. Les mouvements produisent les mouvements, les idées enfantent les idées, suivant une loi fondée sur la nature même de la Pensée et de l'Étendue, et dans une correspondance parfaite qui a pour base l'identité en Dieu de l'Étendue et de la Pensée [3]. Celui donc qui pourrait embrasser dans sa totalité infinie le double développement de l'Étendue et de la Pensée, c'est-à-dire l'ordre entier des choses, n'y verrait rien de contingent, de libre, d'accidentel, mais une suite géométrique de termes liés entre eux par une

---

[1] *De Dieu*, Propos. 23.
[2] *Ibid.*, Propos. 28.
[3] *De l'Âme*, Propos. 7 et son Schol.

loi nécessaire. Pour nous, êtres d'un jour, atomes dans l'infini, intelligences bornées dans un corps périssable, nous ne pouvons remonter la chaîne infinie des causes, et quand nous concevons l'existence d'un être sans connaître la cause qui doit le produire, nous appelons cet être contingent [1].

La contingence des choses, le libre arbitre, le désordre, le hasard, tout cela n'est donc que notre ignorance. Au fond tout est nécessaire : en Dieu, d'une nécessité immédiate, qui fait l'essence de sa liberté, dans les choses, d'une nécessité médiate qui exclut à la fois la liberté parfaite et absolue, et cette infidèle et fantastique image de la parfaite liberté que les hommes appellent le libre arbitre.

Considérez maintenant la nature de l'homme, telle que Spinoza la conçoit et la décrit. Dans ce petit monde envisagé à part, le libre arbitre ne peut pas plus trouver place que dans l'ordre général des choses.

Qu'est-ce en effet que l'homme de Spinoza? un mode de la Pensée correspondant à un mode de l'Étendue. Voilà, à ce qu'il semble, l'âme parfaitement distincte du corps; et il est vrai qu'en un sens, aucun philosophe, pas même Descartes, n'a plus complétement séparé ces deux parties de l'homme que ne fait Spinoza; mais aucun aussi ne les a plus étroitement unies. Tout dans l'âme se rapporte au corps; l'activité, la perfection, l'être même de l'âme se mesurent sur l'activité, la perfection, l'être du corps. On peut considérer l'âme sous deux points de

---

[1]. Voyez le Scholie de la Propos. 44 de l'*Éthique*, part. 2. — Comp. *Éthique*, part. 4, Défin. 3 et 4.

vue, comme pensée et comme désir. Comme pensée, elle a pour objet le corps humain, et chacune de ses idées particulières représente une affection particulière du corps humain. Comme désir, l'objet propre de l'âme, c'est la conservation du corps ; la source de ses joies et de ses tristesses, de ses amours et de ses haines, c'est l'accroissement ou la diminution de la puissance du corps [1]. Le croirait-on? la plus sublime de nos pensées, l'idée de Dieu, la plus sublime de nos affections, l'amour de Dieu, ont un rapport étroit avec le corps [2]. Et ce n'est pas seulement dans cette vie que l'état de l'âme dépend des organes. Notre avenir au delà du tombeau en dépend également, et Spinoza déclare en termes exprès que la perfection du corps mesure exactement les droits de l'âme à l'immortalité :

« *Celui dont le corps est propre à un grand nombre de fonctions, a une âme dont la plus grande partie est éternelle* [3]. »

Il est clair que, dans une pareille doctrine, l'action de l'âme est aussi fatale, aussi géométrique en quelque sorte que celle du corps. Tel état du corps étant donné, un état correspondant de l'âme est également donné. Ce qui dans le corps est tendance aveugle, affection mécanique, est dans l'âme désir et passion. Or, de quoi dépendent les tendances et les affections du corps humain? elles dépendent sans doute pour une certaine part de son activité propre, mais pour une part infiniment plus grande, de l'activité des corps étrangers. De même, comme le dit expressément Spinoza, *la force et l'accroissement de telle*

---

1. *Des Passions,* Propos. 10, 11, 12, 13.
2. *De la Liberté,* Propos. 14. — Comp. Schol. de la Propos. 20.
3. *Ibid.,* Propos. 39.

ou telle passion et le degré où elle persévère dans l'existence ne se mesurent point par la puissance avec laquelle nous faisons effort pour persévérer dans l'existence, mais par le rapport de la puissance des causes extérieures avec notre puissance propre [1]. Or, c'est encore une déclaration expresse de Spinoza, que *la force par laquelle l'homme persévère dans l'existence est limitée, et que la puissance des causes extérieures la surpasse infiniment* [2]. On croira peut-être qu'il y a dans l'âme quelque autre principe d'action capable de s'opposer aux mobiles passionnés de notre nature? Nullement. Une passion, dit Spinoza, ne peut être empêchée ou détruite que par une passion contraire et plus forte [3]. Et la vraie connaissance du bien et du mal, en tant que vraie, ne peut empêcher aucune passion, elle ne le peut qu'autant qu'on la considère comme une passion [4].

Ainsi donc, que l'on considère tour à tour la nature divine et le caractère de son développement, l'ordre universel des choses, l'essence de l'âme et son rapport avec le corps, les divers éléments de sa nature, les mobiles divers de ses actions, tout est nécessaire, tout est fatal, tout est réglé par un ordre inflexible, et le libre arbitre en Dieu comme dans l'homme, dans la sphère de la raison comme dans celle de l'expérience, est également inconcevable.

D'où vient donc que la masse entière du genre humain

---

1. *De l'Esclavage,* Propos. 5.
2. *Ibid.,* Propos. 2, 3, 4. — Comp. *Axiome* de la part. 4.
3. *Ibid.,* Propos. 7. On remarquera aussi la proposition précédente : « *La force d'une passion peut surpasser la puissance de l'homme, de façon qu'elle s'attache obstinément à lui.* »
4. *Ibid.,* Propos. 14. — « *La connaissance du bien ou du mal,* dit plus haut Spinoza, *n'est autre chose que la passion de la joie ou de la tristesse, en tant que nous en avons conscience.* » Propos. 8.

proclame le libre arbitre? c'est que la masse du genre humain vit sous l'empire de l'imagination et des sens, dans un profond oubli de la raison. Le vulgaire n'est-il pas convaincu que l'âme meut le corps à son gré[1]? Or, peut-on concevoir qu'une pensée donne du mouvement à une étendue[2]?

Le libre arbitre est une chimère de même espèce, flatteuse pour notre orgueil, et en réalité fondée sur notre ignorance. Nous avons conscience de nos actions et nous ne connaissons pas les causes qui les déterminent[3]. Voilà cette fausse et vaine liberté dont nous sommes si fiers : « C'est ainsi que l'enfant s'imagine qu'il désire librement le lait qui le nourrit; s'il s'irrite, il se croit libre de chercher la vengeance; s'il a peur, libre de s'enfuir. C'est encore ainsi que l'homme ivre est persuadé qu'il prononce en pleine liberté d'esprit ces mêmes paroles qu'il voudrait bien retirer ensuite, quand il est redevenu lui-même... Ne rêvons-nous pas quelquefois que nous tenons certaines choses cachées en vertu d'une décision semblable à celle qui nous fait taire ces choses pendant la veille? Ne croyons-nous pas en songe faire librement des actions qu'éveillés nous n'oserions pas accomplir? Or, je voudrais bien savoir s'il faut admettre dans l'âme deux espèces de décisions libres, les fantastiques et les réelles. Que si on ne veut pas extravaguer à ce point, il faut nécessairement accorder que cette décision de l'âme, que nous croyons libre, n'est au fond que l'affirmation que toute idée, en tant qu'idée, enveloppe nécessairement[4].

---

1. *Des Passions,* Schol. de la Propos. 2.
2. *Éthique,* part. 5, Préambule.
3. *De l'Ame,* Schol. de la Propos. 35.
4. *Ibid.,* Propos. 59.

Par conséquent, ces décisions de l'âme naissent en elle avec la même nécessité que les idées. *Et tout ce que je puis dire à ceux qui croient qu'ils peuvent parler, se taire, en un mot, agir, en vertu d'une libre décision de l'âme, c'est qu'ils rêvent les yeux ouverts* [1]. »

Voilà une négation bien tranchante et bien audacieuse; Spinoza en acceptera-t-il les conséquences? quel esprit bien fait, quelle âme honnête n'en serait pas effrayée? Si toute action est nécessaire, toute action est légitime, et il faut égaler le crime à la vertu. Si c'est Dieu même qui nous détermine au mal, où est sa sainteté? que devient la responsabilité humaine, la justice des hommes et celle de l'avenir?

Il faut entendre les réponses de Spinoza à toutes ces questions pour se faire une juste idée de la trempe de son esprit et de son caractère, et pour comprendre le prodigieux égarement où la séduction d'un système peut jeter un grand esprit que sa vigueur même précipite à tous les excès.

On place Spinoza dans cette alternative : ou il n'y a ni péché ni mal, ou Dieu est l'auteur du mal et du péché [2]. Spinoza répond qu'en effet le péché ou le mal ne sont rien de positif, et par conséquent qu'on ne peut les imputer à Dieu. Voici sa démonstration : « Chaque être pris en lui-même, sans aucun rapport au reste des choses, renferme une perfection qui n'a pour bornes, dans chaque être, que sa propre essence. Considérons maintenant un certain être, Adam, par exemple, au moment où il forme le dessein de manger du fruit défendu. Ce dessein ou

---

1. *Des Passions*, Propos. 2 et son Schol.
2. *Guillaume de Blyenbergh à Spinoza*, tome III, pag. 390 et suiv.

cette volonté déterminée, considérée en elle-même, renferme précisément autant de perfection qu'elle exprime de réalité; et on en peut conclure que nous ne pouvons concevoir d'imperfection dans les choses qu'en les comparant à d'autres choses qui ont plus de réalité ; en conséquence, dans la détermination d'Adam, tant que nous la considérons en elle-même et que nous ne la comparons à rien qui soit d'une nature plus parfaite et dans un état plus parfait, nous ne pouvons trouver aucune imperfection; bien plus, nous pouvons la comparer avec une infinité d'autres objets moins parfaits qu'elle, comme des pierres, des troncs d'arbres, etc. Voici encore ce qu'on ne peut contester : c'est que les mêmes choses qui dans les hommes paraissent détestables et dignes de toute notre aversion peuvent être considérées dans les animaux avec admiration : ainsi les guerres des abeilles, les jalousies des colombes, etc., passions méprisables dans les hommes et qui pourtant rendent les animaux plus parfaits à nos yeux. De tout cela, il résulte clairement que les péchés, qui n'expriment rien, si ce n'est une imperfection, ne peuvent consister en quelque chose qui exprime une réalité, comme la détermination d'Adam et l'acte qui en fut la suite [1].... Le péché n'existe donc que pour notre intelligence, et non pour celle de Dieu. Nous sommes habitués à renfermer tous les individus d'un genre, tous ceux, par exemple, qui ont extérieurement la forme humaine, sous une même définition, et nous pensons ensuite qu'ils sont tous également susceptibles de la plus grande perfection que cette définition embrasse; puis, quand nous en trouvons un dont les actions répu-

---

1. *Spinoza à Blyenbergh,* tome III, pag. 394.

gnent à cette perfection, nous disons qu'il en est privé, qu'il s'éloigne de la nature... Mais Dieu ne connaît pas les choses par abstraction, il n'a pas de définitions générales de cette espèce, il n'attribue pas aux choses plus de réalité que son intelligence et sa puissance ne leur en ont effectivement donné ; et il suit de là que le péché n'existe que pour notre esprit et non pour le sien [1]. »

La conséquence évidente de cette théorie n'est-elle pas que les vices les plus honteux, les crimes les plus abominables, sont en eux-mêmes parfaitement innocents, ne contiennent pas la moindre imperfection, et ne nous paraissent contraires à l'ordre qu'à cause que nous n'avons qu'une idée confuse des choses [2] ? Bien plus, ne peut-on pas dire que les plus affreux déréglements de la volonté humaine manifestent à leur façon la perfection divine, et sont tout aussi conformes à l'ordre éternel des desseins de Dieu que les actions les plus vertueuses ?

« Non certes, répond Spinoza ; j'accorde bien que les impies expriment à leur manière la volonté de Dieu, mais ils ne doivent pas pour cela entrer en comparaison avec les gens de bien. En effet, plus une chose a de perfection, plus elle tient de près à la Divinité et plus elle en exprime les perfections. Donc, comme les bons ont incomparablement plus de perfection que les méchants, leur vertu ne peut être comparée à celle des méchants, d'autant plus que les méchants sont privés de l'amour

---

[1]. *Spinoza à Blyenbergh*, tome III, pag. 396.
[2]. Spinoza le dit en propres termes : « *L'homme courageux médite sans cesse ce principe, que toutes choses résultent de la nécessité de la nature divine, et qu'en conséquence tout ce qui lui parait impie, horrible, injuste et honteux, tout cela vient de ce qu'il conçoit les choses avec trouble et confusion et par des idées mutilées.* » (*De l'Esclavage*, Schol. de la Propos. 73.)

divin, qui découle de la connaissance de Dieu et par qui seul nous pouvons être appelés enfants de Dieu. Il y a plus encore : ne connaissant pas Dieu, ils ne sont dans la main de l'ouvrier qu'un instrument qui sert sans le savoir et qui périt par l'usage; les bons, au contraire, servent Dieu en sachant qu'ils le servent, et c'est ainsi qu'ils croissent sans cesse en perfection [1]. »

Accordons à Spinoza cette différence. Du moins faudra-t-il qu'il convienne que si les méchants sont nécessairement méchants, ou bien Dieu est injuste en les faisant méchants et plus encore en les punissant de l'être, ou bien les méchants sont excusables devant les hommes et devant Dieu.

Spinoza nie cette conséquence avec une extrême énergie : « Quoi ! s'écrie-t-il, des hommes méchants, pour être nécessairement méchants, en sont-ils moins à craindre et moins pernicieux ? » Puis il ajoute ces dures paroles : « Nous sommes en la puissance de Dieu comme l'argile entre les mains du potier, qui tire de la même matière des vases destinés à un noble usage et d'autres à un usage vulgaire [2]. Nul ne peut accuser Dieu de lui avoir donné une nature infirme et une âme impuissante. Et de même qu'il serait absurde que le cercle se plaignît de ce que Dieu lui a refusé les propriétés de la sphère, ou l'enfant qui souffre de la pierre, de ce qu'il ne lui a pas donné un corps bien constitué, de même un homme dont l'âme est impuissante ne peut être reçu à se plaindre, soit de n'avoir pas eu en partage et la force et la vraie connaissance et l'amour de Dieu, soit d'être né avec une constitution tellement faible qu'il est incapable

---

1. *Spinoza à Blyenbergh,* tome III, pag. 397.
2. *Spinoza à Oldenburg,* tome III, pag. 370.

de modérer et de contenir ses passions. En effet, rien n'est compris dans la nature de chaque chose que ce qui résulte nécessairement de la cause qui la produit [1].

Voici enfin un dernier passage où éclate avec plus de force encore la dureté de cette philosophie sans entrailles, d'où la Providence est exilée et qui laisse l'âme faible dans un désespoir éternel de se relever de son abaissement et de fléchir une nécessité inexorable :

« Voulez-vous dire, répond Spinoza à Oldenburg qui le presse, que Dieu ne peut s'irriter contre les méchants, ou bien que tous les hommes sont dignes de la béatitude? Dans le premier cas j'accorde parfaitement que Dieu ne s'irrite en aucune façon et que tout arrive suivant ses décrets, mais je nie qu'il résulte de là que tous les hommes doivent être heureux ; car les hommes peuvent être excusables, et cependant être privés de la béatitude et souffrir de mille façons. Un cheval est excusable d'être un cheval, et non un homme; mais cela n'empêche pas qu'il ne doive être un cheval et non un homme. *Celui à qui la morsure d'un chien donne la rage est assurément excusable, et cependant on a le droit de l'étouffer. De même, l'homme qui ne peut gouverner ses passions ni les contenir par la crainte des lois, quoique excusable à cause de l'infirmité de sa nature, ne peut cependant jouir de la paix de l'âme ni de la connaissance et de l'amour de Dieu, et il est nécessaire qu'il périsse* [2]. »

---

1. *Spinoza à Oldenburg,* tome III, pag. 376.
2 Même lettre, pag. 377.

§ 2.

Du Bien et du Mal.

La même nécessité logique à laquelle obéissait Spinoza en niant le libre arbitre devait inévitablement le conduire à rejeter la distinction du Bien et du Mal. Si tout est nécessaire, en effet, chaque chose est ce qu'elle peut et ce qu'elle doit être, et il est déraisonnable de se représenter à sa place une chose meilleure; c'est substituer les caprices de l'imagination aux lois éternelles des choses, et mettre au-dessus d'une réalité nécessaire la chimère d'un idéal impossible. Si la nature et l'enchaînement des causes n'étaient pas profondément cachés à nos faibles yeux, chaque être serait pour nous parfait et accompli, étant aperçu immédiatement dans sa cause, c'est-à-dire dans la nécessité de son être[1]. Mais notre connaissance des choses est incomplète et mutilée; au lieu de les concevoir, nous les imaginons; au lieu de les rapporter à leur cause, nous les comparons à de certains idéaux que nous nous sommes formés par la comparaison des individus, et suivant que les êtres de la nature se rapprochent plus ou moins de ces types imaginaires, nous disons qu'ils sont parfaits ou imparfaits, bons ou mauvais, meilleurs ou pires[2], etc. Les idées de bien et de mal, de perfection et d'imperfection, comme celles de beauté et de laideur, sont donc filles de l'imagination et non de la raison; elles n'expriment

---

1. *Éthique*, part. 4, Préambule, *init.*
2. *De l'Esclavage*, Préambule.

rien de positif et d'absolu qui appartienne effectivement aux êtres, et ne marquent autre chose que la constitution et la faiblesse de l'esprit humain. Un objet se laisse-t-il imaginer avec aisance, nous l'appelons beau, harmonieux, bien ordonné; avons-nous de la peine à nous le représenter, il nous paraît laid, discordant, plein de désordre[1]. Un homme naît aveugle : voilà un monstre pour nous[2]. Nous disons que la nature est en défaut, qu'elle a manqué son ouvrage. Comme si la nature agissait jamais pour une fin! comme si cet être éternel et infini que nous nommons Dieu ou Nature n'agissait pas comme il existe, avec une égale nécessité! Or, comme il n'existe pas à cause d'une certaine fin, ce n'est pas non plus pour une fin qu'il agit, et il est lui-même le premier principe de l'action comme il est le premier principe de l'existence.

C'est donc un préjugé absurde que de penser qu'il manque quelque chose à un être et que la nature l'ait laissé imparfait, puisque rien ne convient à la nature d'un être que ce qui résulte nécessairement de la nature de sa cause efficiente, et que tout ce qui résulte nécessairement de la nature d'une cause efficiente se produit nécessairement[3].

S'il n'y a en soi ni bien ni mal, c'est du moins un fait incontestable que certaines choses sont bonnes pour l'homme, et d'autres mauvaises. Mais qu'est-ce qu'une chose qui nous est bonne, sinon une chose utile? Et qu'est-ce qu'une chose qui nous est mauvaise, sinon

---

[1]. *Éthique,* Appendice de la Part. 1.
[2]. *Lettre à Guillaume de Blyenbergh,* tome III, pag. 394.
[3]. *De l'Esclavage,* Préambule.

une chose nuisible¹ ? Or nous appelons utile ce qui sert à nous procurer de la joie, et nuisible ce qui nous cause de la tristesse². La notion du bien, dégagée du caractère absolu dont la revêtent nos préjugés, se résout donc dans la notion de l'utile, qui se résout elle-même dans celle de l'agréable.

Il suit de là que le bien et le mal sont des notions toutes relatives et tout individuelles, comme le chaud et le froid³. Ainsi une seule et même chose peut en même temps être bonne, mauvaise et indifférente. La musique, par exemple, est bonne pour un mélancolique ; pour un sourd, elle n'est ni bonne ni mauvaise⁴.

Lors donc que nous tendons vers un objet, la raison de cette tendance, de ce désir, ce n'est pas que nous ayons jugé l'objet bon en soi, abstraction faite de l'impression qu'il produit sur nous ; car les choses n'ont aucune bonté intrinsèque, et la bonté est si peu la raison du désir, que c'est bien plutôt le désir qui est la raison de la bonté⁵. En d'autres termes, un objet ne peut agir sur nous qu'autant qu'il se fait désirer, et il ne peut se faire désirer qu'autant qu'il nous cause de la joie ; car le désir est le seul mobile de notre activité, et la fin du désir, c'est la joie⁶.

Non-seulement tout homme a le droit de chercher son bien, son plaisir, mais il ne peut faire autrement. Car *chacun désire ou repousse nécessairement d'après les lois de sa nature ce qu'il juge bon ou mauvais*⁷. Or désirer, c'est

---

1. *De l'Esclavage,* Définition 1 et 2
2. *Ibid.,* Propos. 8.
3. *De Dieu,* Appendice.
4. *De l'Esclavage,* Préambule.
5. *Des Passions.* Schol. de la Propos. 9. — Comp. *De l'Esclavage,* Définition 7.
6. *De l'Esclavage,* Propos. 7 et 8 ; Propos. 14.
7. *Ibid.,* Propos. 19.

vouloir, et vouloir, c'est agir. Il y a donc à la fois droit, devoir et nécessité pour tout homme de se procurer ce qui lui semble bon par tous les moyens possibles, soit par force, soit par ruse, soit par prières, et de tenir pour ennemi quiconque veut l'empêcher de satisfaire ses désirs [1]. La mesure du droit de chacun, c'est sa puissance. Où il porte sa force, il porte son droit. Le meilleur droit, c'est celui du plus fort, et la vertu et la puissance sont une seule et même chose [2]. Il faut entendre ici Spinoza développer avec une rigueur déplorable et un calme inouï les conséquences de ces détestables principes :

« Celui qui ne connaît pas encore la raison, ou qui, n'ayant pas encore contracté l'habitude de la vertu, vit d'après les seules lois de ses appétits, a tout aussi bon droit que celui qui règle sa vie sur les lois de la raison : en d'autres termes, de même que le sage a le droit absolu de faire tout ce que la raison lui dicte, ou le droit de vivre d'après les lois de la raison, de même aussi l'ignorant et l'insensé a droit sur tout ce que l'appétit lui conseille, ou le droit de vivre d'après les lois de l'appétit...; et il n'est pas plus obligé de vivre selon les lois du bon sens qu'un chat ne peut l'être de vivre sous les lois de la nature du lion... D'où nous concluons qu'aucun pacte n'a de valeur qu'en raison de son utilité; si l'utilité disparaît, le pacte s'évanouit avec elle et perd toute autorité. Il y a donc de la folie à prétendre enchaîner à tout jamais quelqu'un à sa parole, à moins qu'on ne fasse en sorte que la rupture du pacte entraîne pour

---

[1]. *Traité théologico-politique*, ch. 16.
[2]. *De l'Esclavage*, Défin. 8.

le violateur de ses serments plus de dommage que de profit ¹. »

Voilà les principes d'Épicure et de Hobbes dans toute leur nudité, dans tout leur excès. Mais sait-on quelles conséquences Spinoza veut en déduire? Spinoza n'aspire qu'à un seul but dans toute sa morale et dans toute sa philosophie : c'est de prouver que l'amour de Dieu est la règle suprême de l'activité de l'homme, comme l'idée de Dieu est la règle suprême de son intelligence. De sorte que sa doctrine morale se présente à nous jusqu'à ce moment sous la forme la plus étrange, et il semble qu'il se soit fait un jeu d'y réunir toutes les contradictions. Comment comprendre en effet que cet exact et rigoureux logicien, après avoir nié d'une manière si absolue le libre arbitre, accorde à l'homme le pouvoir de régler sa destinée, et fasse succéder à ce même livre de l'*Éthique*, où il a décrit d'un pinceau si sévère et si rude l'esclavage de l'homme, un autre livre où il le convie à la liberté? D'un autre côté, est-il possible de concevoir qu'après avoir égalé l'appétit brutal à la raison épurée, la folie à la sagesse, le vice à la vertu, après avoir tout rendu légitime, le parjure et le mensonge, l'extravagance et le crime, Spinoza nous impose au nom de la raison le respect du serment, l'amour de nos frères, la vie la plus austère et la plus pure, et cet amour de Dieu, aliment des âmes saines, source de toute vertu et de toute félicité, terme suprême de nos désirs?

Qui résoudra ces contradictions? Spinoza l'a essayé; suivons-le dans cette étrange entreprise.

---

1. *Traité théologico-politique*, ch. xvi.—Comp. *Traité politique* ch. ii, § 11.

§ 3.

De l'amour de Dieu.

Fataliste absolu, Spinoza ne pouvait admettre les idées de bien et de mal, de perfection et d'imperfection, prises au sens moral que leur donne la conscience du genre humain ; mais si l'on considère ces idées, abstraction faite du libre arbitre et de la responsabilité humaine, si on les prend au sens purement métaphysique, je ne vois rien dans le système de Spinoza qui dût l'empêcher de les reconnaître : tout au contraire, je les trouve au fond de sa théorie de l'homme et de toute sa métaphysique.

Dieu, suivant Spinoza, est l'Être parfait. En quoi consiste sa perfection ? dans l'infinité de son être. Les attributs de Dieu sont aussi des choses parfaites. Pourquoi cela ? parce qu'à ne considérer que le genre d'être qui leur appartient, rien ne manque à leur plénitude ; mais si on les compare à l'Être en soi, leur perfection, tout empruntée et toute relative, s'éclipse devant la perfection incréée. Ce nombre infini de modes qui émanent des divins attributs ne contient qu'une perfection plus affaiblie encore ; mais chacun pourtant, suivant le degré précis de son être, exprime la perfection absolue de l'Être en soi.

La perfection absolue a donc sa place dans la doctrine de Spinoza, ainsi que la perfection relative à tous ses degrés, laquelle enveloppe un mélange nécessaire d'imperfection. Seulement la perfection ne diffère pas de l'être ; elle s'y rapporte et s'y mesure, et l'échelle des degrés de l'être est celle des degrés de la perfection.

Dans l'homme, qu'est-ce pour Spinoza que le bien ? c'est l'utile, et l'utile, c'est ce qui amène la joie ou ce qui écarte la tristesse. Mais qu'est-ce que la joie et la tristesse? la joie, c'est le passage de l'âme à une perfection plus grande, et la tristesse, c'est le passage de l'âme à une moindre perfection. En d'autres termes, la joie, c'est le désir satisfait ; la tristesse, c'est le désir contrarié ; et tout désir se ramène à un seul désir fondamental, qui fait l'essence de l'homme, le désir de persévérer dans l'être. Ainsi, toute âme humaine a un degré précis d'être ou de perfection qui la constitue, et qui de soi tend à se maintenir. Ce qui augmente l'être ou la perfection de l'âme lui cause de la joie, lui est utile, lui est bon. Ce qui diminue l'être ou la perfection de l'âme lui cause de la tristesse, lui est nuisible, est un mal à ses yeux.

Il y a donc de la perfection et de l'imperfection, du bien et du mal, dans la nature humaine comme en toutes choses, et la vie des hommes est une série d'états successifs qui peuvent être comparés les uns aux autres, mesurés, estimés, sous le rapport de la perfection et du bien, le tout, sans tenir aucun compte du libre arbitre, du mérite, du péché, et comme s'il s'agissait de plantes ou de minéraux.

Spinoza a donc parfaitement le droit de poser cette question, qui est pour lui la question morale : quelle est pour l'homme la vie la plus parfaite? Car cela veut dire: quelle est la vie où l'âme a le plus de joie, c'est-à-dire le plus de perfection, c'est-à-dire le plus d'être ? Je dis qu'on ne peut contester à Spinoza le droit de poser ce problème : car peu importe ici que l'âme influe ou non sur sa destinée ; pourvu qu'elle en ait une, pourvu qu'il soit certain que par l'action des causes étrangères et son action propre (bien que nécessitée), son être augmente ou diminue, on peut rechercher dans quel cas elle a plus d'être et dans quel cas elle en a moins, en d'autres termes, quelles sont pour l'âme humaine les conditions de la plus grande perfection possible. On dira : qu'importe de savoir quelle est la vie la plus parfaite, si on ne peut y conformer la sienne? Mais Spinoza répliquera que c'est une autre question, et qu'il se réserve de prouver plus tard que la connaissance de la vie la plus parfaite et la plus heureuse n'est pas étrangère à notre perfection et à notre bonheur.

Le problème ainsi posé, Spinoza en donne une solution d'une simplicité et d'une élévation également remarquables.

La loi de l'homme et son droit, c'est de conserver son être, et en ce sens toute action, la plus violente et la plus criminelle en apparence, est légitime. Mais il y a deux voies qui conduisent l'homme à la conservation de son être : l'appétit aveugle et brutal, et le désir que la raison conduit. Or la raison vaut mieux que l'appétit[1]. L'appétit, esclave des sens et de l'imagination, ne va qu'au plaisir du moment[2] ; la raison médite l'avenir ; et comme il est de son essence de concevoir les choses sous la forme de l'éternité[3], elle affecte l'âme par l'idée des biens à venir aussi fortement que par celle des biens présents[4]. De là cette sagesse qui ne donne rien au hasard, s'abstient à

---

1. De l'Esclavage, Appendice, ch. xxx.
2. Ibid., Propos. 16.
3. De l'Ame, Coroll. II de la Propos. 44.
4. De l'Esclavage, Propos. 62 et son Schol.

propos, et prépare à l'âme, au lieu d'un plaisir fugitif, des jouissances solides et durables. Ce n'est pas tout: l'appétit ne s'attache qu'aux objets des sens, biens fragiles et trompeurs[1]; la raison nous fait aimer les choses éternelles, dont la possession nourrit l'âme d'un bonheur inaltérable que le temps ne peut affaiblir[2]. Les joies violentes que l'appétit satisfait donne à l'âme troublent son activité et la soumettent aux causes étrangères; la joie pure et sereine que la raison nous fait goûter, ayant sa source dans l'activité même de l'âme, l'affranchit au contraire des liens où la nature tend sans cesse à l'enchaîner[3].

A cette question: quelle est la vie la plus parfaite? la première réponse de Spinoza est donc celle-ci: la vie la plus parfaite, c'est la vie la plus raisonnable. En effet, la vie la plus parfaite, c'est la vie la plus heureuse, la plus pleine, je veux dire celle où l'être de l'homme se conserve et s'accroît le plus; et la vie raisonnable a seule ce privilége.

La vie la plus raisonnable est en même temps la vie la plus libre. Par l'appétit, en effet, nous sommes esclaves; c'est la raison qui nous relève et nous affranchit[4]. Sous la loi de l'appétit, l'homme est déterminé par des idées inadéquates, et ce n'est point là agir par vertu[5]; car la vertu de l'homme se mesure sur sa puissance, et sa puissance sur ses idées claires. La vie raisonnable est donc la seule vie libre, la seule vertueuse, parce qu'elle se

---

1. *De l'Esclavage*, Propos. 17.
2. *Ibid.*, Propos. 62 et son Schol.
3. *Ibid.*, Propos. 44, 61.
4. *Ibid.*, Propos. 57 à 73.
5. *Éthique*, part. 4, Propos. 23.

règle sur l'idée adéquate du véritable prix des choses [1].

Déterminons maintenant les objets où nous incline la raison. Ce ne peut être que les objets les mieux appropriés à notre nature, les plus capables de la conserver et de l'accroître. Or quel est le fond de notre nature? L'âme est une idée. Son être est donc dans la pensée; son activité, dans l'exercice de la pensée. Plus elle pense, plus elle est, en d'autres termes, plus elle a de perfection et de bonheur. Or la vraie pensée est dans les idées adéquates, les autres idées étant incomplètes et mutilées. La vie la plus libre et la plus raisonnable est donc celle de l'âme qui a le plus d'idées adéquates, c'est-à-dire qui connaît le mieux et soi-même et les choses [2].

Or quel est le moyen de comprendre les êtres d'une manière adéquate ? Une analyse profonde de l'intelligence nous le fournit, et la logique vient s'identifier ici avec la morale. Comprendre les choses avec plénitude, c'est former de ses idées une chaîne dont l'idée de Dieu est le premier anneau ; c'est penser sans cesse à Dieu, c'est voir tout en Dieu. De même, vivre, agir avec plénitude, c'est ramener tous ses désirs à un seul, le désir de posséder Dieu ; c'est aimer Dieu, c'est vivre en Dieu [3].

La vie en Dieu est donc la meilleure vie et la plus parfaite, parce qu'elle est la vie la plus raisonnable, la plus libre, la plus heureuse, la plus pleine, en un mot, parce qu'elle nous donne plus d'être que toute autre vie, et satisfait plus complétement le désir fondamental qui constitue notre essence [4].

---

1. *Éthique*, part. 4, Propos. 26.
2. *De l'Esclavage*, Propos. 26 et 27.
3. *Éthique*, partie 4, Propos. 28.
4. Spinoza resume ainsi sa doctrine sur l'amour de Dieu : « *Il est donc utile au suprême degré, dans la vie, de perfectionner autant que possible l'en-*

A l'aide de ce principe fécond, Spinoza, qui semblait avoir détruit toutes les vertus en les confondant avec les vices dans un mélange sacrilége, va les retrouver l'une après l'autre.

Il avait fait de l'humanité un assemblage d'êtres égoïstes, uniquement occupés de la satisfaction de leurs grossiers appétits, un troupeau de bêtes féroces prêtes à s'entr'égorger sans pitié; il va maintenant réconcilier les hommes et les unir en une grande famille où régnera la charité. Quelle est, en effet, la cause de toutes les haines, de toutes les violences des hommes ? c'est l'appétit, qui les pousse vers des objets dont la possession est incertaine et ne peut se partager. Mais la raison pacifie toutes nos passions en les élevant à leur objet véritable ; et le priviliége sublime de ce divin objet, c'est qu'il se donne tout entier à tous [1], et, loin de s'affaiblir, s'augmente encore par une possession commune [2]. « *L'amour de Dieu*, dit Spinoza, *ne peut être souillé par aucun sentiment d'envie ni de jalousie, et il est entretenu en nous avec d'autant plus de force que nous nous représentons un plus grand nombre d'hommes comme unis avec Dieu d'un même lien d'amour*[3]. »

Il ne faut pas croire que l'amour de Dieu nous impose rien de contraire à notre nature ; tout au contraire, il est

---

tendement, la raison ; et c'est en cela seul que consiste le souverain bonheur, la béatitude. La béatitude, en effet, n'est pas autre chose que cette tranquillité de l'âme qui naît de la connaissance intuitive de Dieu ; et la perfection de l'entendement consiste à comprendre Dieu, les attributs de Dieu et les actions qui résultent de la nécessité de la nature divine. La fin suprême de l'homme que la raison conduit, son désir suprême, ce désir par lequel il s'efforce de régler tous les autres, c'est donc le désir qui le porte à se connaître soi-même d'une manière adéquate, et à connaître de la même façon toutes les choses qui tombent sous son intelligence. ■ (*De l'Esclavage*, Appendice, chap. iv.)

[1]. *De l'Esclavage*, Propos. 36.
[2]. *Ibid.*, Propos. 37.
[3]. *De la Liberté*, Propos. 20.

fondé sur le développement le plus complet de nos facultés naturelles.

« La superstition, dit Spinoza, semble ériger en bien tout ce qui amène la tristesse, et en mal tout ce qui procure la joie. Mais il n'appartient qu'à un envieux de se réjouir de mon impuissance et du mal que je souffre. A mesure, en effet, que nous éprouvons une joie plus grande, nous passons à une plus grande perfection, et par conséquent nous participons davantage à la nature divine; la joie ne peut donc jamais être mauvaise tant qu'elle est réglée par la loi de notre utilité véritable. Ainsi, celui qui ne sait obéir qu'à la crainte et ne fait le bien que pour éviter le mal n'est pas conduit par la raison [1]. »

On nous présente trop souvent la vie vertueuse comme une vie triste et sombre, une vie de privation et d'austérité, où toute douleur est une grâce et toute jouissance un crime. Mais comment la Divinité, s'écrie Spinoza, prendrait-elle plaisir au spectacle de ma faiblesse, et m'imputerait-elle à bien les larmes, les sanglots, la crainte, tous ces signes d'une âme impuissante? « *Oui*, ajoute-t-il avec force, *il est d'un homme sage d'user des choses de la vie et d'en jouir autant que possible, de se réparer par une nourriture modérée et agréable, de charmer ses sens du parfum et de l'éclat verdoyant des plantes, d'orner même son vêtement, de jouir de la musique, des jeux, des spectacles et de tous les divertissements que chacun peut se donner sans dommage pour personne* [2]. »

On nous exhorte sans cesse au repentir, à l'humilité,

---

[1]. Appendice de la part. 4 de l'*Éthique*, ch. xxxi.
[2] *Éthique*, de l'Esclavage, Schol. de la Propos. 4.

à la mort. Mais le repentir n'est point une vertu, il ne provient pas de la raison; et au contraire, celui qui se repent d'une action est deux fois misérable et deux fois impuissant[1]. L'humilité n'est pas plus une vertu que le repentir; car c'est une tristesse qui naît pour l'homme de l'idée de son impuissance[2]. Quant à la pensée de la mort, elle est fille de la crainte, et c'est dans les âmes faibles qu'elle fait son séjour. « *La chose du monde à laquelle un homme libre pense le moins, c'est la mort; et sa sagesse n'est point une méditation de la mort, mais de la vie*[3]. »

Spinoza vient de nous tracer le tableau de la vie libre et raisonnable. Mais à quoi cela peut-il servir aux hommes, si leur destinée ne leur appartient pas, si elle est réglée d'avance par une nécessité que rien ne peut fléchir? Les âmes bien douées n'ont pas besoin qu'on leur apprenne la vertu, puisqu'elles y vont par la pente même de leur nature. Quant aux âmes impuissantes, incapables de s'affranchir d'un abaissement qui n'est pas leur ouvrage, condamnées par un arrêt sans appel à une vie agitée et stérile, l'idéal d'une vie parfaite les afflige sans les relever, les désespère au lieu de les soutenir, et appesantit le poids de leurs chaînes en leur ôtant l'espoir de s'en jamais dégager.

Ici tous les efforts de Spinoza, toute la subtilité de son génie, tout l'artifice de ses raisonnements viennent échouer contre une impossibilité palpable. En vain il recueille toutes ses ressources et rassemble avec art les

---

1. *De l'Esclavage,* Propos. 54.
2. *Ibid.,* Propos. 53.
3. C'est la Proposition 67 de *l'Éthique,* part. 4.

divers moyens que possède l'âme humaine de régler ses passions et sa destinée. Pas un de ces moyens prétendus ne résiste à une analyse un peu sévère. Les voici dans l'ordre où les expose Spinoza :

« La puissance de l'âme sur ses passions, dit-il (*De la Liberté*, Scholie de la Propos. 20), consiste : 1° dans la connaissance même des passions (*voyez le Scholie de la Propos. 4, part.* 5) ; 2° dans la séparation que l'âme effectue entre telle ou telle passion et la pensée d'une cause extérieure confusément imaginée (*voyez part.* 5, *Propos. 2 et son Scholie, et Propos.* 4) ; 3° dans le progrès du temps qui rend celles de nos affections qui se rapportent à des choses dont nous avons l'intelligence supérieures aux affections qui se rapportent à des choses dont nous n'avons que des idées confuses et mutilées (*voyez la Propos. 7, part.* 5) ; 4° dans la multitude des causes qui entretiennent celles de nos passions qui se rapportent aux propriétés générales des choses ou à Dieu (*voyez les Propos. 9 et 11, part.* 1) ; 5° enfin, dans l'ordre où l'âme peut disposer et enchaîner ses passions (*voyez le Scholie de la Propos.* 10 *et les Propos.* 12, 13 *et* 14, *part.* 5). »

Spinoza prouve à merveille, par les principes de sa doctrine, qu'une affection passive cesse d'être passive, et par conséquent d'être mauvaise, aussitôt que nous nous en formons une idée claire et distincte. Il explique d'une manière ingénieuse et élevée comment la joie succède à la tristesse, et l'amour à la haine, quand l'âme dégage tout sentiment de haine et de tristesse de la pensée de sa cause extérieure et apparente pour le rapporter à son premier principe, c'est-à-dire à Dieu. « La douleur même, dit Spinoza, devient de la joie quand nous concevons Dieu comme cause de la douleur. » Parole éminemment chrétienne, où par une rencontre inattendue l'esprit de l'*Imitation* et l'esprit de l'*Éthique* viennent un instant se confondre ! — Spinoza montre avec la même supériorité de vues que la passion sublime de l'amour de Dieu, une fois établie dans l'âme, s'y maintient par la vertu même qui est en elle, y reçoit des accroissements toujours nouveaux et établit entre toutes nos autres passions la plus admirable discipline.

Je demande maintenant à Spinoza d'où vient que cette passion si puissante, si durable, ne règne pas dans toutes les âmes. J'accorderai volontiers qu'une âme éprise de l'amour de Dieu sera forte contre la séduction des faux biens. Mais dépend-il de moi de connaître et d'aimer Dieu ? Si j'ai eu le malheur de recevoir en partage, des mains de la nécessité qui règle toutes choses, une âme impuissante, dominée par les causes extérieures, étrangères à Dieu et à soi-même, comment sortir de cet abaissement ?

Il est clair que la philosophie de Spinoza ne donne aucun moyen pour cela. Lui-même ne s'est fait aucune illusion sur ce point ; et si l'on peut l'accuser d'avoir dissimulé quelquefois cette triste conséquence de sa doctrine, on ne peut douter qu'il ne l'ait clairement aperçue et même expressément confessée. Il suffit pour s'en convaincre de méditer un peu la dernière Proposition de l'*Éthique* :

« *La béatitude n'est pas le prix de la vertu, c'est la vertu elle-même ; et ce n'est point parce que nous contenons nos mauvaises passions que nous la possédons, c'est parce que nous la possédons que nous sommes capables de contenir nos mauvaises passions.* »

Doutez-vous encore, après un théorème aussi précis, que Spinoza n'ait parfaitement su que sa philosophie ôte à l'homme toute influence réelle sur sa destinée, je citerais ce passage significatif d'une de ses lettres : « *Après tout, que j'aime Dieu librement ou par la nécessité du divin décret, toujours est-il que je l'aime et que je fais mon salut.* »

§ 4.

De l'immortalité de l'âme.

Si quelque chose pouvait maintenant nous étonner dans Spinoza, ce serait la doctrine de cet étrange moraliste sur l'immortalité de l'âme. Comment comprendre en effet que, dans un système où la responsabilité morale n'existe pas, une autre vie soit nécessaire pour rendre à chacun ce qui lui est dû? Et alors même que l'ordre moral demanderait une juste réparation des désordres de ce monde, comment cette réparation serait-elle possible pour Spinoza? L'âme humaine, à ses yeux, c'est l'idée du corps humain. Lors donc que la mort brise les liens de la vie organique, il faut bien que l'âme partage la fortune du corps, et comme lui se déconcerte, étant composée comme lui. Nous retrouvons ici dans Spinoza la contradiction célèbre qu'on a tant reprochée à Aristote : l'un et l'autre philosophe font de l'âme l'idée, la forme du corps ; et bien qu'ils entendent diversement cette formule, ils s'accordent du moins à unir l'âme et le corps par des nœuds si étroits que la séparation semble impossible. Et cependant tous deux nous assurent que la mort n'atteint pas l'homme tout entier, et que la meilleure partie de son être trouve au sein même de la mort le commencement d'une vie immortelle.

La contradiction paraît d'autant plus choquante dans Spinoza qu'il nie formellement, on sait avec quelle rude énergie, les idées de mérite et de démérite, c'est-à-dire la garantie la plus solide de nos espérances d'une vie future. Otez en effet ces idées sublimes, quelle force reste-t-il à la raison pour nous assurer un avenir au delà du tombeau? S'appuiera-t-elle sur la nature de l'âme humaine, sur sa simplicité, son indivisibilité? Dira-t-elle que les composés seuls peuvent périr, n'étant pas de véritables substances, mais de purs phénomènes, et que l'annihilation d'un être, comme sa création, sont choses naturellement impossibles? Cela est solide et profond sans doute ; mais mesurez la juste portée de ces principes, ils établissent parfaitement ce qu'on peut appeler l'immortalité métaphysique de l'âme humaine; mais sur son immortalité morale, ils ne nous apprennent rien. En d'autres termes, ces principes m'assurent que la substance, l'être de mon âme, ne seront point anéantis quand mon corps tombera en poussière; mais que deviendra ma personne, ma conscience d'être moral, ma vie? Voilà ce qu'elles ne me disent pas, et voilà cependant ce que je veux savoir. Que m'importe que mon âme survive, si elle doit s'endormir pour toujours de ce lourd sommeil qui dès cette vie m'arrache par instants à moi-même? Encore, un sommeil passager, ce n'est que le repos; mais un sommeil éternel, c'est le néant. Qu'importe même que mon âme, renouvelée par la mort, passe à des destinées nouvelles? Si brillantes que l'imagination les rêve, dès que ma personne y doit être étrangère, elles cessent de m'intéresser. Consultez le genre humain : l'immortalité dont il nourrit la sainte espérance, celle que l'âme religieuse demande à la divine bonté, celle qui relève le faible, l'opprimé, en jetant sur leur misère présente le reflet consolateur d'une meilleure destinée, c'est l'immortalité de la personne. L'immortalité métaphysique de l'âme est un problème à occuper les philosophes; le genre humain ne le connaît pas, et pour lui, mourir à la conscience, c'est mourir tout entier.

Ainsi donc, des deux routes qu'un philosophe peut suivre pour arriver à l'immortalité de l'âme, le fatalisme absolu de Spinoza lui fermait sans retour la route la plus directe et la plus sûre, celle des idées morales. Or il ne paraît pas que sa métaphysique fût capable de lui en ouvrir une autre. Spinoza n'est point sans doute matérialiste : on peut même affirmer qu'en un sens il a exagéré le spiritualisme de Descartes : je veux dire quand il a nié la possibilité d'aucune action réelle, effective, de l'âme sur le corps ou du corps sur l'âme ; mais, d'un autre côté, ses vues particulières sur la nature divine et sur le rapport de Dieu avec le monde le conduisaient à établir entre la pensée et l'étendue la plus étroite dépendance qui se puisse concevoir, à ce point qu'une âme et le corps qui lui correspond ne sont pour lui qu'une seule et même chose envisagée sous deux aspects différents. Qu'est-ce, par exemple, que l'âme humaine? c'est Dieu, en tant qu'affecté d'un mode déterminé de la pensée, se concevant lui-même, en tant qu'affecté d'un mode déterminé de l'étendue ; en d'autres termes, l'âme humaine est une suite d'idées, liées entre elles par une proportion constante qui représente partie par partie, terme par terme, une suite de modifications de l'étendue unies par une proportion analogue. Spinoza ne reconnaît donc dans l'âme humaine, pas plus que dans le corps humain, aucune unité véritable. L'individualité y est diffuse, c'est-à-dire n'y est pas. Or cette ombre d'individualité, comment résistera-t-elle à la mort? La mort détruit le corps, Spinoza en convient, sinon dans ses parties, au moins dans la proportion qui les enchaîne. Comment ne détruirait-elle pas l'âme de la même façon? La pensée n'existe pas sans son objet. Or l'âme n'est qu'une pensée, et son objet, c'est le corps; l'âme ne peut donc survivre au corps. On dira que les idées dont elle se compose ne peuvent être détruites. Oui, sans doute, au même titre que les parties du corps humain. Mais la proportion constante qui fait l'individualité de l'âme humaine étant fondée sur celle qui constitue l'individualité du corps humain, il est évident que ces deux proportions, ces deux individualités doivent périr du même coup.

Examinez d'ailleurs les facultés de l'âme humaine, la mémoire, par exemple, condition nécessaire de l'individualité dans un être dont l'existence est successive. Spinoza la définit : un enchaînement d'idées qui exprime la nature des choses extérieures suivant l'ordre et l'enchaînement même des affections du corps humain[1]. La mémoire n'existe donc dans l'âme qu'autant que le corps existe. Or, sans la mémoire, où est l'identité personnelle?

Spinoza n'a point fermé les yeux sur toutes ces conséquences de sa théorie de l'âme humaine, et il n'a pas cherché à les éluder; tout au contraire, il les déduit lui-même avec sa rigueur et son intrépidité ordinaires :

---

1. *De l'Ame,* Propos. 8 et son Schol.

« Nous avons montré, dit-il, que cette puissance de l'âme par laquelle elle imagine les choses et se les rappelle, dépend de ce seul point que l'âme enveloppe l'existence naturelle du corps. *Or il suit de tout cela que l'existence présente de l'âme et sa puissance d'imaginer sont détruites aussitôt que l'âme cesse d'affirmer l'existence présente du corps* [1]. »

Après des déclarations aussi expresses [2], ne semble-t-il pas qu'à considérer tour à tour et l'esprit général de la philosophie de Spinoza, et sa théorie particulière de l'âme humaine, et ses propres aveux, les lois de la logique, dont il a été presque toujours un si rigide observateur, le contraignaient de rejeter également l'immortalité métaphysique de l'âme et son immortalité morale? Or il les admet positivement l'une et l'autre. Il déclare, en effet, que l'âme humaine, sinon tout entière, au moins dans la meilleure partie d'elle-même, est de sa nature immortelle, et que la vie future, loin d'exclure la personnalité, la suppose, puisque c'est une vie purifiée de toutes les misères de notre condition terrestre, une vie de liberté, d'amour et de bonheur.

Voici, si j'entends bien Spinoza, la preuve qu'il donne de l'immortalité de l'âme humaine [3] :

L'âme humaine est une idée, une idée de Dieu, l'idée du corps humain. Comme idée de Dieu, l'âme humaine est un mode éternel de l'entendement éternel de Dieu [4] ; à ce titre elle ne tombe point dans le temps, et son existence est immuable comme celle de son divin objet.

---

1. *De l'Âme*, Schol. de la Propos. 11.
2. Voyez aussi la Propos. 21 de l'*Éthique*, part. 5.
3. Voyez *Éthique*, part. 5, Propos 23 et son Schol. — *Ibid.*, Schol. de la Propos. 29.
4. *De la Liberté*, Schol. de la Propos. 40.

Aussi n'aperçoit-elle pas les choses sous la forme de la durée, c'est-à-dire d'une manière successive et toujours incomplète, mais sous la forme de l'éternité, c'est-à-dire dans leur rapport immanent à la Substance. L'âme humaine, sous ce point de vue, est une intelligence pure, toute formée d'idées adéquates, tout active par conséquent et tout heureuse, en un mot toute à Dieu. Mais la nécessité absolue de la nature divine veut que toute âme à son tour fournisse dans le temps sa carrière, et partage les vicissitudes du corps qui lui est destiné. De la vie éternelle, elle tombe dans les ténèbres de la condition terrestre. Détachée en quelque sorte du sein de Dieu, la voilà exilée dans la nature. Désormais sujette à la loi du changement et du temps, elle n'aperçoit plus les choses que dans leur partie temporelle et changeante, et ne ressaisit qu'avec peine le lien éternel qui rattache à Dieu l'univers entier et soi-même. Elle le ressaisit pourtant, et surmontant le poids des chaînes corporelles, elle retrouve par instants ce bien infini qu'elle a perdu, qu'elle regrette, et qu'elle se sent destinée à retrouver un jour pour jamais.

L'âme humaine, en tant qu'elle enveloppe l'existence actuelle du corps humain, est donc périssable. Les sens, la mémoire, l'imagination, facultés passives, appropriées à une existence successive et changeante, périssent avec le corps, et emportent avec elles nos idées inadéquates, c'est-à-dire tout ce misérable cortége de nos passions, de nos préjugés et de nos erreurs ; mais la raison subsiste : la raison qui, dès cette vie temporelle, nous fait percevoir les choses sous la forme de l'éternité, la raison, cette excellente partie de nous-mêmes qui, nous ramenant sans cesse à notre véritable objet, nous est à la fois un ressouvenir et un pressentiment de notre condition véritable.

Telle est la théorie toute platonicienne vers laquelle nous conduit Spinoza, toujours calme à travers les difficultés qui se pressent sur ses pas, comme un homme sûr de sa route et que rien ne peut empêcher d'atteindre son but.

Les objections, en effet, s'élèvent de toutes parts : comment est-il possible que l'âme humaine se dégage entièrement des liens du corps dans un système où chaque mode de la pensée implique nécessairement un mode de l'étendue ? Spinoza répond qu'il y a dans l'étendue divine un mode éternel qui correspond à ce mode éternel de la pensée, où est l'essence de l'âme humaine. Spinoza démontre même expressément que *tout ce que l'âme conçoit sous le caractère de l'éternité, elle le conçoit, non pas parce qu'elle conçoit en même temps l'existence présente et actuelle du corps, mais bien parce qu'elle conçoit l'existence du corps sous le caractère de l'éternité*[1].

Supposez cette difficulté résolue, Spinoza ne convient-il pas expressément que la mémoire périt avec le corps ? Notre existence passée et notre existence future sont donc sans lien avec notre existence présente ; pourquoi parler de notre existence passée, si nous n'en avons aucun souvenir ? Comment concevoir une autre vie où le souvenir de notre vie actuelle ne nous accompagnera pas ? Enfin l'idée même de la vie n'implique-t-elle pas la continuité de l'existence, et par conséquent la mémoire ?

Spinoza répond que la mémoire n'a rien à voir avec

---

[1]. *De la Liberté*, Propos. 29.

la vie éternelle. La mémoire est le partage d'un être qui dure, qui se développe, qui est sujet à la naissance, au changement, à la mort ; mais un être accompli en soi, auquel rien ne manque de ce qui convient à sa nature, se possédant toujours tout entier, ne vit pas dans le temps, mais dans l'éternité. Oui, sans doute, il est impossible que nous nous souvenions d'avoir existé avant le corps, puisque aucune trace de cette existence ne se peut rencontrer dans le corps, et que l'éternité ne peut se mesurer par le temps. « Et cependant, s'écrie Spinoza, nous sentons, nous éprouvons que nous sommes éternels [1]. »

Il dit ailleurs : « Si l'on examine l'opinion des hommes, on verra qu'ils ont conscience de l'éternité de leur âme, mais qu'ils confondent cette éternité avec la durée, et la conçoivent par l'imagination ou la mémoire, persuadés que tout cela subsiste après la mort [2]. »

Ce n'est là qu'un préjugé ; toutes nos affections terrestres, tout ce qui prend naissance en notre âme et se rapporte aux choses périssables, est destiné à périr ; ce qui subsiste, c'est la partie éternelle de nous-mêmes, c'est-à-dire l'idée de Dieu et l'*amour intellectuel* qui en est inséparable.

Spinoza donne une théorie aussi élevée qu'originale de l'amour intellectuel. Cet amour est de sa nature non-seulement immortel, mais éternel comme son objet [3]. C'est une illusion de croire qu'il prenne naissance à tel ou tel moment dans les âmes faites pour l'éprouver. Ces âmes, avant de tomber de l'éternité dans le temps, si

---

[1]. *De la Liberté*, Schol. de la Propos. 23.
[2]. *Ibid.*, Schol. de la Propos. 34.
[3]. *Ibid.*, Propos. 23 et son Schol.

l'on peut se servir d'un pareil langage, aimaient Dieu et vivaient en lui ; lors donc que le corps auquel l'ordre des choses les a unies pour un temps vient à se dissoudre, elles ne font que retrouver un bien qu'elles avaient perdu, ou plutôt que les ténèbres corporelles avaient un instant dérobé à leurs regards [1].

Si les âmes libres et épurées aiment Dieu de toute la force de leur être, Dieu leur rend amour pour amour. Cette pensée étonne dans Spinoza, mais il ne faut point se hâter de l'accuser d'inconséquence. Il démontre fort rigoureusement, selon les principes de sa doctrine, que Dieu est exempt de toute passion, et n'est sujet à aucune affection de joie ou de tristesse [2] : d'où il déduit fort bien que Dieu n'a pour personne ni haine ni amour [3]. Il va jusqu'à dire que celui qui aime Dieu ne peut désirer que Dieu l'aime à son tour [3] ; « car ce serait, dit-il, désirer que Dieu ne fût pas Dieu, ce qui est impie et qui plus est impossible [5]. » Mais, dans tous ces passages, il s'agit de l'amour temporel, de cet amour tout humain, qui consiste dans l'accroissement de l'être, et qui suppose le désir et le besoin. Or l'amour intellectuel est une affection d'un tout autre ordre, puisqu'il consiste dans la possession éternelle et immuable de l'Être parfait. Dieu s'aime donc soi-même d'un amour intellectuel infini [6].

Spinoza devait aboutir à cette conséquence. De même en effet qu'il y a nécessairement en Dieu une idée de soi-

---

1. *De la Liberté*, Schol. de la Propos. 31.
2. *Ibid.*, Propos. 17.
3. *Ibid.*, Coroll. de la Propos. 17.
4. *Ibid.*, Propos. 19.
5. Par la Propos. 18 de l'*Éthique*, part. 5.
6. *Ibid.*, Propos. 36 et son Schol.

même qui comprend tous ses attributs et tous les modes de ses attributs [1], il est nécessaire qu'il y ait en lui un amour de soi-même qui embrasse tous les développements de son être. L'amour que chaque homme a pour son propre être est donc une partie de l'amour infini que Dieu a pour soi, comme l'être même de l'homme est une partie de l'être infini de Dieu. C'est donc en nous que Dieu s'aime, comme c'est en lui que nous nous aimons. L'amour de Dieu pour les hommes et celui des hommes pour Dieu est donc un seul et même amour [2], et dans cet amour sublime l'âme et Dieu s'unissent et se pénètrent comme en un éternel embrassement.

C'est là la véritable béatitude, la véritable vie, la vie éternelle. Or comment se former quelque idée de cette vie éternelle, qui n'a aucun rapport avec la nôtre? « Cela est très-difficile, dit Spinoza, mais non pas impossible. » N'y a-t-il pas en nous un genre supérieur de connaissance? et ne consiste-t-elle pas dans l'intuition immédiate du nécessaire, de l'absolu? et cette intuition ne s'accomplit-elle pas sous la forme de l'éternité? n'est-elle pas absolument indépendante des sens, de l'imagination et de la mémoire, qui n'ont d'autre objet que le changement? et l'âme ravie aux misères de la vie présente ne trouve-t-elle pas dans la contemplation de l'être parfait une joie sans mélange, une sérénité ineffable? Voilà un avant-goût de la félicité, de la pure lumière qui nous attendent dans la vie éternelle.

Du reste, il s'en faut que toutes les âmes soient appelées à en jouir avec la même plénitude; et Spinoza re-

---

[1]. *De la Liberté*, Propos. 35.
[2]. *De Dieu*, Propos. 36.

trouve ici à sa façon, d'une manière ingénieuse, quoique très-incomplète, cette grande loi d'une justice rémunératrice et vengeresse, qui est une des croyances les plus saintes du genre humain. Ce qui subsiste après la mort, c'est la raison, ce sont les idées adéquates; tout le reste périt[1]. Les âmes que la raison gouverne, les âmes philosophiques, qui dès ce monde vivent en Dieu, sont donc à l'abri de la mort, ce qu'elle leur ôte n'étant d'aucun prix[2]. Mais ces âmes faibles et obscurcies, où la raison jette à peine quelques lueurs, ces âmes toutes composées en quelque sorte de vaines images et de passions, périssent presque tout entières; et la mort, au lieu d'être pour elles un simple accident, atteint jusqu'au fond de leur être. Spinoza tire de cette doctrine une conséquence qui serait très-belle, si d'avance, en niant le libre arbitre, il n'en eût diminué la portée : c'est qu'à mesure que nous rendons notre âme plus raisonnable et plus pure, nous augmentons nos droits à l'immortalité, et nous nous préparons une destinée plus heureuse et plus haute.

Il termine et résume toute cette théorie de l'immortalité de l'âme par ces fortes paroles : « Les principes que j'ai établis font voir clairement l'excellence du sage, et sa supériorité sur l'ignorant que l'aveugle passion conduit. Celui-ci, outre qu'il est agité en mille sens divers par les causes extérieures, et ne possède jamais la véritable paix de l'âme, vit dans l'oubli de soi-même et de Dieu et de toutes choses, et pour lui, cesser de pâtir, c'est cesser d'être. Au contraire, l'âme du sage peut à peine être troublée. Possédant, par une sorte de nécessité éternelle,

---

1. *De Dieu*, Schol. de la Propos. 40.
2. *Ibid*, Propos. 38 et son Schol.

la conscience de soi-même et de Dieu et des choses, jamais il ne cesse d'être, et la véritable paix de l'âme, il la possède pour toujours. » (Dernières lignes de l'*Éthique*.)

X.

LA RELIGION DE SPINOZA.

La religion, pour Spinoza, ne se distingue pas au fond de la morale, et elle est tout entière dans ce précepte : Aimez vos semblables et Dieu.

La vie la plus raisonnable, en effet, est en même temps la plus religieuse : car que nous prescrit la raison ? elle nous prescrit avant tout de conserver et d'accroître notre être. Or notre être est dans la pensée, et le principe de la pensée, c'est l'idée de Dieu. Il suit de là que la condition suprême de la vie raisonnable, c'est la connaissance de Dieu. Mais on ne peut connaître Dieu sans l'aimer. Connaître Dieu, en effet, c'est la perfection de la pensée humaine; c'est son action la plus puissante, son développement le plus régulier, le plus riche, le plus complet. La connaissance de Dieu est donc nécessairement accompagnée de la joie la plus vive et la plus pure; et Dieu, par conséquent, source inépuisable de cette joie, doit être nécessairement pour notre âme l'objet d'un amour toujours renaissant et toujours satisfait. L'âme raisonnable, l'âme vraiment philosophique, est donc essentiellement une âme religieuse, toute à Dieu par la connaissance et par l'amour, et qui trouve à la fois dans ce divin commerce la perfection et le bonheur.

Elle y trouve aussi l'amour de ses semblables. C'est en

effet une loi de notre nature que nos affections s'augmentent quand elles sont partagées [1], et par une suite nécessaire, que notre âme fasse effort pour que les autres âmes partagent ses sentiments d'amour [2]. Il résulte de là que *le bien que désire pour lui-même tout homme qui pratique la vertu, il le désirera également pour les autres hommes, et avec d'autant plus de force qu'il aura une plus grande connaissance de Dieu* [3]. L'amour de Dieu est donc à la fois le principe de la morale, de la religion et de la société. Il tend à réunir tous les hommes en une seule famille et à faire de toutes les âmes une seule âme par la communauté d'un seul amour [4].

Ainsi donc, celui qui s'aime soi-même d'un amour raisonnable, aime Dieu et ses semblables, et c'est en Dieu qu'il aime ses semblables et soi-même. Voilà la véritable loi divine, inséparable de la loi naturelle, fondement de toutes les institutions religieuses, original immortel dont les diverses religions ne sont que de changeantes et périssables copies [5].

Cette loi, suivant Spinoza, a quatre principaux caractères [6] : Premièrement, elle est seule vraiment universelle, étant seule fondée sur la nature même de l'homme, en tant qu'elle est réglée par la raison. En second lieu, elle se révèle et s'établit par elle-même, et n'a pas besoin de s'appuyer sur des récits historiques et des traditions. Troisièmement, elle ne nous demande pas de cérémonies, mais des œuvres. « Quant aux actions, dit Spinoza, qui

---

1. *Des Passions.* Propos. 31.
2. *Ibid.*, Coroll. de la même Propos.
3. *De l'Esclavage*, Propos. 38.
4. *Éthique*, Appendice de la quatrième partie, chap. XII et XV.
5. *Traité théologico-politique*, chap. XII.
6. *Ibid.*, chap. IV, tome II, page 76 et suiv.

ne sont bonnes que par le fait d'une institution qui nous les impose, ou en tant que symboles de quelque bien réel, elles sont incapables de perfectionner notre entendement ; ce ne sont que de vaines ombres qu'on ne peut mettre au rang des actions véritablement excellentes, de ces actions, filles de l'entendement, qui sont comme les fruits naturels d'une âme saine [1]. » Enfin, le quatrième caractère de la loi divine, c'est que le prix de l'avoir observée est renfermé en elle-même, puisque la félicité de l'homme comme sa règle, c'est de connaître et d'aimer Dieu d'une âme vraiment libre, d'un amour pur et durable ; le châtiment de ceux qui violent cette loi, c'est la privation de ces biens, la servitude de la chair, et une âme toujours changeante et toujours troublée [2].

Que deviennent, avec de pareils principes, la Révélation proprement dite, les Prophéties, les Miracles, les Mystères, le Culte? Il est aisé de pressentir que rien de tout cela ne peut avoir aux yeux de Spinoza aucune valeur intrinsèque et absolue. Toutefois, ce serait se tromper complétement que de voir dans l'auteur du *Traité théologico-politique* un ennemi des institutions religieuses. Spinoza est aussi éloigné de la haine de la religion qu'il peut l'être de l'orthodoxie. Rationaliste exclusif, ce n'est point, il est vrai, l'esprit de Descartes et de Malebranche qui anime sa philosophie des religions ; mais c'est moins encore peut-être l'esprit de Voltaire. Spinoza respecte le sentiment religieux sous toutes les formes qu'il a revêtues. Il croit qu'un culte est nécessaire au genre humain.

---

1. *Traité théologico politique,* page 77.
2. *Même traité,* même page.

Il a surtout pour le christianisme une vénération profonde, un tendre et sincère respect; mais il ne cache pas l'entreprise qu'il a conçue de faire à la théologie sa part, et, en la restreignant aux choses de la vie pratique, de la séparer complétement de la philosophie.

Dès les premières pages du *Traité théologico-politique*, Spinoza s'attache à définir exactement la révélation ou prophétie, fondement de toutes les religions positives. Il combat avec force ce principe, que la révélation ou prophétie est par essence une connaissance divine. A ce compte, dit-il, la raison est donc aussi une révélation, une prophétie; car elle vient de Dieu, elle est une manifestation directe de sa pensée dans l'âme des hommes. *C'est la lumière qui éclaire tout homme venant en ce monde* [1]; — *et nous connaissons par elle que nous demeurons en Dieu, et que Dieu demeure en nous, parce qu'il nous a fait participer de son Esprit* [2]. Ce qui constitue cette connaissance particulière qu'on appelle proprement révélation, ce n'est donc pas sa divine origine; c'est qu'elle excède les limites de la connaissance naturelle, et ne peut avoir sa cause dans la nature humaine considérée en elle-même [3].

La question est de savoir si la révélation ainsi définie est possible; mais il est clair qu'elle ne peut l'être pour Spinoza. Le mot surnaturel n'a pas de sens dans sa doctrine; ce qui est hors de la nature est hors de l'être, et par conséquent ne peut se concevoir. Les révélateurs, les prophètes ont donc été des hommes comme les autres.

---

[1]. Évangile de saint Jean, chap. I, vers. 9.
[2]. Saint Jean, épitre I, chap. IV, vers. 13.
[3]. *Traité théologico-politique,* tome II, page 16.

Spinoza le déclare expressément : « Ce n'est point penser, dit-il, c'est rêver que de croire que les prophètes ont eu un corps humain et n'ont pas eu une âme humaine, et par conséquent que leur conscience et leurs sensations ont été d'une autre nature que les nôtres [1]. » Quel est donc le caractère qui distingue les prophètes ? c'est qu'ils ont eu une puissance d'imagination extraordinaire [2]: « Nous pouvons donc dire sans scrupule que les prophètes n'ont connu ce que Dieu leur a révélé qu'au moyen de l'imagination, c'est-à-dire par l'intermédiaire de paroles ou d'images vraies ou fantastiques [3]. » Spinoza s'explique ainsi pourquoi les prophètes ont toujours perçu et enseigné toutes choses par images et paraboles, et exprimé corporellement les choses spirituelles, tout cela convenant à merveille à la nature de l'imagination. « Ne nous étonnons plus, dit-il, que Michée nous représente Dieu assis, que Daniel nous le peigne comme un vieillard couvert de blancs vêtements, Ézéchiel comme un feu ; enfin que les personnes qui entouraient le Christ aient vu le Saint-Esprit sous la forme d'une colombe, tandis qu'il apparut à Paul comme une grande flamme, et aux apôtres comme des langues de feu [4]. »

Les prophètes sont si peu des hommes d'un entendement supérieur, que souvent ils ne comprennent pas la révélation dont ils sont les organes. Spinoza cite les prophéties de Zacharie, qui furent tellement obscures, suivant son propre récit, qu'il ne put les comprendre sans une explication. « Et Daniel, ajoute ironiquement Spi-

---

1. *Traité théologico-politique*, ch. I.
2. *Ibid.*, ch. II.
3. *Ibid.*, tome II, page 32.
4. *Ibid.*, page 53.

noza¹, même avec une explication, fut incapable de comprendre les siennes. »

Spinoza s'efforce de prouver, par l'Écriture elle-même, que les prophètes sont avant tout des hommes de forte imagination. « Il est certain, en effet, dit-il, que Salomon excellait entre les hommes par sa sagesse, et il ne l'est pas qu'il ait eu le don de prophétie. Heman, Darda, Kalchol, étaient des hommes d'une profonde érudition, et cependant ils n'étaient pas prophètes, au lieu que des hommes grossiers, sans lettres, et même des femmes, comme Hagar, la servante d'Abraham, jouirent du don de prophétie. Tout ceci est parfaitement d'accord avec l'expérience et la raison ; ce sont en effet les hommes qui ont l'imagination forte qui sont les moins propres aux fonctions de l'entendement pur, et réciproquement, les hommes éminents par l'intelligence ont une puissance d'imagination plus tempérée, plus maîtresse d'elle-même, et ils ont soin de la tenir en bride, afin qu'elle ne se mêle pas avec les opérations de l'entendement².

Du reste, Spinoza ne met pas en doute la parfaite sincérité des révélateurs et des prophètes. Personne n'est plus éloigné que lui d'expliquer par les calculs de la politique ou par les supercheries de l'imposture l'origine des religions. Quand il énumère les caractères qui distinguent les prophètes, il a soin de joindre à la force de l'imagination la pureté de l'âme et la piété³.

Mais si les prophètes n'ont d'autre supériorité sur les autres hommes qu'une vertu plus haute et une puis-

---

1. *Traité théologico-politique*, page 11.
2. *Ibid.*, page 34.
3. *Ibid.*, ch. II.

sance d'imaginer extraordinaire, il s'ensuit que toute nation a eu ses prophètes, également inspirés, également respectables. C'est la doctrine expresse de Spinoza : « Puisqu'il est bien établi, dit-il, que Dieu est également bon et miséricordieux pour tous les hommes, et que la mission des prophètes fut moins de donner à leur patrie des lois particulières que d'enseigner aux hommes la véritable vertu, il s'ensuit que toute nation a eu ses prophètes, et que le don de prophétie ne fut point propre à la nation juive [1]. » Spinoza cherche des preuves de son opinion dans la Bible elle-même : « Nous trouvons dans le Vieux Testament que des hommes incirconcis, des gentils ont prophétisé, tels que Noah, Chanoch, Abimélech, Bilham, etc., et que des prophètes hébreux ont été envoyés par Dieu, non-seulement à ceux de leur nation, mais aussi à beaucoup de nations étrangères. Ainsi Ézéchiel a prophétisé à toutes les nations alors connues, Hobadias aux seuls Iduméens, et Jonas a été surtout le prophète des Ninivites [2]. »

Spinoza s'explique plus ouvertement encore dans ses *Lettres*. On le presse d'objections sur sa manière d'interpréter l'Écriture ; on accuse ses principes de conduire à cette conséquence impie, que Mahomet fut un vrai prophète. Spinoza s'en défend d'abord, et traite même Mahomet d'imposteur, sous le prétexte visiblement peu sincère qu'il a nié la liberté humaine ; mais bientôt la logique et la colère emportent Spinoza, et il s'écrie : « Est-ce que je suis tenu, je le demande, de montrer qu'un certain prophète est un faux prophète ? C'était

---

[1]. *Traité théologico-politique*, page 62.
[2]. Voir le chapitre III tout entier du *Traité théologico-politique*.

bien plutôt aux prophètes de montrer qu'ils l'étaient véritablement. — Dira-t-on que Mahomet, lui aussi, a enseigné la loi divine et donné des signes certains de sa divine mission, comme ont fait les autres prophètes ; alors je ne vois pas quelle raison on aurait de lui refuser cette qualité[1]. » Puis il ajoute ces remarquables paroles : « Pour ce qui est des Turcs et des autres peuples étrangers au christianisme, je suis convaincu que, s'ils adorent Dieu par la pratique de la justice et l'amour du prochain, l'esprit du Christ est en eux et leur salut est assuré, quelque croyance qu'ils professent d'ailleurs sur Mahomet et ses oracles[2]. »

Il ne faudrait pas croire cependant que Spinoza ait mis Jésus-Christ sur la même ligne que Mahomet, ni même qu'il n'ait admis aucune différence entre le Christ et les Prophètes de l'Ancien Testament. Toutefois, sa véritable pensée sur ce point est aussi difficile à pénétrer qu'intéressante à connaître.

Spinoza s'exprime ainsi dans son chapitre sur la prophétie :

« Bien qu'il soit aisé de comprendre que Dieu se puisse communiquer immédiatement aux hommes, puisque sans aucun intermédiaire corporel il communique son essence à notre âme, il est vrai néanmoins qu'un homme, pour comprendre par la seule force de son âme des vérités qui ne sont point contenues dans les premiers principes de la connaissance humaine et n'en peuvent être

---

[1]. *Lettre à Isaac Orobio*, tome III, page 426.
[2]. Je rapprocherai de ces paroles de Spinoza un passage de sa lettre à Albert Burgh : « *Oui, je le répète avec Jean, c'est la justice et la charité qui sont le signe le plus certain, le signe unique de la vraie foi catholique ; la justice et la charité, voilà les véritables fruits du Saint-Esprit. Partout où elles se rencontrent, là est le Christ, et le Christ ne peut pas être là où elles ne sont plus.* »

déduites, devrait posséder une âme bien supérieure à la nôtre et bien plus excellente. Aussi je ne crois pas que personne ait jamais atteint ce degré éminent de perfection, hormis Jésus-Christ, à qui furent révélés immédiatement, sans paroles et sans visions, ces décrets de Dieu qui mènent l'homme au salut. Dieu se manifesta donc aux apôtres par l'âme de Jésus-Christ, comme il avait fait à Moïse par une voix aérienne; et c'est pourquoi l'on peut dire que la voix du Christ, comme celle qu'entendait Moïse, était la voix de Dieu. On peut dire aussi dans ce même sens que la sagesse de Dieu, j'entends une sagesse plus qu'humaine, s'est revêtue de notre nature dans la personne de Jésus-Christ, et que Jésus-Christ a été la voie du salut [1]. »

Voilà donc un premier caractère qui distingue Jésus-Christ des simples prophètes : c'est que Jésus-Christ n'était pas seulement l'organe de la révélation divine, mais la révélation divine elle-même. Ce que les prophètes saisissaient par l'imagination et dans un signe matériel, Jésus-Christ le voyait en Dieu et le comprenait.

Dans un autre passage, Spinoza revient sur ce premier caractère et il en ajoute un second :

« Je dis donc qu'il faut entendre de la sorte tous les prophètes qui ont prescrit des lois au nom de Dieu; mais tout ceci n'est point applicable au Christ. Il faut admettre en effet que le Christ, bien qu'il paraisse, lui aussi, avoir prescrit des lois au nom de Dieu, comprenait les choses dans leur vérité d'une manière adéquate. Car le Christ a moins été un prophète que la bouche même de Dieu... Ajoutez à cela que le Christ n'a pas été

---

1. *Traité théologico-politique*, tome II, page 23.

envoyé pour les seuls Hébreux, mais bien pour tout le genre humain ; d'où il suit qu'il ne lui suffisait pas d'accommoder ses pensées aux opinions des Juifs ; il fallait les approprier aux opinions et aux principes qui sont communs à tout le genre humain, en d'autres termes, aux notions universelles et vraies [1]. »

Il semble donc que Jésus-Christ ait été, pour Spinoza, un révélateur véritable, un personnage surnaturel, non moins pur, non moins saint que les prophètes, mais doué d'une intelligence plus qu'humaine, sinon divine.

Mais il faut prendre garde de s'y tromper. C'est dans le *Traité théologico-politique* que se trouve le portrait du Christ qu'on vient de rappeler ; or l'objet de Spinoza dans ce traité n'est pas de dire sa propre pensée, mais d'interpréter celle de l'Écriture. Qu'on pèse bien ces paroles :

« Je dois avertir ici que je ne prétends ni soutenir ni rejeter les sentiments de certaines Églises touchant Jésus-Christ ; car j'avoue franchement que je ne les comprends pas. Tout ce que j'ai soutenu jusqu'à ce moment, je l'ai tiré de l'Écriture elle-même [2]. »

C'est, je crois, dans les lettres de Spinoza à son ami Oldenburg qu'il faut chercher le fond de son opinion sur le fondateur du christianisme ; voici quelques passages particulièrement significatifs :

« Pour vous montrer ouvertement ma pensée, je dis qu'il n'est pas absolument nécessaire pour le salut de connaître le Christ selon la chair ; mais il en est tout autrement si on parle de ce Fils de Dieu, c'est-à-dire

---

[1]. *Traité théologico-politique*, page 81.
[2]. *Ibid.*, page 23.

de cette éternelle sagesse de Dieu qui s'est manifestée en toutes choses, et principalement dans l'âme humaine, et plus encore que partout ailleurs, dans Jésus-Christ. Sans cette sagesse, nul ne peut parvenir à l'état de béatitude, puisque c'est elle seule qui nous enseigne ce que c'est que le vrai et le faux, le bien et le mal. *Quant à ce qu'ajoutent certaines Églises, que Dieu a revêtu la nature humaine, j'ai expressément averti que je ne savais point ce qu'elles veulent dire ; et pour parler franchement, j'avouerai qu'elles me semblent parler un langage aussi absurde que celui qui dirait qu'un cercle a revêtu la nature du carré* [1].

Telle est l'opinion de Spinoza sur le mystère de l'Incarnation [2]. Il repousse le mystère de l'Eucharistie avec plus de brutalité encore : « Toutes les énormités que vous soutenez, écrit-il à un fervent jeune homme récemment converti au catholicisme, seraient tolérables encore, si vous adoriez un Dieu infini et éternel. Mais non : votre Dieu, c'est celui que Chastillon, à Tienen, donna impunément à manger à ses chevaux. Et c'est vous qui déplorez mon aveuglement ! c'est vous qui ne voyez que chimères dans ma philosophie, dont vous ne comprenez pas le premier mot ! Vous avez donc entièrement perdu le sens, bon jeune homme ? Et il faut que votre esprit ait été fasciné, puisque vous croyez maintenant

---

[1]. *Lettre à Oldenburg*, tome III, page 367.

[2]. « Est-ce que vous croyez, écrit Spinoza à Oldenburg, quand l'Écriture dit que Dieu s'est manifesté dans la nue, ou qu'il a habité dans le tabernacle ou dans le temple, que Dieu s'est revêtu de la nature de la nue, de celle du temple ou du tabernacle ? Or Jésus-Christ ne dit rien de plus de soi-même : il dit qu'il est le temple de Dieu, entendant par là, je le répète encore une fois, que Dieu s'est surtout manifesté dans Jésus-Christ. Et c'est ce que Jean a voulu exprimer avec plus de force encore par ces paroles : *Le Verbe s'est fait chair*. — Soyez sûr que, tout en écrivant son Évangile en grec, Jean hébraïse cependant. »

(*Lettre à Oldenburg*, page 373.)

que le Dieu suprême et éternel devient la pâture de votre corps et séjourne dans vos entrailles ¹. »

Le mystère du Péché originel, le miracle de la Résurrection ne sont point traités de la sorte. Spinoza les rejette sans doute, comme tous les miracles et tous les mystères ; mais du moins il les interprète et cherche à les expliquer. Il voit dans la chute d'Adam et dans la Rédemption devenue nécessaire par le péché une sorte de mythe, comme on dirait aujourd'hui, qui signifie que l'homme perd sa liberté quand il s'abaisse aux choses terrestres, et que ce bien inestimable ne peut être recouvré que par l'esprit du Christ, c'est-à-dire par l'idée de Dieu, qui seule a la vertu de nous rendre libres ².

Spinoza déclare qu'il prend à la lettre la passion, la mort et l'ensevelissement de Jésus-Christ ; mais il ne peut admettre sa résurrection qu'au sens allégorique ³ :

« La résurrection de Jésus-Christ d'entre les morts est au fond une résurrection toute spirituelle, révélée aux seuls fidèles selon la portée de leur esprit : par où j'entends que Jésus-Christ fut appelé de la vie à l'éternité, et qu'après sa passion il s'éleva du sein des morts (en prenant ce mot dans le même sens où Jésus-Chrit a dit : *Laissez les morts ensevelir leurs morts*), comme il s'était élevé par sa vie et par sa mort en donnant l'exemple d'une sainteté sans égale. Dans ce même sens, il ressuscite ses disciples d'entre les morts, en tant qu'ils suivent l'exemple de sa mort et de sa vie. Et je ne crois pas qu'il fût difficile d'expliquer toute la doctrine de

---

1. *Lettre à Albert Burgh,* tome III, page 454.
2. *Éthique,* part. 4, Schol. de la Propos. 68.
3. *Lettre à Oldenburg,* page 375.

l'Évangile à l'aide de ce système d'interprétation [1]. »

Peu importe du reste aux yeux de Spinoza qu'on entende les mystères de telle ou telle façon, pourvu qu'on les entende dans un sens pieux. La religion n'est pas la science. Ce qu'il faut à l'âme religieuse, ce ne sont point des notions spéculatives, mais des directions pratiques.

Spinoza ne veut voir en effet dans les prophéties comme dans les miracles, dans les mystères, dans le culte, en un mot dans toute l'économie des religions positives, qu'un ensemble de moyens appropriés à l'enseignement et à la propagation de la vertu. Il pousse cette doctrine à une telle extrémité qu'il ose écrire ces singulières paroles : « Selon moi, les sublimes spéculations n'ont rien à voir avec l'Écriture, *et je déclare que je n'y ai jamais appris ni pu apprendre aucun des attributs de Dieu* [2]. »

Il n'y a qu'une chose dans l'Écriture, comme dans toute révélation, c'est celle-ci : Aimez votre prochain. Spinoza traite fort durement ceux qui trouvent une métaphysique cachée et profonde dans les mystères du christianisme. « Si vous demandez, dit-il, à ces personnes subtiles quels sont donc les mystères qu'elles trouvent dans l'Écriture, elles ne vous produiront que les fictions d'un Aristote, d'un Platon, ou de tout autre semblable auteur de systèmes : fictions qu'un idiot trouverait bien plutôt dans ses songes que le plus savant homme du monde dans l'Écriture [3]. »

Spinoza se radoucit cependant sur ce point, et il avoue

---

1. *Lettre à Oldenburg,* page 372.
2. *Lettre à Blyenbergh,* tome III, page 400.
3. *Traité théologico-politique,* ch. vii.

que l'Écriture contient quelques notions précises sur Dieu ; mais elles tendent toutes à cet unique point, savoir : qu'il existe un Être suprême qui aime la justice et la charité, à qui tout le monde doit obéir pour être sauvé, et qu'il faut adorer par la pratique de la justice et de la charité envers le prochain.

Voilà le catéchisme de Spinoza. Il contient, suivant lui, la substance de toutes les religions. Tout le reste est affaire de spéculation, sans intérêt pour la pratique, sans rapport à la masse du genre humain. « Je laisse à juger à tous, dit Spinoza, de la bonté de cette doctrine, combien elle est salutaire, combien elle est nécessaire dans un État pour que les hommes y vivent dans la paix et la concorde, enfin combien de causes graves de troubles et de crimes elle détruit jusque dans leurs racines [1]. »

Quelle est en effet l'origine de toutes les discordes qui agitent les empires ? c'est l'empiétement de l'autorité religieuse sur celle de l'État ; et cette tendance perpétuelle du sacerdoce à envahir le gouvernement tient elle-même à ce que la religion n'est point séparée de la philosophie et circonscrite dans la sphère qui lui est propre, la sphère de la pratique et des mœurs. Bien loin que la religion doive dominer l'État, c'est l'État qui doit régler et surveiller la religion.

XI.

LA POLITIQUE DE SPINOZA.

Spinoza est amené à se demander ici quelle est la na-

---

1. *Traité théologico-politique*, ch. xiv.

ture de l'État; il cherche l'origine et le fondement de la souveraineté, quels sont les droits, les devoirs, les garanties du citoyen, que valent les différentes formes du gouvernement; en un mot il aborde tous les problèmes essentiels de la science politique.

Cette science était bien jeune alors [1], et Spinoza se plaint qu'elle n'ait encore été traitée que par des utopistes ou par des empiriques. Il est plein de dédain pour les utopistes : « Ces sortes d'esprits (dit-il, en songeant sans doute à Thomas Morus et à Campanella) croient avoir fait une chose divine et atteint le comble de la sagesse, quand ils ont appris à célébrer en mille façons une prétendue nature humaine qui n'existe nulle part et à dénigrer celle qui existe réellement. Car ils voient les hommes, non tels qu'ils sont, mais tels qu'ils voudraient qu'ils fussent. D'où il est arrivé qu'au lieu d'une morale, le plus souvent ils ont fait une satire et n'ont jamais conçu une politique qui pût être réduite en pratique, mais plutôt une chimère bonne à être appliquée au pays d'Utopie ou du temps de cet âge d'or pour qui l'art des politiques était assurément très-superflu. On en est donc venu à croire qu'entre toutes les sciences susceptibles d'application, la politique est celle où la théorie diffère le plus de la pratique et que nulle sorte d'hommes n'est moins propre au gouvernement de l'État que les théoriciens ou les philosophes [2]. »

Spinoza se montre plus indulgent pour les empiriques, parmi lesquels il donne une place à part à Machiavel [3].

---

[1]. Voyez sur l'état de la science politique au XVIIe siècle les savantes et profondes recherches de M. Paul Janet dans son *Histoire de la philosophie morale et politique*, tome II.

[2]. *Traité politique*, chap. I, art. 1, page 337 de notre tome II.

[3]. On remarquera la manière dont Spinoza juge Machiavel, notamment cette

Ceux-là du moins ne se font pas illusion sur la nature humaine : « Ils ont appris à l'école des faits qu'il y aura des vices tant qu'il y aura des hommes. » Le tort de ce genre d'esprits, c'est de croire que les affaires de ce monde vont à l'aventure ; ils ne connaissent que la surface des choses et ne savent pas que sous ces accidents fugitifs que le vulgaire nomme caprice, fortune, hasard, règne un ordre caché, aussi certain, aussi inflexible que l'ordre de la géométrie.

« Pour moi, dit Spinoza, lorsque j'ai résolu d'appliquer mon esprit à la politique, mon dessein n'a pas été de rien découvrir de nouveau, ni d'extraordinaire, mais seulement de démontrer par des raisons certaines, ou, en d'autres termes, de déduire de la condition même du genre humain un certain nombre de principes parfaitement d'accord avec l'expérience ; et pour porter dans cet ordre de recherches la même liberté d'esprit dont on use en mathématiques, je me suis soigneusement abstenu de tourner en dérision les actions humaines, de les prendre en pitié ou en haine ; je n'ai voulu que les com-

---

appréciation du *Prince* : « Quels sont pour un prince animé de la seule passion de dominer les moyens de conserver et d'affermir son gouvernement, c'est ce qu'a montré fort au long le très-pénétrant Machiavel ; mais à quelle fin a-t-il écrit son livre ? voilà qui ne se découvre pas assez clairement. S'il a eu un but honnête, comme on doit le croire d'un homme sage, il a voulu apparemment faire voir quelle est l'imprudence de ceux qui s'efforcent de supprimer un tyran, alors qu'il est impossible de supprimer les causes qui ont fait le tyran, ces causes elles-mêmes devenant d'autant plus puissantes qu'on donne au tyran de plus grands motifs d'avoir peur. C'est là ce qui arrive quand une multitude prétend faire un exemple, et se réjouit d'un régicide comme d'une bonne action. Machiavel a peut-être voulu montrer combien une multitude libre doit se donner de garde de confier exclusivement son salut à un seul homme, lequel, à moins d'être plein de vanité et de se croire capable de plaire à tout le monde, doit redouter chaque jour des embûches, ce qui l'oblige de veiller à sa propre sécurité, et d'être plus occupé à tendre des piéges à la multitude qu'à prendre soin de ses intérêts. J'incline d'autant plus à interpréter ainsi la pensée de cet habile homme qu'il a toujours été pour la liberté et a donné sur les moyens de la défendre les conseils les plus salutaires. » (*Traité politique*, chap. v, art. 7.)

prendre. En face des passions, telles que l'amour, la haine, la colère, l'envie, la vanité, la miséricorde, et autres mouvements de l'âme, j'y ai vu, non des vices, mais des propriétés qui dépendent de la nature humaine, comme dépendent de la nature de l'air le chaud, le froid, les tempêtes, le tonnerre, et autres phénomènes de cette espèce, lesquels sont nécessaires, quoique incommodes, et se produisent en vertu de causes déterminées par lesquelles nous nous efforçons de les comprendre. Et notre âme, en contemplant ces mouvements intérieurs, éprouve autant de joie qu'au spectacle des phénomènes qui charment les sens [1]. »

L'ambition de Spinoza serait donc de se tenir à égale distance des utopistes et des empiriques, entre Morus et Machiavel; il voudrait satisfaire à la fois la raison qui seule donne de vrais principes, et l'expérience qui les met à l'épreuve des faits.

Quelle est pour la science politique l'idée fondamentale, celle de qui dépendent toutes les autres? c'est l'idée du droit. Spinoza cherche l'origine de cette idée et, pour la découvrir, il remonte jusqu'à Dieu. Dieu, c'est la Substance, l'être universel, l'universelle activité. Par conséquent, cette puissance en vertu de laquelle chaque être de la nature existe et agit n'est autre chose que la puissance même de Dieu.

Cela est vrai de l'homme tout aussi bien que du reste des êtres. « La plupart des philosophes, dit Spinoza, s'imaginent que les ignorants, loin de suivre l'ordre de la nature, le violent au contraire, et ils conçoivent les hommes dans la nature comme un État dans un État. A

---

[1]. *Traité politique*, chap. I, art. 4, page 339 de notre tome II.

les en croire, en effet, l'âme humaine n'est pas produite par des causes naturelles, mais elle est créée immédiatement par Dieu dans un tel état d'indépendance par rapport au reste des choses qu'elle a un pouvoir absolu de se déterminer et d'user parfaitement de la raison. Or l'expérience montre surabondamment qu'il n'est pas plus en notre pouvoir de posséder une âme saine qu'un corps sain [1]... »

L'homme est donc une partie de la nature, rien de plus; en d'autres termes, la puissance en vertu de laquelle chacun de nous existe et agit est, comme celle de tous les autres êtres, une partie de la puissance de Dieu. Cela posé, il est clair que Dieu ou la Nature a droit sur toutes choses. Car puisqu'il n'y a rien en dehors de son être et de sa puissance, il n'y a aucune limite possible à son droit. Est-ce à dire que ce droit universel de Dieu supprime tous les droits des êtres particuliers? Non, dit Spinoza, tout être particulier est un fragment de Dieu. Sa puissance est un fragment de la puissance de Dieu. Il a donc aussi son droit qui est un fragment du droit universel de Dieu, et cette portion de droit que possède chaque individu se mesure exactement sur sa puissance. Dieu est tout, peut tout, et son droit est illimité comme sa puissance et comme son être; chaque individu, homme, plante ou caillou, peut quelque chose, un peu plus, un peu moins, et autant il a de puissance, autant il a de droit.

« Les poissons, dit Spinoza, sont naturellement faits pour nager; les plus grands d'entre eux sont faits pour manger les petits; et conséquemment, en vertu du droit

---

[1]. *Traité politique*, ch. I, art. 6.

naturel, tous les poissons jouissent de l'eau et les plus grands mangent les petits ¹. » Voilà l'image du genre humain dans l'état de nature. S'il était naturel aux hommes de se conduire par les conseils de la raison, nul n'abuserait de son droit, la paix et l'amour régneraient parmi les hommes, et tout gouvernement serait inutile. Mais il n'en va point ainsi. « C'est une chose certaine, dit Spinoza, que les hommes sont nécessairement sujets aux passions et que leur nature est ainsi faite qu'ils doivent éprouver de la pitié pour les malheureux et de l'envie pour les heureux, incliner vers la vengeance plus que vers la miséricorde ; enfin chacun ne peut s'empêcher de désirer que ses semblables vivent à sa guise, approuvent ce qui lui agrée et repoussent ce qui lui déplaît. D'où il arrive que tous désirent être les premiers, une lutte s'engage, on cherche à s'opprimer réciproquement, et le vainqueur est plus glorieux du tort fait à autrui que de l'avantage recueilli pour soi ²... »

Ainsi les hommes, étant naturellement sujets aux passions, sont par là même naturellement ennemis. Spinoza le déclare en termes formels :

« Tant que les hommes sont en proie à la colère, à l'envie et aux passions haineuses, ils sont tiraillés en sens divers et ennemis les uns des autres, d'autant plus redoutables qu'ils ont plus de puissance, d'habileté et de ruse que les autres animaux ; or les hommes dans la plupart de leurs actions étant sujets de leur nature aux passions, il s'ensuit que les hommes sont naturellement ennemis. Car mon plus grand ennemi, c'est celui que j'ai

---

1. *Traité théologico-politique*, chap. XVI, page 251 et suiv. de notre tome II.
2. *Traité politique*, ch. I, art 5.

le plus à craindre et dont j'ai le plus à me garder¹. »

L'état de nature est donc un état de guerre, et cet état est intolérable aux hommes Non-seulement le faible y est opprimé par le fort, mais le fort lui-même n'a aucune sécurité, car il craint toujours un plus fort que soi. D'ailleurs les hommes ne peuvent se passer les uns des autres, et toute culture intellectuelle, tout progrès, seraient impossibles en dehors de l'état social :

« Les hommes ont donc compris que pour mener une vie heureuse et pleine de sécurité, il fallait s'entendre mutuellement et faire en sorte de posséder en commun ce droit sur toutes choses que chacun avait reçu de la nature ; ils ont dû renoncer à suivre la violence de leurs appétits individuels et se conformer de préférence à la volonté et au pouvoir de tous les hommes réunis². »

De là l'origine du pouvoir social ou de l'État, entre les mains duquel chacun résigne son droit primitif. Cette substitution du droit de l'État au droit naturel est complète et absolue, suivant Spinoza³, mais elle ne détruit pas pour cela le droit naturel. Car, dit-il, qu'est-ce qui me détermine à renoncer en faveur de l'État à mon droit naturel? c'est le désir de la conservation, c'est la crainte de la violence étrangère, c'est l'amour du plus précieux de tous les biens, la sécurité. Or quoi de plus conforme au droit naturel que de chercher son bien et de fuir son mal, ou de sacrifier un moindre bien à l'espérance d'un bien plus grand? Spinoza se flatte donc de conserver le

---

1. *Traité politique*, chap. ii, art. 14.
2. *Traité théologico-politique*, chap. xvi, page 254 de notre tome II.
3. *Traité politique*, chap. ii, art. 16.

droit naturel dans son intégrité et par là de distinguer sa théorie de celle de Hobbes avec lequel il craint fort, et non sans raison, d'être confondu [1].

Avec l'état commencent la justice et la propriété. Dans l'ordre naturel, en effet, il n'y a ni juste, ni injuste, et la loi écrite peut seule donner un sens à ces distinctions : « Car tout ce qu'un être fait d'après les lois de sa nature, il le fait à bon droit, puisqu'il agit comme il y est déterminé par sa nature et qu'il ne peut agir autrement... Il suit de là que le droit de la nature sous lequel naissent tous les hommes et sous lequel ils vivent pour la plupart ne leur défend que ce qu'aucun d'eux ne convoite et ce qui échappe à leur pouvoir; il n'interdit ni querelle, ni haine, ni ruse, ni colère, ni rien absolument de ce que l'appétit conseille. Et cela n'est pas surprenant; car la nature n'est pas renfermée dans les bornes de la raison humaine, qui n'a en vue que le véritable intérêt et la conservation des hommes; mais elle est subordonnée à une infinité d'autres lois qui embrassent l'ordre éternel du monde, dont l'homme n'est qu'une fort petite partie. C'est par la nécessité seule de la nature que tous les individus sont déterminés d'une certaine manière à l'action et à l'existence. Donc tout ce qui nous semble dans la nature ridicule, absurde ou mauvais, vient de ce que nous ne connaissons les choses qu'en partie et que nous ignorons pour la plupart l'ordre et les liaisons de la nature entière; nous voudrions faire tout fléchir sous les lois de notre raison, et pourtant ce que la raison dit être un mal n'est pas un mal par rapport à l'ordre et aux lois de la nature

---

[1]. Voyez *Notes marginales* de Spinoza au *Traité théologico-politique*, notes 28, 29. — Comp. *Lettres de Spinoza*, lettre XXIV, dans notre tome III, page 427.

universelle, mais seulement par rapport aux lois de notre seule nature [1]. »

S'il n'y a ni juste, ni injuste, ni bien, ni mal, parmi les hommes avant l'institution de l'État, comment y aurait-il propriété, distinction du tien et du mien ? Dans l'état de nature, chacun a droit à tout, mais dans les limites de sa puissance, c'est-à-dire qu'il ne possède que ce qu'il est capable de défendre. Avoir ainsi droit à tout, c'est n'avoir droit à rien, et la propriété n'existe effectivement pour l'individu que lorsqu'elle lui est garantie par une force prédominante, la force de l'État.

« Dans l'état de nature, dit Spinoza, il n'y a rien que chacun puisse moins revendiquer pour soi et faire sien que le sol et tout ce qui adhère tellement au sol qu'on ne peut ni le cacher, ni le transporter. Le sol donc et ce qui tient au sol appartient essentiellement à la communauté, c'est-à-dire à tous ceux qui ont uni leurs forces ou à celui à qui tous ont donné la puissance de revendiquer leurs droits [2]. »

Si l'État est le principe de la propriété comme il est le principe de la justice, s'il fait le tien et le mien, le juste et l'injuste, le bien et le mal, où est la limite de son omnipotence, où est la garantie de l'individu ? faut-il proclamer l'État infaillible, impeccable, et mettre dans sa main, comme l'a fait Hobbes, non-seulement la fortune et la vie des citoyens, mais leur conscience, leur pensée, leur âme tout entière ?

Spinoza fait les plus grands efforts pour se dérober à ces conséquences. Quand je pose en principe, dit-il, que

---

[1]. *Traité théologico-politique*, ch. XVI, pages 252, 253 de notre tome II. — Comp. *Traité politique*, chap. II, art. 5, 6, 7, 8.
[2]. *Traité politique*, chap. VII, art. 16.

les hommes dans l'ordre social ne s'appartiennent pas à eux-mêmes, mais appartiennent à l'État, j'y mets deux conditions, c'est que les hommes restent des hommes, et que l'État reste l'État. Les hommes à la vérité, en devenant citoyens, abdiquent tous leurs droits en faveur de l'État, mais ils ne peuvent abdiquer la nature humaine. « Personne, par exemple, ne peut se dessaisir de la faculté de juger. Par quelles récompenses en effet ou par quelles promesses amènerez-vous un homme à croire que le tout n'est pas plus grand que sa partie, ou que Dieu n'existe pas, ou que le corps qu'il voit fini est l'être infini, et généralement à croire le contraire de ce qu'il sent et de ce qu'il pense? Et de même, par quelles récompenses ou par quelles menaces le déciderez-vous à aimer ce qu'il hait, ou à haïr ce qu'il aime? J'en dis autant de ces actes pour lesquels la nature humaine ressent une répugnance si vive qu'elle les regarde comme les plus grands des maux, par exemple, qu'un homme rende témoignage contre lui-même, qu'il se torture, qu'il tue ses parents, qu'il ne s'efforce pas d'éviter la mort, et autres choses semblables où la récompense et la menace ne peuvent rien. Que si nous voulions dire toutefois que l'État a le droit ou le pouvoir de commander de tels actes, ce ne pourrait être que dans le même sens où l'on dit que l'homme a le droit de tomber en démence et de délirer. Un droit en effet auquel nul ne peut être astreint, qu'est-ce autre chose qu'un délire [1]?... »

D'un autre côté, si l'État est le maître absolu des citoyens, c'est à condition de ne pas se mettre en contradiction avec sa propre essence. Or l'essence de l'État,

---

[1]. *Traité politique*, chap. III, art. 8.

c'est d'être un principe de respect et de crainte : « Par conséquent, l'État, pour s'appartenir à lui-même, est tenu de conserver les causes de crainte et de respect; autrement il cesse d'être l'État. Car que le chef de l'État coure, ivre et nu, avec des prostituées à travers les places publiques, qu'il fasse l'histrion ou qu'il méprise ouvertement les lois que lui-même a établies, il est aussi impossible que faisant tout cela il conserve la majesté du pouvoir, qu'il est impossible d'être en même temps et de ne pas être [1]. »

D'ailleurs quel est le fondement du droit de l'État? c'est sa puissance. Or sa puissance repose sur l'adhésion soit expresse soit silencieuse des citoyens. D'où Spinoza conclut : « Que des décrets capables de jeter l'indignation dans le cœur du plus grand nombre des citoyens ne sont plus dès lors dans le droit de l'État. Car il est certain que les hommes tendent naturellement à s'associer, dès qu'ils ont une crainte commune ou le désir de venger un dommage commun; or le droit de l'État ayant pour définition et pour mesure la puissance commune de la multitude, il s'ensuit que la puissance et le droit de l'État diminuent d'autant plus que l'État lui-même fournit à un plus grand nombre de citoyens des raisons de s'associer dans un commun grief. Aussi bien il en est de l'État comme des individus. Il a, lui aussi, ses sujets de crainte, et plus ses craintes augmentent, moins il est maître de soi [2]. »

En résumé, la politique de Spinoza a le même caractère que sa morale. De même qu'en morale, après avoir

---

[1] *Traité politique*, ch. IV, art. 4.
[2] *Ibid.*, chap. III, art. 9.

nié la responsabilité humaine et amnistié le vice et le crime, Spinoza parvient cependant à distinguer deux sortes de vie, la vie selon l'appétit et la vie selon la raison, et à démontrer que la seconde est meilleure que la première, parce qu'elle renferme une plus grande quantité d'être et de perfection, de même en politique il commence par nier le droit de l'individu en le livrant tout entier à l'omnipotence de l'État, et puis il reconnaît que l'État est soumis à une condition suprême sans laquelle il ne peut vivre et durer, c'est d'obéir aux lois de la raison.

De là une théorie des formes du gouvernement et tout un système de vues pratiques qu'on ne s'attendrait guère à rencontrer chez un défenseur aussi résolu des prérogatives de l'État. On distingue, dit-il, trois formes principales de gouvernement, la monarchie, l'aristocratie et la démocratie, et chacune de ces formes a ses partisans; mais c'est rester à la surface des choses et se consumer en puérils débats que de discuter sur la valeur plus ou moins grande de telle ou telle forme politique. Toutes les espèces de gouvernement sont bonnes, pourvu qu'elles garantissent aux citoyens le bien suprême qui est la fin de l'État, savoir, la sécurité. Il y a donc une question qui domine toutes les questions de forme, c'est de savoir à quelles conditions un gouvernement quelconque, monarchique, aristocratique ou démocratique, peu importe, car ces formes dépendent des temps, des lieux et des circonstances, à quelles conditions, dis-je, un gouvernement pourra s'asseoir d'une manière fixe et durable et procurer aux citoyens des garanties de paix, d'union et de sécurité.

Cette manière de poser le problème politique est déjà bien remarquable; mais la solution qu'en donne Spinoza fait plus d'honneur encore à sa sagesse et à sa sagacité. Suivant lui, il n'y a de gouvernements durables que les gouvernements raisonnables, et il n'y a de gouvernements raisonnables que les gouvernements tempérés. On est surpris et ravi de voir ce théoricien qui, par la raideur de son esprit et la logique étroite de son système, semblait voué à l'idée d'un gouvernement simple et d'une démocratie despotique, ramené par sa sagacité naturelle et par l'observation sincère des faits à comprendre et à recommander un système mixte de gouvernement. Tout à l'heure on avait peine à distinguer Spinoza de Hobbes ; maintenant on croit avoir affaire à Montesquieu.

Spinoza entreprend un examen régulier des trois espèces de gouvernement, la monarchie, l'aristocratie et la démocratie.

Toutes ces formes peuvent avoir leurs avantages, et Spinoza incline ouvertement vers la démocratie, mais la seule distinction essentielle et fondamentale est celle-ci : il y a de bons et de mauvais gouvernements, de bonnes et de mauvaises monarchies, de bonnes et de mauvaises aristocraties, de bonnes et de mauvaises démocraties.

Quelle est d'abord la bonne monarchie ? c'est, selon Spinoza, la monarchie tempérée. On célèbre, dit-il, le pouvoir absolu de certaines monarchies ; on admire le calme et la paix dont elles font jouir leurs sujets :

« Et en effet, aucun gouvernement n'est demeuré aussi longtemps que celui des Turcs sans aucun changement notable, tandis qu'au contraire il n'y a rien de plus changeant que les gouvernements populaires et de plus troublé par les séditions. Cela est vrai ; mais si l'on donne le nom de paix à l'esclavage, à la barbarie et à la solitude, rien alors de plus malheureux pour les hommes que la paix [1]... » Et plus loin : « Un État où les sujets ne prennent pas les armes par ce seul motif que la crainte les paralyse, tout ce qu'on peut en dire, c'est qu'il n'a pas la guerre, mais non pas qu'il ait la paix. Car la paix, ce n'est pas l'absence de guerre ; c'est la vertu qui naît de la vigueur de l'âme, et la véritable obéissance est une volonté constante d'exécuter tout ce qui doit être fait d'après la loi commune de l'État. Aussi bien une société où la paix n'a d'autre base que l'inertie des sujets, lesquels se laissent conduire comme un troupeau et ne sont exercés qu'à l'esclavage, ce n'est plus une société, c'est une solitude [2]. »

Il n'y a rien d'ailleurs de plus factice que cette unité que l'on croit trouver dans la monarchie absolue : « Ceux qui croient qu'il est possible qu'un seul homme possède le droit suprême de l'État sont dans une étrange erreur. Le droit, en effet, se mesure à la puissance. Or la puissance d'un seul homme est toujours insuffisante à soutenir un tel poids. D'où il arrive que celui que la multitude a élu roi se cherche à lui-même des gouverneurs, des conseillers, des amis auxquels il confie son propre salut et le salut de tous, de telle sorte que le gouvernement qu'on croit être absolument monarchique est aristocratique en réalité, aristocratie non pas apparente, mais cachée et d'autant plus mauvaise. Ajoutez à cela que le roi, s'il est enfant, malade ou accablé de vieillesse, n'est roi que d'une façon toute précaire. Les vrais maîtres du pouvoir souverain sont ceux qui administrent les affaires ou qui touchent de plus près au roi, et

---

1. *Traité politique*, chap. v, art. 4.
2. *Ibid.*, ch. vi, art. 4.

je ne parle pas du cas où le roi, livré à la débauche, gouverne toutes choses au gré de telle ou telle de ses maîtresses ou de quelque favori [1]... »

A cette monarchie abrutissante et factice Spinoza substitue un plan de monarchie pondérée. Entre le peuple et le roi il place un grand Conseil dont les membres sont choisis par le roi sur une liste de candidats désignés par les familles. Ce conseil est à la fois une assemblée législative et un conseil du gouvernement, de sorte que le pouvoir législatif et le pouvoir exécutif se mêlent et se partagent entre le grand Conseil et le roi. Quant au pouvoir judiciaire, Spinoza a compris qu'il devait le mettre à part, et il institue à cette fin un second conseil émané du Conseil suprême et indépendant du roi.

Ce même esprit de mesure et de pondération se retrouve dans le plan que trace Spinoza du meilleur gouvernement aristocratique. Il va même si loin dans la recherche des tempéraments et des contre-poids que sa Constitution devient d'une complication fatigante et presque inextricable. Ainsi il commence par concentrer tous les pouvoirs dans une grande Assemblée où siège la totalité des patriciens. Puis il tire de cette assemblée un conseil des Syndics, chargé de veiller au maintien de la constitution et des lois. Puis, pour faciliter l'action administrative qu'une assemblée nombreuse ne peut aisément exercer, il fait choisir par le corps entier des patriciens une sorte de conseil exécutif qu'il appelle Sénat. Ce Sénat lui-même gouverne à l'aide d'un certain nombre de Consuls, de sorte que la machine de Spinoza

[1]. *Traité politique*, chap. VI, art. 6.

se complique d'un nouveau ressort à chaque nouveau besoin qui se fait sentir, à chaque nouveau danger qui se laisse entrevoir.

Le temps et la vie lui ont manqué pour nous développer ses plans de démocratie tempérée [1] et je ne sais s'il faut beaucoup le regretter. La seule idée vraiment notable qu'on puisse saisir parmi ses travaux politiques, avec cette vue si éminemment juste du gouvernement pondéré, c'est la grande idée de la liberté de conscience et de la pensée.

Ici encore une fois les principes généraux de Spinoza ne feraient pas attendre un défenseur de la liberté. Il enseigne que l'individu en entrant dans la vie sociale remet tous ses droits entre les mains de l'État. Adversaire violent de l'esprit théocratique, il ne se contente pas de séparer l'État et la religion ; il prétend soumettre la religion à l'État, sinon dans les sentiments intimes qui la constituent, au moins dans toutes ses manifestations extérieures [2]. Malgré tout cela, Spinoza réclame avec force la liberté pour la conscience et en général pour la pensée.

« S'il était aussi facile, dit-il, de commander à l'esprit qu'à la langue, tout pouvoir régnerait en sécurité et nul gouvernement n'appellerait la violence à son secours. Chaque citoyen, en effet, puiserait ses inspirations dans l'esprit du souverain et ne jugerait que par les décrets du gouvernement du vrai et du faux, du bien et du mal, du juste et de l'injuste. Mais il n'est pas possible qu'un homme abdique sa pensée et la soumette absolument à

---

[1]. Le *Traité politique* est resté inachevé.
[2]. Voyez *Traité théologico-politique*, chap. xix. — Comp. *Traité politique*, chap. iii, art. 10.

celle d'autrui. Personne ne peut faire ainsi l'abandon de ses droits naturels et de la faculté qui est en lui de raisonner librement et de juger librement des choses ; personne n'y peut être contraint. Voilà donc pourquoi on considère comme violent un gouvernement qui étend son autorité jusque sur les esprits ; voilà pourquoi le souverain semble commettre une injustice envers les sujets et usurper leurs droits, lorsqu'il prétend prescrire à chacun ce qu'il doit accepter comme vrai et rejeter comme faux, et les croyances qu'il doit avoir pour satisfaire au culte de Dieu. C'est que toutes ces choses sont le droit propre de chacun, droit qu'aucun citoyen, le voulût-il, ne saurait aliéner [1]... »

Ceux qui veulent soumettre à l'État les croyances religieuses confondent deux sphères très-distinctes, celle des actes et celle des opinions. Les actes tombent sous la prise des lois ; mais les opinions sont en dehors de leur empire, à moins, bien entendu, qu'elles ne soient expressément séditieuses et ne provoquent la ruine de l'État. « Par exemple, quelqu'un pense-t-il que le pouvoir du Souverain n'est pas fondé en droit, ou que personne n'est obligé de tenir ses promesses, ou que chacun doit vivre selon sa seule volonté, et autres choses semblables qui sont en contradiction flagrante avec le pacte social, celui-là est un citoyen séditieux, non pas tant à cause de son jugement et de son opinion qu'à cause de l'acte enveloppé dans de pareils jugements. Par là, en effet, par cette manière de voir, ne rompt-il pas la foi donnée, expressément ou tacitement, au souverain pouvoir ? Mais quant aux autres opinions qui n'enveloppent

---

[1]. *Traité théologico-politique*, chap. xx.

pas quelque acte en elles-mêmes, qui ne poussent pas à la rupture du pacte social, à la vengeance, à la colère, elles sont parfaitement innocentes [1]... »

Et en effet, quelle est la fin dernière de l'État? « Ce n'est pas de dominer les hommes, de les contenir par la crainte, de les soumettre à la volonté d'autrui, mais tout au contraire de permettre à chacun, autant que possible, de vivre en sécurité, c'est-à-dire de conserver le droit naturel qu'il a de vivre sans dommage ni pour lui, ni pour autrui. Non, dis-je, l'État n'a pas pour fin de transformer les hommes d'êtres raisonnables en animaux ou en automates, mais bien de faire en sorte que les citoyens développent en sécurité leur corps et leur esprit, fassent librement usage de leur raison, ne rivalisent point entre eux de haine, de fureur et de ruse, et ne se considèrent point d'un œil jaloux et injuste. La fin de l'État, c'est donc véritablement la liberté. »

On dit que la liberté a des inconvénients; mais la compression des consciences n'en a-t-elle point?

« Quoi de plus funeste pour un État, s'écrie Spinoza, que d'envoyer en exil comme des méchants, d'honnêtes citoyens, parce qu'ils n'ont pas les opinions de la foule et qu'ils ignorent l'art de feindre? quoi de plus fatal que de traiter en ennemis et d'envoyer à la mort des hommes qui n'ont commis d'autre crime que celui de penser avec indépendance? Voilà donc l'échafaud, épouvante des méchants, qui devient le glorieux théâtre où la tolérance et la vertu brillent dans tout leur éclat et couvrent publiquement d'opprobre la majesté souveraine ! Le citoyen qui se sait honnête homme ne redoute point la

---

[1]. *Traité théologico-politique*, chap. xx. — Comp. *Traité politique*, ch. III.

mort comme le scélérat et ne cherche point à échapper au supplice. C'est que son cœur n'est point torturé par le remords d'avoir commis une action honteuse : le supplice lui paraît honorable et il se fait gloire de mourir pour la bonne cause et pour la liberté. Quel exemple et quel bien peut donc produire une telle mort dont les motifs ignorés par les gens oisifs et sans énergie sont détestés par les séditieux et chéris des gens de bien? A coup sûr, on ne saurait apprendre à ce spectacle qu'une seule chose, à imiter ces nobles martyrs [1]... »

Ici Spinoza, si abstrait d'ordinaire et pour ainsi dire si impersonnel, ne peut s'empêcher de faire un retour sur lui-même et de remercier son pays de lui avoir procuré une liberté d'opinion alors inconnue au reste de l'Europe :

« Faut-il prouver que cette liberté de penser ne donne lieu à aucun inconvénient que l'autorité du souverain pouvoir ne puisse facilement éviter et qu'elle suffit à retenir des hommes ouvertement divisés de sentiments dans un respect réciproque de leurs droits? Les exemples abondent et il ne faut pas les chercher bien loin : citons la ville d'Amsterdam dont l'accroissement considérable, objet d'admiration pour les autres nations, n'est que le fruit de cette liberté. Au sein de cette florissante république, de cette ville éminente, tous les hommes de toute nation et de toute secte vivent entre eux dans la concorde la plus parfaite, et pour confier ou non leur bien à quelque citoyen, ils ne s'informent que d'une chose : est-il riche ou pauvre, fourbe ou de bonne foi? Quant aux différentes religions et aux différentes sectes, que leur

---

1. *Traité théologico-politique*, chap. xx.

importe? Ces choses ne sont point prises en considération par le juge pour l'acquittement ou la condamnation de l'accusé, et il n'est point de secte si odieuse dont les adeptes (pourvu qu'ils ne blessent le droit de personne, qu'ils rendent à chacun ce qui lui est dû, et vivent selon les lois de l'honnêteté) ne trouvent publiquement aide et protection devant les magistrats... »

« ...C'est pourquoi je dis qu'il n'y a rien de plus sûr pour l'État que de renfermer la religion et la piété tout entière dans l'exercice de la charité et de la justice, de restreindre l'autorité du souverain, tant pour les choses sacrées que pour les profanes, aux actes seuls, et de permettre du reste à chacun de penser librement et d'exprimer librement sa pensée. »

Spinoza conclut en ces termes : « Après avoir achevé l'exposition de la doctrine que j'avais résolu d'établir, il ne me reste plus qu'à déclarer que je n'ai rien écrit que je ne soumette de grand cœur à l'examen des souverains de ma patrie. S'ils jugent que quelqu'une de mes paroles soit contraire aux lois et au bien public, je la désavoue. Je sais que je suis homme et que j'ai pu me tromper; mais j'ose dire que j'ai fait tous mes efforts pour ne me tromper point et pour conformer avant tout mes écrits aux lois de ma patrie, à la piété et aux bonnes mœurs. »

INTRODUCTION

CRITIQUE

AUX ŒUVRES DE SPINOZA.

SECONDE PARTIE. — CRITIQUE.

I.

ORIGINES DU SYSTÈME DE SPINOZA — SES RAPPORTS AVEC LA PHILOSOPHIE DE DESCARTES.

Avant de discuter en lui-même le système de Spinoza, il est nécessaire de le rapporter à ses origines. Spinoza, en effet, si original qu'il puisse être, ne s'est pas fait tout seul. C'est la lecture des écrits de Descartes qui a éveillé son génie naissant[1]. Descartes est le seul philosophe qu'il cite avec déférence et respect. Ne le citerait-il pas, ne lui emprunterait-il pas les formes de son langage, on voit qu'il est plein de ses pensées et nourri du plus pur de sa substance. En un mot, Spinoza est un enfant de Descartes, quoique enfant rebelle et que son père n'eût pas reconnu.

On a essayé plusieurs fois d'assigner à Spinoza une tout autre origine, une origine secrète et mystérieuse. Spinoza est né juif; il a été élevé par les rabbins; il était

[1]. Voyez la *Vie de Spinoza*, par *Colerus*, dans notre tome II, pag. 4.

versé dans la littérature hébraïque. En plusieurs endroits de ses écrits, il s'incline devant l'antique sagesse des Hébreux et invoque certaines traditions qu'il regrette de voir altérées [1]. Ces indices et quelques analogies plus ou moins certaines et profondes ont suffi à Wachter [2] pour faire de Spinoza un kabbaliste, un disciple du *Zohar* déguisé sous le manteau d'un cartésien.

Nous ne discuterions pas une conjecture à ce point arbitraire et hasardée, si Leibnitz, en l'acceptant pour vraie à quelques égards, ne lui avait donné de l'autorité. Dans un ouvrage récemment publié de ce grand critique, où, à l'occasion de la conjecture de Wachter, il analyse et discute à fond le système de Spinoza [3], nous le voyons rapprocher avec curiosité des doctrines de la Kabbale plusieurs passages de l'*Éthique*.

En voici un très-remarquable en effet. Dans le scholie de la Proposition 7 de l'*Éthique*, partie 2, Spinoza, après avoir soutenu que le monde matériel et le monde spirituel s'unissent et s'identifient dans la substance divine, s'exprime ainsi : « Et c'est ce qui semble avoir été aperçu, comme à travers un nuage, par quelques Hébreux qui soutiennent que Dieu, l'intelligence de Dieu et les choses qu'elle conçoit, ne font qu'un. »

Ces Hébreux ne sont-ils pas des kabbalistes? On ne

---

1. Voyez *Lettres de Spinoza*, page 366 de notre tome III. « Je dis avec Paul : *Nous sommes en Dieu et nous nous mouvons en Dieu*, et je le dis peut-être aussi avec tous les anciens philosophes, bien que je l'entende d'une autre façon. J'ose même assurer que ç'a été le sentiment de tous les anciens Hébreux, ainsi qu'on peut le conjecturer de certaines traditions, si défigurées qu'elles soient en mille manières. »

2. Georges Wachter, théologien et philosophe de la fin du xviie siècle, auteur du livre : *Le Spinozisme dans le Judaïsme*, Amsterdam, 1699, in-12, allemand, et de l'*Elucidarius Cabalisticus*. Rome, 1706, in-8°.

3. *Animadversiones* ou *Réfutation inédite de Spinoza par Leibnitz*, publiée par M. Foucher de Careil, 1854, in-8°.

peut guère en douter après avoir lu ce passage d'un livre kabbalistique de première importance, le *Pardes Rimonim* (le *Jardin des grenades*), de Moïse Corduero[1] : « La science du Créateur n'est pas comme celle des créatures ; car chez celles-ci la science est distincte du sujet de la science et porte sur des objets qui à leur tour se distinguent du sujet. C'est cela qu'on désigne par ces trois termes : la pensée, ce qui pense et ce qui est pensé. Au contraire, le Créateur est lui-même, tout à la fois, la connaissance, ce qui connaît et ce qui est connu. En effet, sa manière de connaître ne consiste pas à appliquer sa pensée à des choses qui sont hors de lui ; c'est en se connaissant et en se sachant lui-même qu'il connaît et aperçoit tout ce qui est. Rien n'existe qui ne soit uni à lui et qu'il ne trouve dans sa propre substance. Il est le type de tout être, et toutes choses existent en lui sous leur forme la plus pure et la plus accomplie, de telle sorte que la perfection des créatures est dans cette existence même par laquelle elles se trouvent unies à la source de leur être ; et à mesure qu'elles s'en éloignent, elles déchoient de cet état si parfait et si sublime. »

Ce trait frappant de ressemblance entre les théories du *Zohar* et celles de l'*Éthique* n'est peut-être pas le seul. Leibnitz en signale un autre, qui serait de la dernière conséquence, si on pouvait l'établir solidement. Les kabbalistes admettent entre le principe divin, d'une part, conçu dans son abstraction la plus haute et la plus inaccessible, et le monde des créatures, de l'autre, une série d'entités intermédiaires qu'ils appellent les dix Sé-

---

[1]. Cité par M. Adolphe Franck dans son savant ouvrage : *La Kabbale* ou la philosophie religieuse des Hébreux. Préface, pages 27. 28.

phiroth. Ces Séphiroth sont une première manifestation de l'être divin, du mystérieux En-Soph, et lui servent pour ainsi dire de transition pour enfanter le monde visible. Prise à part, chacune a son essence, son nom, symbolique ou abstrait, son rang dans la hiérarchie divine. C'est la Couronne, c'est la Sagesse, c'est l'Intelligence, etc. Si maintenant vous les concevez réunies, elles forment ce que les kabbalistes appellent l'*Adam céleste* ou l'*Adam Cadmon*.

Rien assurément de plus bizarre et de plus obscur que cette doctrine. Or voici Leibnitz qui croit la retrouver dans l'*Éthique*. Il y a, suivant lui, chez Spinoza quelque chose qui répond trait pour trait aux Séphiroth de la kabbale, c'est la théorie des modes éternels et infinis de la Substance, et ce que les kabbalistes appellent l'Adam Cadmon, c'est sans doute ce que Spinoza appelle l'*Intelligence infinie* : « Sauf les mots, dit Leibnitz, tout s'y trouve, *ut præter nomen nil desiderare possis.* »

Nous sommes loin de contester ce qu'il y a d'intéressant dans ce rapprochement. Avant de le rencontrer dans Leibnitz, nous avions signalé chez Spinoza tout un côté obscur et presque mystérieux par où les théories de l'*Éthique* rappellent les traditions de la philosophie orientale[1]. Ces modes éternels et infinis que Spinoza conçoit entre la substance immuable et ses modes changeants, et qui se décomposent en plusieurs séries, cette *Intelligence infinie* qui n'est ni la pensée divine, ni la pensée humaine, cette *idée de l'Étendue*, espèce d'âme du monde, qui flotte indécise entre la nature naturante et la

---

[1]. Dans notre *Introduction aux œuvres de Spinoza*, première édition, pag. 86 et suivantes, 1844.

nature naturée[1], tout cela n'est pas cartésien, tout cela nous éloigne des temps modernes pour nous reporter vers le monde Alexandrin et vers l'Orient. Mais cette ressemblance une fois indiquée d'une manière très-générale, la critique ne peut aller au delà. Affirme-t-elle que Spinoza, par sa théorie bizarre et subtile des modes éternels et infinis de la Substance, s'éloigne du cartésianisme et se rapproche de l'antique doctrine des émanations? c'est un point certain, c'est un fait considérable, désormais acquis à la science. Veut-elle savoir maintenant quelle est la cause et l'origine de cette curieuse analogie? c'est ici qu'elle doit se défier des explications arbitraires.

Wachter suppose que Spinoza a été affilié à la kabbale. Mais où est la preuve de ce fait? nulle part. Spinoza a été élevé par un savant rabbin, Moses Morteira; mais Morteira n'était point un kabbaliste. Spinoza était versé dans la littérature hébraïque; il cite Maïmonide, Rab Ghasdaï, et d'autres théologiens et philosophes juifs; mais il ne cite jamais le *Zohar*, ni le *Sepher ietzirah*, ni les commentaires des livres kabbalistiques. Une seule fois il parle des kabbalistes de son temps, et c'est pour les traiter de charlatans et de fous[2].

D'ailleurs, si vous considérez la théorie des Séphiroth, non plus d'une manière générale, mais dans ce qu'elle a de véritablement propre et de précis, vous ne la retrouvez plus dans Spinoza.

Le *Zohar* admet dix émanations primordiales de la

[1]. Voir les Propos. 21, 22, 23, 30, 31, de l'*Éthique*, première partie.
[2]. Voyez le *Traité théologico-politique*, chap. IX, page 178 de notre tome II : « J'ai voulu lire aussi, dit Spinoza, et j'ai même vu quelques-uns des kabbalistes ; mais je declare que la folie de ces charlatans passe tout ce qu'on peut dire. »

divinité sous le nom de Séphiroth. Quel rapport y a-t-il entre cette doctrine et la Substance de Spinoza avec ses deux attributs immédiats, la Pensée et l'Étendue? Spinoza indique, à la vérité, plusieurs séries de modes éternels et infinis; mais il n'en fixe pas le nombre; il n'essaye pas d'en ordonner la hiérarchie, et toute cette partie de sa théorie reste indécise, à ce point que lorsque ses amis le pressent de s'expliquer plus nettement, il se montre embarrassé et ne leur fait que des réponses évasives. — Nous avons essayé, pour notre part, de préciser et d'expliquer ce que Spinoza a pu entendre par ces étranges entités logiques qu'il appelle l'*idée de Dieu*, l'*idée de l'Étendue*, et nous n'avons rien trouvé là qui ressemblât le moins du monde à l'Adam Cadmon des kabbalistes, lequel n'est autre chose, dans le *Zohar*, que l'ensemble des Séphiroth [1].

Il n'y a donc entre la théorie de Spinoza et celle de la kabbale qu'un point de ressemblance générale, savoir l'idée de l'émanation. Or cette idée n'appartient pas en propre aux kabbalistes; elle se trouve chez les gnostiques de toutes les sectes, valentiniens, carpocratiens, etc.; on la rencontre dans les livres hermétiques et chez tous les philosophes de l'École néo-platonicienne d'Alexandrie. De quel droit ferait-on de Spinoza un kabbaliste plutôt qu'un gnostique, plutôt qu'un disciple de Proclus ou de Plotin? Et d'ailleurs n'y a-t-il pas une manière plus simple d'expliquer pourquoi Spinoza a incliné à l'idée des émanations? c'est que cette idée a un rapport évident avec l'idée mère du panthéisme, et voilà pourquoi on la rencontre chez les panthéistes de tous les temps et

---

[1]. Voir le livre de M. Franck, chap. III.

de tous les lieux. A ce compte les analogies justement signalées entre le panthéisme de Spinoza et les systèmes de l'antique Orient n'auraient d'autre cause que l'identité des lois de l'esprit humain.

Un éminent critique de nos jours a voulu rattacher Spinoza, non plus à la kabbale, mais à l'esprit toujours vivant de la religion hébraïque. « Spinoza, dit M. Cousin dans un fragment célèbre [1], Spinoza, calomnié, excommunié, persécuté par les juifs comme ayant abandonné leur foi, est essentiellement juif, et bien plus qu'il ne le croyait lui même. Le Dieu des Juifs est un Dieu terrible. Nulle créature vivante n'a de prix à ses yeux, et l'âme de l'homme lui est comme l'herbe des champs et le sang des bêtes de somme (*Ecclésiaste*). Il appartenait à une autre époque du monde, à des lumières tout autrement hautes que celles du judaïsme, de rétablir le lien du fini et de l'infini, de séparer l'âme de tous les autres objets, de l'arracher à la nature où elle était comme ensevelie, et, par une médiation et une rédemption sublime, de la mettre en un juste rapport avec Dieu. Spinoza n'a pas connu cette médiation Pour lui le fini est resté d'un côté et l'infini de l'autre, l'infini ne produisant le fini que pour le détruire, sans raison et sans fin. Oui, Spinoza est juif, et quand il priait Jéhovah sur cette pierre que je foule, il le priait sincèrement dans l'esprit de la religion judaïque... »

A ces vues séduisantes de l'éloquent critique nous objecterons que s'il y a une idée dont l'Ancien Testament soit pénétré, une idée qui à chaque page éclate en traits

---

[1]. *Fragments de philosophie moderne*, pages 58, 59.

de feu et se fasse partout sentir là même où elle ne paraît pas, c'est l'idée d'un Dieu distinct de l'univers, d'un Dieu créateur, d'un Dieu vivant de sa vie, en un mot d'un Dieu personnel. C'est là le caractère qui distingue si profondément la religion juive du reste des religions orientales, où Dieu, confondu avec la nature, s'incarne fatalement dans les êtres et passe tour à tour à travers tous les degrés et toutes les formes de l'existence. Voilà aussi ce qui fait comprendre que l'homme, tel que la Bible le décrit, soit un être vraiment personnel, en pleine possession de la liberté et de la responsabilité morales. D'une part, un Dieu créateur et providence de l'univers, de l'autre, une humanité faite à son image, libre et intelligente comme son auteur, tel est le fond de la religion hébraïque, et c'est sur ce fond admirable et sacré que la religion chrétienne a pu prendre racine et se déployer avec sa puissance propre et sa vigoureuse originalité.

Au contraire, que trouvons-nous chez Spinoza? un Dieu qui n'est, pris en soi, que la substance indéterminée de tous les êtres, un Dieu qui se développe par une nécessité aveugle et ne se réalise qu'en devenant successivement toutes choses, terre, ciel, homme, plante, cendre et poussière, puis dans ce nombre infini de formes de l'existence, un être intelligent, mais sans liberté morale, un automate spirituel dont la fatalité gouverne les ressorts, tel est le Dieu, tel est l'homme de Spinoza. Peut-on dire après cela que Spinoza se soit inspiré de la religion hébraïque et fera-t-on passer l'*Éthique* pour un fidèle commentaire de l'Ancien Testament? Pour moi, j'aimerais mieux encore voir dans Spinoza un mouni indien ou un sophi persan, ce qui est, pour le dire en passant, tout le contraire d'un prophète hébreu, oui, je consentirais plutôt à faire de Spinoza un mystique, pourvu qu'on n'oublie pas qu'il y a chez lui, à côté de la tendance au mysticisme, une tendance tout opposée dont le dernier terme serait l'athéisme absolu.

En définitive, le seul maître certain et authentique de Spinoza, c'est Descartes. La question est de savoir quel est le rapport précis entre le disciple et le maître, en quoi Spinoza vient du cartésianisme et en quoi il s'en éloigne; question délicate, fort approfondie de nos jours[1], où nous n'aspirons à rien apporter de nouveau qu'un degré particulier d'exactitude et de précision.

« On peut dire, écrivait Leibnitz à la fin du xviie siècle, que Spinoza n'a fait que cultiver certaines semences de la philosophie de M. Descartes[2]... »

Plus tard, l'auteur des *Essais de Théodicée*, reprenant le même jugement sous une forme nouvelle, écrivait cette mémorable parole qui a été généralement considérée dans ces derniers temps comme un arrêt sans appel : *Le Spinozisme est un Cartésianisme outré*.

Nous ne venons pas nous inscrire en faux contre ce jugement ; car à plus d'un titre, nous l'estimons équitable ; mais il nous sera permis de le trouver trop sévère contre Descartes, ou, ce qui revient au même, trop indulgent pour Spinoza.

Il y a dans Descartes deux tendances rivales et contraires : l'une, qui place la philosophie sur le terrain solide des faits et des réalités ; l'autre, qui la jette dans

---

[1]. Leibnitz, *Lettre à M. l'abbé Nicaise*, 1697.
[2]. Voyez les *Fragments* de M. Cousin, et l'exacte et judicieuse *Histoire de la philosophie cartésienne*, par M. Bouillier.

la carrière des abstractions. Quand on considère exclusivement cette dernière tendance, qui est celle où Spinoza s'est abandonné sans réserve, on ne peut que souscrire à l'arrêt de Leibnitz ; mais que l'on vienne à considérer la tendance contraire, celle qui a sa racine dans le premier principe de toute la philosophie de Descartes, dans le *Cogito ergo sum*, alors le jugement de Leibnitz paraît injuste et le spinozisme ne se montre plus comme un développement même excessif du cartésianisme, mais comme une absolue déviation.

En d'autres termes, pour qui considère à la fois les germes de vérité et de vie renfermés dans le système de Descartes et les germes d'erreur et de mort, s'il est vrai qu'une grande philosophie se développe, quand s'épanouissent ses germes de vie, et qu'elle se corrompe au contraire, quand ses germes de mort vont grandissant, la vérité est que le spinozisme n'est pas seulement, selon l'arrêt exclusif et incomplet de Leibnitz, un cartésianisme immodéré, mais un cartésianisme corrompu.

Comparons d'abord la philosophie de Descartes et celle de Spinoza sous le rapport de la méthode. C'est après tout la question capitale, celle dont la solution a une influence décisive sur les destinées d'un système. Or, à ce point de vue, loin qu'on puisse soutenir que Spinoza développe à l'excès les principes de Descartes, il faut dire qu'il les répudie expressément pour proclamer et pour suivre des principes diamétralement contraires.

La métaphysique de Descartes est fondée sur le *Cogito*, c'est-à-dire sur un fait ; c'est là son caractère original et l'explication de sa merveilleuse fortune. Lisez le *Discours de la méthode* : tout son objet, c'est de préparer les esprits à cette démarche extraordinaire d'un homme qui, fatigué de l'appareil fastueux et vain de la science des écoles, de cet amas de notions confuses, de principes arbitraires, de subtiles distinctions, s'en délivre comme d'un fardeau, rompt avec toute tradition, s'enferme dans sa pensée et se condamne au doute, jusqu'à ce qu'il ait trouvé dans la conscience de son être une réalité certaine, type de toute réalité, source de toute certitude et de toute lumière.

Ce qui n'est qu'un germe dans le *Discours de la méthode*, les *Méditations* le développent en un riche et vaste système; mais tout y dépend du même principe, tout y est tiré du même fait. L'inébranlable réalité du moi, la clarté et la distinction des idées, signe de la certitude, la pensée, essence de l'âme et fondement de sa spiritualité, l'existence de Dieu établie sur cette idée de l'être tout parfait qui ne se sépare pas de l'idée de notre propre être, tous ces principes simples et féconds, héritage impérissable que Descartes a légué à la philosophie moderne, toutes ces vérités sont établies comme des faits, comme des intuitions de la conscience. La méthode de Descartes est donc essentiellement expérimentale, et, comme on dirait aujourd'hui, psychologique.

Spinoza est l'apôtre de la méthode contraire. Jamais on n'a professé pour la raison pure un culte plus fervent; jamais on n'a cru à la puissance du raisonnement d'une foi plus entière; jamais on n'a écarté les faits de l'expérience avec un plus superbe dédain. Pour trouver dans le passé un tel fanatisme spéculatif, une telle intrépidité dans la déduction, un tel mépris du sens commun, il faut remonter jusqu'à ces géomètres de l'École d'Élée qui niaient le mouvement, faute de pouvoir le déduire de leur principe, et, rompant tout commerce avec les réalités de ce monde, s'ensevelissaient vivants dans le sépulcre de l'être en soi.

Spinoza est le Parménide des temps modernes. Quand ce grand spéculatif daigne abaisser ses regards jusqu'à l'esprit humain, des trois moyens de connaître qu'il y rencontre, l'expérience, le raisonnement et la raison, il retranche absolument le premier [1]. Et non-seulement il veut ravir à l'expérience les hautes parties de la métaphysique, mais il prétend même lui interdire les humbles régions de la plus modeste psychologie.

Cette grande méthode baconienne, la méthode d'observation et d'induction, sait-on à quoi elle est bonne, suivant Spinoza, quand on la veut appliquer à l'âme humaine? à faire un recueil d'historiettes, *historiolam animæ*. Il faut voir sur quel ton il parle de Bacon [2] : « C'est un homme, dit-il, qui parle un peu confusément. » Et il ajoute : « Cet auteur ne prouve presque rien et ne fait guère que raconter ses opinions. » On sent je ne sais quelle rancune presque personnelle dans ces appréciations tranchantes, et Spinoza se trahit quand il met au nombre de ses griefs contre Bacon, d'avoir avancé « qu'une des principales causes d'erreur, pour l'esprit humain, c'est qu'il est, par sa nature, porté aux généralités abstraites [3]. »

La méthode d'abstraction, la méthode des géomètres,

---

1. *De la Réforme de l'Entendement,* tome III, page 303 et suiv. — Voyez aussi ce qu'écrit Spinoza à un de ses correspondants : « On peut voir par là quelle doit être la vraie méthode et en quoi elle consiste principalement, savoir dans la seule connaissance de l'entendement pur, de sa nature et de ses lois ; et pour acquérir cette connaissance, il faut sur toutes choses distinguer entre l'entendement et l'imagination, en d'autres termes, entre les idées vraies et les autres idées, fictives, fausses, douteuses, toutes celles en un mot qui ne dépendent que de la mémoire. » (*Lettres*, tome III, page 419.)

2. Voyez les lettres II et XVII de notre tome III.

3. *Lettre à Oldenburg,* tome III, p. 350 et suivantes.

est, au contraire, pour Spinoza, la méthode légitime, la méthode universelle. C'est au point qu'au moment d'aborder un problème qui est par excellence un problème d'observation, l'analyse de ce qu'il y a au monde de moins géométrique, les passions du cœur humain, il dit avec un calme imperturbable : « Je vais donc traiter de la nature des passions, de leur force et de la puissance dont l'âme dispose à leur égard, suivant la même méthode que j'ai précédemment appliquée à la connaissance de Dieu et de l'âme, et j'analyserai les actions et les appétits des hommes, comme s'il était question de lignes, de plans et de solides [1]. »

Qu'on vienne maintenant opposer à ce géomètre du cœur humain un fait de conscience, et par exemple le sentiment invincible que chacun de nous a de sa liberté, il se récrie, il s'indigne, il accuse ses adversaires de sortir des régions élevées de la science pour l'attirer sur le terrain des préjugés vulgaires, de mettre leur imagination à la place de leur raison, et, pour tout dire, de rêver les yeux ouverts [2].

Descartes et Spinoza, les *Méditations* et l'*Éthique*, nous représentent donc, non point une même méthode, appliquée avec plus ou moins de mesure, mais la lutte des deux méthodes contraires qui se disputent, depuis trois siècles, l'empire de la philosophie moderne : l'une, qui, se plaçant d'emblée dans l'absolu, prétend saisir sans point d'appui le principe premier des choses et en déduire le système entier de l'univers, méthode altière qui foule aux pieds les faits, regarde en pitié les pro-

---

[1]. *Éthique*, Préambule de la part 3.
[2]. *Ibid.*, partie 2, Schol. de la Propos 2.

cédés lents et circonspects de l'observation, et aspire ouvertement à tout comprendre, à tout déduire, à tout expliquer. Cette méthode, qui est celle de Spinoza et de ses disciples, convient en effet parfaitement au panthéisme, puisqu'elle vise à reproduire dans le tissu géométrique de ses conceptions l'évolution éternelle et nécessaire de l'être qui est tout.

L'autre méthode, essentiellement positive, essentiellement humaine, part de l'homme. Elle y prend son point d'appui et ne s'en sépare jamais. Dans son développement le plus hardi, elle s'arrête aux limites que l'esprit humain ne peut franchir, partout où le plein jour de l'évidence fait place à l'obscurité du mystère et donne carrière aux vaines conjectures. Avide de certitude et de réalité, elle aime mieux rester au besoin immobile que marcher pour tomber, et elle se résignerait plus volontiers à constater vingt mystères de plus dans la métaphysique qu'à mutiler dans la conscience un seul fait réel. Voilà la méthode inaugurée par Descartes dans les *Méditations;* elle est une protestation anticipée contre l'*Éthique* et contre toutes ses aberrations. C'est la seule barrière, en effet, qu'on puisse victorieusement opposer au panthéisme; car autant le système de Spinoza est invincible à qui en accorde aveuglément les principes, autant il est faible et ruineux, quand, du terrain de la logique et des conséquences, on l'appelle sur le véritable terrain de la métaphysique, le terrain des principes et des faits.

Cette différence primitive et fondamentale entre Descartes et Spinoza en amène une foule d'autres, notamment dans leur manière d'entendre l'âme et Dieu.

La première existence saisie par Descartes, au sortir

du doute, c'est l'existence du moi, comme sujet de la pensée. Or, ce n'est point là un sujet abstrait, logique, indéterminé, indirectement conçu à la suite d'un raisonnement arbitraire ; c'est un sujet concret et vivant, immédiatement saisi par la conscience et, comme dit Descartes en répondant à des adversaires qui défigurent sa doctrine, par un acte simple d'intuition, *simplici mentis intuitu* [1]. La pensée et l'être qui pense nous sont donnés du même coup. Le moi se saisit donc dans la pensée et se distingue, comme être pensant, de tout ce qui n'est pas lui, de son propre corps, et de toute la nature.

Que devient ce moi, ce sujet de la pensée, un et simple, vivant et substantiel, dans la philosophie de Spinoza ? L'auteur de l'*Éthique*, au lieu de partir d'un être réel et déterminé, part de l'être en général, ou, comme il dit, de la Substance. C'est de là qu'il prétend déduire tout le reste. Or, de la Substance rien ne se peut déduire qu'une infinité d'attributs infinis, tels, par exemple, que la Pensée en général et l'Étendue en général, et de chacun de ces attributs infinis rien ne se peut déduire qu'une infinité de modes finis, tels, par exemple, que les modes de la Pensée ou les idées et les modes de l'Étendue ou les corps.

Qu'est-ce donc que l'âme humaine ? elle n'est pas la Substance, puisqu'elle est quelque chose de déterminé et de contingent ; elle n'est pas la pensée infinie, puisqu'elle est limitée dans son intelligence ; il reste qu'elle soit un mode de la Pensée. Cette définition, déjà si

---

1. Je cite le passage entier : « *Cum advertimus nos esse res cogitantes, prima quidem notio est et nullo syllogismo concluditur ; neque etiam cum quis dicit, ego cogito, ergo sum sive existo, existentiam ex cogitatione per syllogismum deducit, sed tanquam rem per se notam simplici mentis intuitu agnoscit...* (*Responsio ad secundas objectiones*. — Édition Victor Cousin, tome I, page 427.)

étrange, n'est pas et ne pouvait pas être le dernier mot de Spinoza. Si en effet l'âme était un mode unique, un mode simple de la pensée infinie, il n'y aurait en elle aucun changement, ni même aucune sorte de variété possible. Or Spinoza veut bien admettre qu'il y a dans l'âme humaine une vie, un développement; mais alors qu'est-elle donc? non plus un mode de la Pensée, mais un assemblage de modes, non plus une idée, mais une collection d'idées[1]. Par cette conséquence ouvertement acceptée, Spinoza efface de sa doctrine le dernier vestige de l'unité du moi. Et il est clair que la méthode géométrique ne lui fournissait aucune autre hypothèse. S'il n'y a au-dessous de la Substance et de ses attributs que des modes, ou bien l'âme sera un mode simple, indivisible, immobile, ou elle sera un assemblage de modes dépourvus de tout enchaînement interne, de tout lien substantiel.

Entre une âme sans variété et sans vie, comme le point des géomètres, et une âme sans unité réelle, comme le nombre des mathématiques, Spinoza n'avait pas le choix. Voilà ce qu'est devenue entre les mains du disciple infidèle la doctrine du maître, ce moi réel et vivant du *Cogito ergo sum*, qui d'abord prend possession de lui-même, et s'assure de son être propre et de l'unité de sa pensée, avant de s'élever au principe de la pensée et de l'être, à cette unité absolue de toutes les perfections qui est Dieu.

Saisi du sein de la conscience, le Dieu de Descartes est un Dieu réel, déterminé, vivant. Ce Dieu a des attributs effectifs, qui lui appartiennent en propre, dont l'ensemble

---

1. *Éthique*, part. 2, Propos. 15.

harmonieux constitue une existence distincte, indépendante, complète, maîtresse d'elle-même ¹. Il a l'entendement et la volonté ². Enfin, il est bon, il est la bonté souveraine ³; tout ce qui est faiblesse, inconstance, tromperie, est exclu de son essence ⁴. Il parle en quelque sorte à l'homme en l'éclairant d'un reflet de sa raison, et la véracité de cette parole désarme le doute le plus obstiné ⁵; s'il se révèle en traits plus visibles et plus purs dans l'âme humaine, parce qu'il l'a faite à son image et y a gravé l'idée de la perfection comme l'empreinte du parfait ouvrier, il a laissé aussi dans ce vaste univers la trace de ses attributs merveilleux. Ce n'est pas qu'en créant le monde, Dieu nous ait donné le secret de ses plans. Non, ses fins sont impénétrables ⁶, et ce serait trop présumer de nous-mêmes que de croire que Dieu ait voulu nous faire part de ses conseils ⁷. Ce n'est pas surtout que l'homme ait le droit de penser, comme se plaît à l'imaginer son orgueil, que tout en ce monde a été fait pour lui ⁸; mais il n'en est pas moins vrai que tous les

---

1. Voyez la fin de la *Méditation* III.
2. *Méditation* IV.
3. *Méditations* III et VI.
4 *Discours de la méthode*, part. 4. — *Méditations* III, IV et VI — *Principes*, part. 1, § 29
5. *Méditations* IV et VI.
6. *Méditation* IV.
7. *Principes*, part. 1, § 28.
8. Citons le passage des *Principes* tout entier. Il montre sous son vrai jour et dans ses vraies limites l'exclusion des causes finales tant reprochée à Descartes :
« ... Encore que ce soit une pensée pieuse et bonne en ce qui regarde les mœurs, de croire que Dieu a fait toutes choses pour nous, afin que cela nous excite d'autant plus à l'aimer et à lui rendre grâce de tant de bienfaits, encore aussi qu'elle soit vraie en quelque sens, à cause qu'il n'y a rien de créé dont nous ne puissions tirer quelque usage, quand ce ne serait que celui d'exercer notre esprit en le considérant, et d'être incités à louer Dieu par son moyen, il n'est toutefois aucunement vraisemblable que toutes choses aient été faites pour nous, en telle façon que Dieu n'ait eu aucune autre fin en les créant; et ce serait, ce me semble, être impertinent de se vouloir servir de cette opinion pour appuyer *des raisonnements de*

êtres de nature ont leur loi et leur fin, qu'une sagesse et une économie singulières sont surtout sensibles dans le mécanisme de l'organisation animale[1], et enfin que ce monde est l'ouvrage d'un Créateur dont la puissance, la sagesse et la bonté incomparables sont le plus digne objet de nos contemplations, et font naître dans l'âme du vrai philosophe une source d'émotions pures et ravissantes[2].

Tel est le Dieu de Descartes. le Dieu de la conscience, le Dieu du *Cogito ergo sum*. Lisez maintenant la première partie de l'*Éthique* et cherchez-y le Dieu de Spinoza. Ce Dieu, c'est la Substance, l'Être en soi et par soi. Cette Substance a-t-elle des attributs? oui, répond Spinoza : elle a une infinité d'attributs infinis; mais nous n'en connaissons que deux, qui sont la Pensée et l'Étendue.

Voilà deux attributs qui sont contradictoires et que Descartes n'eût jamais consenti à associer[3]; mais poursuivons : la pensée divine, pour Spinoza, est-elle une pensée réelle et vivante, une intelligence? en d'autres termes, Dieu a-t-il des idées? Spinoza répond résolûment non. A ses yeux, les idées sont des modes, des choses finies, multiples, changeantes. Elles appartiennent aux régions inférieures de l'univers, ou suivant son langage bizarre et expressif, à la *nature naturée*[4]. En Dieu, dans la *nature naturante*, il n'y a que la pensée infinie, indéterminée, vide d'idées, la pensée sans l'entendement[5].

physique; car nous ne saurions douter qu'il n'y ait une infinité de choses qui sont maintenant dans le monde, ou bien qui y ont été autrefois, et ont déjà entièrement cessé d'être, sans qu'aucun homme les ait jamais vues ou connues, et sans qu'elles lui aient jamais servi à aucun usage. » (*Principes*, part. 3, § 3.)

1. Voyez le traité *De l'homme*, tome IV, page 374 et suiv.
2. Voyez la fin de la *Méditation* III.
3. *Principes*, partie 1, § 23.
4. *Éthique*, part. 1, Propos. 21
5. *Ibid.*, part. 1, Coroll. 2 de la Prop. 32.

Et de même, Dieu n'a pas de volonté¹. La volonté suppose des volitions, des actes déterminés², et par conséquent, elle est du domaine des choses finies; elle appartient à la nature naturée. Il n'y a en Dieu qu'une activité infinie, qui, prise en soi et rapportée à la substance, est comme elle absolument indéterminée.

S'il n'y a en Dieu ni entendement, ni volonté, comment y aurait-il intentionnalité, bonté, amour? L'idée d'un Dieu qui agit pour une fin est aux yeux de Spinoza une chimère absurde³. Concevoir ainsi la divinité, c'est lui imputer les conditions de notre activité misérable. Nos mobiles désirs nous entraînent çà et là vers leurs objets changeants et fugitifs; Dieu n'agit point de la sorte : il se développe par la seule nécessité de sa nature⁴. Il est de son essence de produire en soi des corps et des âmes, comme il est de l'essence d'un cercle d'avoir ses rayons égaux⁵.

Il n'y a pour Dieu ni bien, ni mal, ni beauté, ni laideur, ni ordre, ni désordre, ni mérite, ni démérite; ce sont là des distinctions toutes relatives, tout humaines⁶. Tout est bien, en soi, parce que tout est nécessaire. Les bons et les méchants sont égaux devant Dieu. Dieu n'aime, ni ne hait personne⁷, et vouloir être aimé de Dieu, c'est le plus insolent des désirs ou la plus puérile des superstitions⁸.

Ce Dieu sans vie, sans conscience, sans moralité, cette

---

1. *Éthique*, part. 1, Propos. 32.
2. *Ibid.*, même Propos., Coroll. 1 et 2.
3. *Ibid*, part. 1, Propos 33.
4. *Ibid.*, part. 1, Propos. 17, et l'Appendice.
5. *Ibid.*, part. 1, Schol. de la Propos. 17.
6. Voyez l'Appendice de la partie 1.
7. *Éthique*, part. 4, Prop. 17, Coroll.
8. *Ibid.*, part. 4, Propos. 19.

abstraction vide et morte de l'être en soi, est-ce là, je le demande, ce Dieu vivant, ce Dieu pensant, voulant, aimant, ce Dieu de sagesse et de bonté, devant qui s'inclinait Descartes à la fin de sa troisième *Méditation*, dans un transport sublime d'adoration et de respect?

Concluons que ni la méthode, ni l'homme, ni le Dieu de Descartes ne sont la méthode, l'homme et le Dieu de Spinoza. Jusqu'à présent donc, il nous est impossible de donner les mains à la sentence célèbre portée par Leibnitz, et loin de voir dans le spinozisme un développement excessif du cartésianisme, nous y trouvons la plus radicale et la plus éclatante déviation [1].

Est-ce à dire que la critique de Leibnitz porte absolument à faux et que la justice ordonne de casser son jugement? telle n'est point notre pensée, et il est temps de faire voir qu'au milieu de tous ces germes riches et féconds que Descartes a semés dans le champ de la philosophie moderne, il se rencontrait en effet quelques mauvaises semences exclusivement cultivées par Spinoza.

Aussi bien comment lire Descartes sans y rencontrer, même dans son plus excellent ouvrage, les *Méditations*, une tendance fatale à substituer à l'esprit d'observation intérieure l'esprit géométrique avec ses conceptions abstraites et la rigueur trompeuse de ses déductions?

Cette tendance se laisse déjà voir à découvert dans la démonstration de l'existence de Dieu. Tous les raisonne-

[1]. A plus forte raison faut-il repousser le sentiment de Leibnitz, quand il l'aggrave et l'exagère en disant : Spinoza commence par où Descartes finit, par le naturalisme. *Spinoza incipit ubi Cartesius desinit, in naturalismo* (voyez le petit écrit déjà cité sous le nom d'*Animadversiones*, page 48) Ici Leibnitz ne fait plus de la critique, mais de la polémique. Nous ne voyons plus en lui qu'un adversaire passionné de Descartes, et un rival, au lieu d'un juge.

ments de Descartes semblent avoir une base commune, l'idée de l'être parfait; mais cette ressemblance n'est que dans la forme. Au fond, il y a deux démonstrations radicalement différentes, celle de la troisième Méditation qui part d'un fait de conscience, et celle de la cinquième Méditation qui part d'un concept abstrait. Celle-là, suivant les propres expressions de Descartes [1], prouve Dieu en considérant ses effets et s'élevant ainsi à la cause suprême qui les produit et les explique; celle-ci, négligeant les effets et les réalités, prétend saisir par la raison seule l'essence ou la nature même de Dieu et en déduire son existence.

Passez de la troisième Méditation à la cinquième : au lieu d'un homme qui rentre en lui-même pour y trouver la vérité, qui s'assure d'abord de sa pensée et de son existence propre, et bientôt trouvant cette pensée incertaine, sujette à l'erreur, pleine de limites et d'imperfections, remonte vers l'idéal d'une pensée accomplie, d'une perfection sans mélange, d'un être existant par soi, au lieu de ce mouvement naturel et spontané d'une âme qui cherche Dieu, je trouve un géomètre qui raisonne sur des axiomes généraux et des définitions abstraites, ou plutôt un philosophe nourri dans l'École, exercé aux raffinements de l'abstraction, aux subtilités et aux prestiges de l'art de raisonner, et qui prétend d'une définition faire sortir un être, de l'abstrait le concret, du possible le réel.

Ici je crois voir naître une lutte qui se retrouve dans toute la carrière philosophique de Descartes, la lutte de l'esprit de spéculation abstraite et de l'esprit d'observa-

---

[1]. *Réponse aux premières objections*, tome I, page 395.

tion. Voyez dans les écrits de Descartes le progrès de cette lutte. Le *Discours de la méthode*, contient toutes les preuves de l'existence de Dieu qui seront plus tard développées dans les *Méditations*; mais le raisonnement et l'abstraction n'y ont presque aucune place et tout est dominé par une observation profonde de la conscience humaine. Dans les *Méditations*, un œil attentif découvre déjà un notable changement. La démonstration géométrique, entièrement mise à part, n'a plus aucun rapport, même lointain, avec la conscience et la vie réelle. Dans les *Principes*, l'esprit géométrique se donne pleine carrière, et on ne trouve presque plus aucune trace de l'esprit d'observation. Chose bien remarquable, Descartes, qui y y reprend et y résume toutes ses preuves de l'existence de Dieu, place au premier rang la démonstration mathématique. Ainsi, cette preuve, qui se montre à peine dans le *Discours de la méthode*, qui dans les *Méditations* est reléguée au dernier rang et introduite comme par hasard, cette preuve devient la preuve fondamentale, dont toutes les autres paraissent n'être que des accessoires.

En général, les *Principes* nous donnent le spectacle du triomphe complet de l'esprit géométrique. C'est au point que le *Cogito ergo sum*, fondement de la philosophie de Descartes, y a perdu complétement son caractère. Ce n'est plus un fait, c'est une conclusion, Descartes le dit en propres termes [1], la conclusion d'un syllogisme dont la majeure ne peut être que celle-ci : le néant n'a pas de qualité [2].

---

1. *Principes*, part. 1, § 7
2. *Ibid.*, § 11 et 52.

Voilà donc toute la face de la philosophie de Descartes changée, ou pour mieux dire, voilà tout son esprit étouffé et disparu. Pour établir l'existence du moi, il nous faut un syllogisme; pour établir l'existence de Dieu, des syllogismes; enfin, pour établir l'existence des corps, encore des syllogismes. Géométrie impuissante! stérile entassement d'abstractions, incapable de donner un atome de réalité, de mouvement et de vie!

Si l'excès de l'esprit géométrique s'était réduit à obscurcir des vérités très-simples en les accablant sous d'inutiles raisonnements, le mal n'eût pas été irréparable. Mais non, en même temps que je vois Descartes substituer aux intuitions de la conscience des concepts abstraits et géométriques, il me semble aussi qu'il tend manifestement à effacer dans tous les êtres ce principe d'activité qui constitue leur essence et leur vie. C'est ce qui fait le danger de cette théorie, assez innocente au premier abord, que la conservation des créatures est une création continuée.

Si Descartes voulait dire que l'acte créateur et l'acte conservateur ne sont en Dieu qu'un seul et même acte, d'accord. Mais il va plus loin; il semble croire qu'il y a dans toute créature une défaillance actuelle de l'être qui appelle à chaque instant le *fiat* divin, et cette conception me semble bien grave et bien périlleuse, surtout si je viens à me demander à quoi se réduisent pour Descartes la substance corporelle et la substance spirituelle.

Quand Descartes analyse les facultés de l'âme en observateur, il distingue la volonté, essentiellement active, de l'entendement, qui est passif, et fait de la volonté le siége de la liberté et de la responsabilité morales. Il va jusqu'à soutenir que la volonté, loin d'être finie, comme l'entendement, qui n'embrasse qu'un nombre déterminé d'objets, est en quelque sorte infinie, pouvant se porter vers un nombre d'objets sans limites. De cette disproportion entre l'entendement et la volonté naît le mauvais usage possible de celle-ci, et voilà la racine de l'erreur et de toutes nos fautes [1].

Il y aurait sans doute beaucoup à dire sur ces vues psychologiques, mais enfin les traits essentiels de l'âme humaine n'y sont point trop altérés. Au contraire, quand Descartes perd de vue la conscience et livre son esprit au démon de la géométrie, à la place de ce moi vivant et actif qui a conscience de son unité dans le libre déploiement de ses puissances, vient se substituer le concept de chose pensante, *res cogitans*, répondant trait pour trait à un autre concept sur lequel s'appuie toute la physique de Descartes, le concept de chose étendue, *res extensa*.

Descartes enseigne que chaque substance a un attribut principal, et que celui de l'âme est la pensée, comme l'extension est celui du corps [2]. Et comment connaît-on ces deux sortes de substances, l'âme et le corps ? par un seul et même procédé, c'est-à-dire en déduisant la substance de la connaissance que nous avons de ses attributs : « à cause, dit-il, que l'une de nos notions communes est que le néant ne peut avoir aucun attribut, ni propriétés ou qualités ; c'est pourquoi, lorsqu'on en rencontre quelqu'un, on a raison de conclure qu'il est l'attribut de quelque substance, et que cette substance existe [3]. »

Nous voilà en pleine logique, en pleine géométrie,

---

1. *Méditations*, tome I, page 304.
2. *Principes*, part. 1, § 53.
3. *Ibid.*, part. 1, § 52.

loin, bien loin du monde des réalités. Rien de plus
faux, de plus artificiel et de plus contraire à toutes les
données de l'observation, rien aussi de plus périlleux
que cette transformation systématique de l'âme et des
corps en deux types abstraits : la chose pensante et la
chose étendue. Qu'est-ce en effet pour Descartes que les
corps ? appelle-t-il ainsi les objets des sens, les *choses
sensibles*, comme disait l'antiquité? point du tout.
Retranchant arbitrairement toutes les qualités sensibles des corps, sous prétexte qu'elles sont obscures,
non-seulement la chaleur, la lumière et le reste, mais
même la solidité, sans laquelle pourtant les corps
seraient pour nous comme s'ils n'étaient pas, Descartes déclare que les seules qualités réelles de la matière, sont les qualités mathématiques, savoir l'étendue, la figure, la divisibilité et le mouvement [1]. Or, il
n'a point de peine à ramener par l'analyse toutes ces
qualités à une seule, la figure n'étant que la limite de
l'étendue, le mouvement un changement de relations
dans l'étendue, et la divisibilité une suite logique de
cette même étendue. L'étendue est donc l'essence, toute
l'essence, et pour ainsi dire tout l'être des corps [2]. Or
l'étendue exclut toute idée de force et d'action. Voilà
donc le monde matériel réduit, par une suite de retran-
chements arbitraires et par des analyses d'une rigueur
factice, à une étendue passive, inerte, destituée de toute
énergie, uniquement capable de repos et de mouvement.
Ce n'est plus là l'univers, ce riche et brillant univers
que nous montrent nos sens, plein de variété, d'activité

---

[1]. *Méditation VI.*
[2]. *Principes*, part. 1, § 53, 63, 54, 65.

et de vie ; c'est un concept mathématique, une pure abstraction[1].

Descartes a-t-il fait aussi bon marché de l'activité de l'âme humaine? heureusement non. L'esprit d'observation a ici prévalu sur l'esprit de système, et Descartes a toujours réservé les droits de la volonté et de la liberté. Mais un autre viendra, moins sensé et plus rigoureux, qui, après avoir combattu la distinction, peu solide, en effet, de l'entendement conçu comme fini et de la volonté conçue comme infinie, empruntant d'ailleurs à Descartes sa théorie de la volonté identifiée avec le jugement, ramènera la volonté à l'entendement et l'entendement à une série de pensées passives; puis il définira l'âme humaine : une collection de modalités de la pensée, comme il a défini le corps : une collection de modalités de l'étendue, et il ne lui restera plus alors qu'à donner pour base commune à toutes ces modalités éphémères la substance unique et universelle.

C'est ici que la critique du grand réformateur de la philosophie cartésienne reprend ses droits. Oui, nous l'accordons à Leibnitz, oui, Descartes a nié toute activité, toute énergie, dans le monde matériel, et par là il a mis des abstractions à la place des réalités[1]; oui, Descartes a restreint et affaibli l'activité de l'âme humaine, et par là il a incliné à effacer dans tous les êtres la force, sans laquelle la substance n'est plus qu'une abstraction ; oui, Descartes par cette double altération a brisé le lien qui unit et réconcilie dans l'activité qui leur est commune le monde matériel et le

---

[1]. Huyghens disait à Leibnitz : « Ce que Descartes appelle l'étendue, c'est ce que j'appellerais plutôt le vide. » (Voyez dans les *OEuvres de Leibnitz*, Ed. Dutens, tome I, page 44.)

monde moral, et par là il a creusé entre l'esprit et la matière un infranchissable abîme, source trop féconde d'hypothèses hasardeuses et d'insolubles difficultés; oui enfin, Descartes, quand il abandonne le principe essentiel de sa philosophie et la méthode originale qui la constitue, quand il se laisse entraîner par l'esprit géométrique sur la pente des spéculations abstraites, a pu jeter des esprits exclusifs dans cette étrange alternative, ou de concentrer en Dieu tout l'être des créatures, ce qui mène droit au mysticisme, ou de réduire Dieu à l'abstraction de l'être en soi, ce qui ouvre la porte au panthéisme; mais il ne faut pas oublier que Descartes lui-même avait prémuni les esprits contre tous ces excès et qu'il nous a fourni l'infaillible et unique moyen de les détruire dans leur racine : c'est de rester invariablement fidèles à la méthode d'observation, c'est de partir des faits de conscience et de ne s'en séparer jamais. C'est ainsi qu'on peut redresser Descartes, réfuter Spinoza, et plus d'une fois aussi réformer le réformateur Leibnitz lui-même.

Concluons que le spinozisme, avec sa négation radicale de l'expérience, avec sa théorie du moi humain réduit à une collection d'idées, avec son Dieu abstrait, sans intelligence, sans volonté, sans amour, loin de suivre les principes du cartésianisme, les contredit; il est le développement exclusif de cette méthode abstraite et toute spéculative que Descartes a quelquefois employée, mais qui est diamétralement contraire à sa méthode propre, de sorte qu'en définitive, pour ne pas être trop sévère envers Descartes, comme pour l'être assez envers Spinoza, il faut dire que le spinozisme, c'est le cartésianisme corrompu.

II.

OBJECTIONS CONTRE LE PANTHÉISME DE SPINOZA.

Pour discuter à fond le système de Spinoza, il faut, ce me semble, le considérer tour à tour sous deux points de vue : d'abord, dans les éléments qui lui sont propres, et n'appartiennent qu'à lui, puis dans ceux qui lui sont communs avec tous les grands systèmes de panthéisme qui l'ont précédé et suivi. Ainsi Spinoza n'admet d'autre méthode que la méthode géométrique; voilà un trait qui lui est propre et ne se retrouve pas dans le panthéisme de Plotin et de Proclus. Spinoza part de l'idée de la Substance; il y a d'autres panthéistes qui partent de l'idée de l'Unité ou de l'idée de l'Absolu. Spinoza reconnaît entre la pensée et l'étendue une différence radicale; cette différence n'est point admise par Schelling et par Hégel.

Si maintenant vous regardez le système de Spinoza sous d'autres aspects, vous ne trouvez plus alors aucune différence entre lui et les autres panthéistes. Comme Plotin, comme Bruno, comme Hégel, Spinoza proclame l'unité absolue de l'existence ; pour lui comme pour eux, le monde et Dieu sont les deux côtés d'une seule existence, et la suite des phénomènes de cet univers n'est que le développement nécessaire de la vie divine.

Je commencerai par discuter celles des idées de Spinoza qui tiennent à la forme particulière de son système, à l'époque où il a vécu, aux influences qu'il a subies. Puis la question s'agrandira ; le personnage de Spinoza s'effacera de plus en plus pour laisser paraître l'idée panthéiste dans son essence éternelle, et nous aurons affaire alors, non plus à tel ou tel philosophe, mais à cette grande aberration de la pensée humaine qui, après avoir revêtu mille formes différentes selon les lieux et les âges, trouble encore aujourd'hui l'esprit des hommes, et constitue la plus dangereuse des maladies morales de notre temps.

Ma première objection à Spinoza porte sur sa méthode. Il me semble que cette méthode, en apparence si rigoureuse, est au fond parfaitement arbitraire ; je la crois même absolument inapplicable, et si j'ai bien compris le mouvement du système, Spinoza s'est vu obligé, pour avancer, de se mettre à chaque pas en contradiction avec sa méthode.

En quoi consiste-t-elle en effet ? dans l'emploi de la raison pure et du raisonnement déductif, à l'exclusion de l'expérience. Quoi de plus arbitraire qu'une telle exclusion ? L'esprit humain a un certain nombre d'instruments à son usage, également naturels, également nécessaires et légitimes : d'un côté, les sens, la conscience, en un mot l'expérience, avec l'induction qui s'appuie sur elle et qui la féconde ; de l'autre côté, la raison pure et le raisonnement. De quel droit bannir de la science un seul de ces moyens de connaître la vérité? et quel avantage peut-on en espérer ? Agir ainsi, c'est amoindrir, c'est mutiler l'esprit humain.

Je remarque d'ailleurs que nos différents procédés intellectuels ne sont pas en réalité séparés, ni même séparables. On a cent fois démontré que la séparation de la raison pure et des sens est une œuvre artificielle. L'homme n'est jamais un pur esprit, pas plus qu'un simple animal. Ni les sens ne s'exercent sans la raison, ni la raison ne se déploie indépendamment des sens. Dans tout jugement, dans toute pensée, la plus grossière comme la plus raffinée, une analyse exacte découvre deux éléments étroitement unis, un élément empirique et un élément rationnel, une donnée *a posteriori* et un concept *a priori*. Séparer la raison pure des sens, c'est donc rompre le faisceau naturel de nos facultés intellectuelles, c'est se placer dans une situation arbitraire et fausse, c'est ne plus examiner les choses que sous un point de vue particulier, c'est renoncer à la réalité pour courir après des chimères. Spinoza est de cette famille de spéculatifs à outrance qui croient à la science absolue, parfaite, adéquate, homogène, expliquant tout, déduisant tout, voulant reproduire l'ensemble absolu des choses dans le système de ses constructions.

Il y a peut-être un sûr moyen d'arrêter ces raisonneurs impérieux, c'est de leur demander compte de leur principe et de leur faire voir qu'ils ne peuvent ni le poser, ni, après l'avoir une fois posé arbitrairement, faire un mouvement au delà. Je m'adresse en particulier à Spinoza et je lui demande où il prend son principe, savoir la Substance ou l'être en soi et par soi. Je demande si cette notion de l'être en soi et par soi représente à ses yeux quelque chose d'absolument indéterminé, sans activité et sans vie ; ou bien si c'est quelque chose d'actif et de vivant. S'il est question de l'être actif et vivant, évidemment cette notion ne vient pas de la raison pure, qui ne donne que l'être absolu en général ; c'est l'expérience qui nous fait voir l'être en action, l'être vivant. Otez les sens, ôtez la conscience, toute idée d'action et de vie expire ; vous êtes en face de l'être indéterminé.

Or, si vous partez de l'être indéterminé, que tirerez-vous d'une telle abstraction ? absolument rien. Direz-vous, en effet, que l'être a nécessairement des attributs qui expriment et déterminent son essence ? Je vous demanderai d'où vous auriez tiré cette notion d'attributs, si l'expérience ne vous avait pas appris que les êtres de la nature ont des attributs, des qualités, des déterminations précises, par où ils se distinguent les uns des autres et deviennent saisissables et intelligibles. Et supposons même que de l'idée d'être en général vous puissiez déduire *a priori* et sans le secours de l'expérience l'idée d'attribut en général, vous n'en serez pas plus avancés pour cela. Car quoi de plus vide et de plus creux que l'idée d'un attribut en général, d'un attribut purement possible, et comment déterminer ce genre d'attributs ? Car enfin, vous voulez en venir à dire que la Substance a, non plus des attributs en général, mais tels et tels attributs réels, par exemple la Pensée et l'Étendue. Or n'est-il pas évident que pour faire sortir de la notion vague et indéterminée de l'être en soi la notion précise de la pensée, toutes les ressources du raisonnement sont impuissantes ? Il faut donc recourir à l'expérience, bon gré mal gré. Et pourquoi se tromper soi-même et tromper les autres ? De bonne foi, quand vous réduisez tous les attributs déterminables de la Substance à deux, savoir : la Pensée et l'Étendue, n'est-ce pas la conscience à qui vous vous adressez pour vous donner la notion de la pensée ? n'est-ce pas aux sens que vous empruntez la notion de l'étendue ? Il y a donc ici ou une illusion, ou un subterfuge, deux choses indignes d'un vrai philosophe. Convenez-en donc, l'expérience est absolument nécessaire en toute œuvre scientifique ;

elle est donc aussi légitime que le raisonnement et la raison. Mais ce point une fois accordé, quand vous viendrez nous dire que toutes les formes de l'existence se réduisent à trois, la substance, l'attribut, le mode, comme toutes les dimensions de l'étendue se réduisent à trois, la longueur, la largeur et la profondeur, nous donnant cela comme un principe *a priori*, comme une chose incontestable, antérieure et supérieure à l'expérience, quand vous viendrez nous dire qu'en dépit du témoignage du sens intime, il faut admettre que l'âme n'est qu'un mode de la substance divine et qu'elle n'a ni unité, ni liberté, nous vous rappellerons que cette expérience à qui vous rompez si résolûment en visière, vous avez eu besoin vous-mêmes de vous y appuyer pour donner la vie et le mouvement à votre principe, et que par cela seul vous avez perdu le droit de la désavouer.

Sortons de ces abstractions et parlons de ce que vous appelez Dieu. Je vous propose ce dilemme : ou bien votre Dieu est tout, de sorte qu'il n'y a et ne peut y avoir qu'un seul être, une seule personne, un seul individu qui est Dieu ; ou bien votre Dieu n'est qu'une abstraction sans vie et sans réalité, de sorte qu'il n'y a d'êtres vraiment réels que les êtres finis et déterminés qui composent la nature.

Ce dilemme vaut, je crois, contre tous les panthéistes; voici comment j'essayerai de l'établir en particulier contre Spinoza.

Il n'y a dans son système que trois définitions possibles de Dieu. Dieu est la Substance, voilà la première définition. Dieu est la Substance, plus ses deux attributs infinis, la Pensée et l'Étendue, c'est la seconde définition. Dieu est la Substance, plus ses deux attributs infinis, la Pensée et l'Étendue, plus la série infinie des modes de ces attributs ; c'est la dernière définition. Évidemment il faut choisir entre ces trois alternatives.

Si Dieu est la Substance, la Substance sans attributs, il s'ensuit que Dieu est l'être absolument indéterminé. Or c'est là une abstraction pure, parfaitement creuse et vide, d'où rien ne pourra sortir. En effet, considérez-vous la pensée comme une perfection, ou comme une imperfection ? Spinoza tantôt paraît croire que la pensée est la plus haute réalisation de l'être divin et son dernier accomplissement, tantôt il dit en propres termes : *Omnis determinatio negatio est*, ce qui place la perfection suprême dans la suprême indétermination et conduit à considérer tout attribut, même le sublime attribut de la pensée, comme une déchéance de l'être.

Or, si la pensée est pour vous une perfection, il s'ensuit que votre Dieu, étant un Dieu sans pensée, est un Dieu imparfait ; il s'ensuit de plus que la pensée, qui est une perfection, a pour principe la Substance, qui vaut moins qu'elle, puisqu'elle est l'être abstrait, l'être indéterminé. Ainsi donc, un Dieu imparfait et la perfection naissant de l'imperfection, voilà deux absurdités inévitables, si vous admettez que la pensée soit une perfection. Admettez-vous la doctrine contraire, la doctrine que vous formulez ainsi avec les mystiques et les panthéistes de tous les âges : *Omnis determinatio negatio est ?* je vous demande comment il se fait que la détermination et la négation pénètrent au sein de la Substance. Vous la supposez parfaite dans son existence indéterminée ; puis vous prétendez qu'elle prend des attributs, qu'elle se détermine, c'est-à-dire qu'elle se nie elle-même, qu'elle dégénère. Cela est inconcevable, et qui plus est contradictoire. Comment l'Être absolument parfait deviendrait-il imparfait en se déterminant? C'est, dites-vous, une nécessité absolue. Grand mot, destiné à pallier une hypothèse parfaitement arbitraire! Sans doute, votre système adopté, il n'y a d'autre moyen d'expliquer le passage de la substance à l'attribut, de l'indéterminé au déterminé, de l'abstrait au concret, il n'y a d'autre moyen que l'hypothèse d'une nécessité absolue qu'on suppose sans la démontrer, ni même l'expliquer. Mais c'est justement cette hypothèse désespérée, absurde en soi, et en même temps indispensable au panthéisme, qui se tourne en condamnation contre lui.

De plus, cette hypothèse inconcevable et arbitraire implique directement contradiction. Vous affirmez la substance comme le positif absolu. Vous dites que tout attribut, étant une détermination, est quelque chose de négatif, et vous voulez que la substance produise nécessairement des attributs, ou, en d'autres termes, se détermine nécessairement; c'est comme si vous disiez que le positif absolu devient nécessairement le négatif, que le oui devient nécessairement le non. Pour couvrir l'absurdité de cette conséquence, je ne connais qu'un moyen, c'est de la généraliser et de la poser intrépidement en principe sous le nom fastueux de principe de l'identité des contradictoires. Le panthéisme en est venu là de nos jours; il a proclamé par la bouche de Hégel l'identité absolue du néant et de l'être, de l'unité et du zéro, et il faut convenir qu'il est devenu irréfutable; mais c'est qu'il a rompu tout lien avec le sens commun, avec toute pensée humaine, avec tout langage.

Laissons là ces égarements dont Spinoza n'est pas responsable et passons de la première définition de Dieu à la seconde, qui est celle-ci : Dieu, c'est la Substance, plus ses deux attributs infinis, la Pensée et l'Étendue. — Au fond, cette définition diffère à peine de la première, et elle aboutit comme elle à un Dieu indéterminé, à un Dieu néant.

Considérons en effet spécialement l'attribut de la Pensée. Dieu est la substance infiniment pensante : voilà sa définition. Or je demande à Spinoza si cette pensée divine est une pensée réelle, effective, une pensée ayant conscience de soi, une pensée riche d'idées, une pensée qui embrasse distinctement tous les objets réels et possibles ; c'est ainsi qu'on entend les choses quand on reconnaît Dieu comme une intelligence ; ou bien, si Dieu est la pensée indéterminée, sans conscience, sans idées, la pensée en général qui ne pense rien en particulier. Spinoza adopte le plus souvent cette dernière alternative. Il accorde à Dieu la pensée et lui refuse l'intelligence, *cogitationem Deo concedit,* comme dit Leibnitz, *non intellectum.* En effet, il est clair que si Spinoza eût admis que la pensée divine est une pensée déterminée, comme pour lui les déterminations de la pensée, ce sont les idées et les âmes, Spinoza aurait fait entrer les modes de la Pensée dans la nature naturante ; il aurait supprimé la nature naturée. Spinoza a donc été conséquent en déclarant que Dieu, pris en soi, n'a pas d'idées, qu'il n'est pas une intelligence. Mais alors, il faut subir toutes les absurdités déjà signalées. Ou bien l'on dira que c'est une perfection pour la pensée divine de se déterminer par des idées, et voilà la pensée divine convaincue d'être imparfaite ; voilà la perfection qui sort de l'imperfection. Ou bien on dira que la Pensée dégénère en se déterminant par les idées, et voilà la perfection qui devient imparfaite, voilà l'être qui devient néant, voilà l'affirmation qui devient la négation, voilà l'unité qui devient zéro.

Arrivons à la dernière définition possible : Dieu est la Substance, plus ses deux attributs, la Pensée et l'Étendue, plus la série infinie des modes de ces attributs.—Il est clair, à la simple vue de cette définition, qu'elle conduit à absorber la nature entière en Dieu. En effet, Dieu serait alors tout ce qui est et tout ce qui peut être, savoir : la Substance, les attributs et les modes. Hors de là, il n'y a rien. Donc toute personnalité, toute individualité, dans le monde moral comme dans le monde physique, sont mises en pièces et deviennent des fragments de l'individualité divine, conséquence qui se détruit elle-même, puisque Spinoza qui affirme Dieu ne peut l'affirmer qu'à condition de se distinguer de lui, de se poser en face de lui, comme un sujet réel, comme une individualité pensante et vivante.

Ainsi point de milieu : un Dieu qui est tout, qui absorbe tout, qu'on ne peut affirmer sans se nier soi-même et sans nier son affirmation, ou bien un Dieu qui n'est rien, un Dieu qu'on pose comme réel et qu'on détruit aussitôt après, soit en faisant de sa pensée et de tous ses attributs quelque chose d'absolument indéterminé, soit en lui refusant même ces vagues attributs et le réduisant à l'existence pure, décorée du nom d'existence absolue, c'est-à-dire à la plus vaine des illusions.

Si de Dieu je passe à l'homme en m'attachant aux points essentiels, il me semble que tous les efforts de Spinoza pour sauver la morale et pour maintenir l'unité de la personne humaine et l'immortalité de l'âme ont complétement échoué.

Il commence par nier la liberté morale en Dieu, puis il la nie dans l'homme ; il la nie en fait et en droit, comme réelle et comme possible ; en un mot, il ne lui épargne aucune forme de négation.

Jusque-là je n'ai qu'à prendre acte de ses déclarations ; mais après avoir détruit le libre arbitre, il a la prétention de sauver la morale ; il comprend qu'un système qui nierait le droit et le devoir, le bien et le mal, est un système condamné par la conscience universelle, et il s'épuise en distinctions subtiles et en combinaisons spécieuses pour lui donner satisfaction.

A tous ces artifices de raisonnement il suffit d'opposer une distinction très-simple entre deux sortes de biens : le bien dans l'ordre de la nature et le bien dans l'ordre de la volonté. Ce dernier est le bien moral proprement dit ; mais il ne faut pas croire que le bien moral soit le bien tout entier. L'ordre, l'harmonie, la force, la santé, la beauté, sont assurément des biens, et ces biens sont indépendants de la volonté humaine et se rapportent à l'ensemble de l'univers. Non-seulement le bien moral n'est pas le bien tout entier, le bien pris d'une manière générale et absolue, mais il s'y rapporte comme une conséquence à son principe ou comme une espèce à son genre. Être vertueux, c'est faire le bien, c'est donc poursuivre en toute occasion une fin qui est bonne en soi, de sorte que le bien moral n'existe et ne se conçoit que comme réalisation du bien absolu et universel par la volonté humaine.

Cela posé, je dis à Spinoza : Quand vous parlez de bien et de mal d'une manière générale, au point de vue de la nature et non au point de vue de la volonté, quand vous dites qu'une plante vigoureuse est meilleure qu'une plante chétive, qu'il vaut mieux pour un homme avoir reçu de la nature une bonne qu'une mauvaise santé, un esprit lucide et pénétrant qu'une intelligence obtuse, en un mot, quand vous introduisez les notions de bien et de mal, de perfection et d'imperfection, en faisant abstraction du libre arbitre, je comprends jusqu'à un certain point que votre système puisse admettre ces distinctions; mais n'allez pas plus loin. Car dès que vous prononcez les mots de vertu et de vice, de devoir et de droit, vous sortez de votre système. Il ne s'agit plus ici, en effet, du bien général, du bien dans l'ordre universel de la nature; il s'agit du bien moral, du bien dans l'ordre particulier de la volonté. Or, sur ce terrain, la distinction du bien et du mal a un tout autre sens; vice et vertu, droit et devoir, tout cela implique le libre arbitre. Supprimez le libre arbitre dans un individu, il pourra être encore plus ou moins bon, en ce sens qu'il aura une organisation plus ou moins forte, plus ou moins saine, plus ou moins belle et harmonieuse; mais dire qu'un tel être a des droits, qu'il est assujetti à des devoirs, qu'il est vertueux ou coupable, c'est se contredire d'une manière flagrante, c'est abuser des mots.

Voyons si Spinoza conservera au moins à l'âme son unité. On connaît sa définition de l'âme humaine : elle est, dit-il, un mode de la pensée divine, en rapport intime avec un mode correspondant de l'étendue divine; en d'autres termes, une âme humaine, c'est l'idée d'un corps humain. Il pourrait sembler au premier abord que Spinoza, en disant que l'âme est une idée, a voulu lui conserver, au moins dans les termes, cette unité dont elle a un sentiment si distinct et si vif par la conscience. Point du tout : Spinoza se hâte d'ajouter que l'idée qui constitue une âme humaine n'est point une idée simple, mais une idée composée de plusieurs idées.

On pourrait hésiter encore sur le sens de cette étrange théorie ; on pourrait croire qu'en définissant une âme humaine, « l'idée d'un corps humain, » Spinoza a voulu dire qu'il y a dans l'âme humaine un principe d'unité, un centre où les différentes idées qui sont renfermées dans l'âme viennent converger, de même que dans le corps humain, outre les tissus, les viscères et les os qui forment l'ensemble des organes, il y a un centre organique, une force dirigeante qui fait l'union des membres, l'harmonie des fonctions, l'unité et l'identité du corps humain. Rien de plus inexact que cette interprétation de la psychologie de Spinoza, rien de plus contraire à ses déclarations formelles. A ses yeux, le corps humain n'est qu'une collection de molécules, ou, comme il dit, un mode complexe de l'étendue divine, formé par la réunion de plusieurs modes simples. Il n'y a point dans le corps humain de centre actif et vivant, point de force vitale ; l'unité organique n'est qu'une unité de proportion. Il en est absolument de même pour notre âme : son unité est en tout semblable à celle du corps ; elle consiste dans l'assemblage d'un certain nombre de parties. Ces parties, ce sont des idées simples. Réunissez ces idées en un rapport déterminé, voilà une âme. Concevez comme lié à cette âme un corps également composé de parties simples, voilà un homme au complet.

Cette théorie d'une âme sans unité, d'un moi formé, pour ainsi dire, de pièces et de morceaux, a quelque chose de si absurde que plus d'un panthéiste sera tenté peut-être de sauver le principe de son système aux dépens de Spinoza. Il dira que rien n'obligeait ce philosophe à nier l'unité réelle ou substantielle du moi, et que sa théorie de l'âme n'est qu'un accident, une maladresse, une erreur de détail qui n'engage nullement la cause générale du panthéisme. Raisonner de la sorte, c'est mal entendre Spinoza. Jamais, en effet, Spinoza n'a été plus conséquent au principe fondamental du panthéisme que dans sa théorie de l'âme humaine. N'est-il pas clair comme le jour que le panthéisme et l'unité réelle et substantielle du moi sont deux choses incompatibles? L'essence du panthéisme, c'est de considérer la nature et Dieu comme les deux aspects d'une seule et même existence; la nature, à ce point de vue, c'est la vie de Dieu. Par conséquent, chaque être de la nature, l'âme humaine comme tout le reste, n'est qu'un fragment de la vie divine. L'unité vivante ne peut donc se trouver qu'en Dieu; ou pour mieux dire, je vois s'élever ici contre le panthéisme ce dilemme toujours renaissant : ou bien chaque être aura sa vie propre, et alors la vie divine ne sera que la collection de toutes les vies particulières, collection purement abstraite, simple total, sans unité, sans réalité, sans individualité véritable; ou bien il y aura véritablement une vie divine, réelle, individuelle, dont toutes les existences particulières ne seront que des fragments, et alors ces existences n'auront plus qu'une individualité apparente, une réalité toute nominale, une fausse et trompeuse unité.

Spinoza n'a pas mieux réussi à faire entrer dans son système l'immortalité de l'âme. Ce n'est pas que je mette en doute sa parfaite bonne foi, quand je le vois, au cinquième livre de l'*Éthique* et ailleurs, professer hautement l'existence d'une vie future; il semble même admettre un système de punitions et de récompenses, une sorte d'échelle graduée, très-ingénieuse et très-originale, d'après laquelle chaque âme humaine, au moment de la mort, recevrait naturellement une part d'immortalité et de félicité égale au degré précis de perfection où elle se serait élevée à travers les vicissitudes terrestres ; mais la bonne foi de l'esprit ne le préserve pas infailliblement de l'illusion, et sa rigueur même conspire quelquefois à l'égarer. Plus je médite le système de Spinoza, et plus je m'assure que le dogme de l'immortalité de l'âme en est nécessairement banni. L'âme humaine étant pour lui l'idée du corps humain, en d'autres termes, une agrégation d'idées enchaînée à une agrégation de molécules corporelles, pour que l'âme de Spinoza continuât d'exister après la décomposition du corps, il faudrait un miracle, un renversement des lois nécessaires de la vie universelle, ce qui est à ses yeux la plus énorme des absurdités. Mais ce n'est pas tout : Spinoza déclare formellement qu'après la dissolution des organes, ni l'imagination, ni la mémoire ne peuvent exister : or, sans mémoire, la continuité de la conscience, et partant la conscience elle-même, s'évanouissent. Que peut être désormais la vie pour une personne, pour un être qui dit moi ? Exister sans le savoir, ce n'est plus vivre de la vie humaine ; pour l'homme donc, c'est avoir cessé d'être. Ainsi la vie que nous laisse Spinoza est en tout semblable à la mort, et ce sincère génie l'a si bien compris, qu'il semble s'être fait scrupule de se servir du nom d'immortalité : « Il y a, dit-il, dans l'âme humaine quelque chose d'éternel. » — « Nous sentons, s'écrie-t-il ailleurs, que nous sommes éternels. » Si je vous entends bien, Spinoza, cela signifie que l'âme humaine n'est qu'une forme passagère d'un principe éternel, et que nous sentons notre existence successive s'écouler comme un flot rapide sur le mobile océan de la vie universelle. En dernière analyse, Dieu seul est éternel et toujours vivant, tandis que toute existence individuelle, l'âme humaine comme le plus vil et le plus chétif des animaux, est irrévocablement condamnée, après avoir surnagé quelques instants fugitifs au-dessus de l'abîme, à y être engloutie pour jamais.

Voilà mes objections; si elles sont fondées, il faudrait conclure que Spinoza, partant d'un principe abstrait et stérile, savoir, la Substance, et développant ce principe à l'aide d'une méthode tout artificielle, savoir, la déduction purement géométrique, aboutit finalement à défigurer l'idée de Dieu et à dégrader celle de l'âme, c'est-à-dire au renversement de toute religion et de toute moralité. Principes arbitraires, conséquences impies, tel m'apparaît, malgré sa puissante et belle ordonnance, le système de Spinoza.

III.

RÉFUTATION GÉNÉRALE DU PANTHÉISME.

Maintenant oublions Spinoza ; laissons de côté cette forme particulière du panthéisme qui est sortie à la fin du dix-septième siècle du cartésianisme corrompu. Essayons de dégager l'idée même du panthéisme et de résoudre les trois questions suivantes :

1° En quoi consiste le panthéisme ? Quelle est l'essence, quelle est la formule de ce système ?

2° La définition du panthéisme une fois posée, n'en

résulte-t-il pas une loi générale, inhérente à son essence, qui gouverne tous ses développements possibles, et quelle est cette loi ?

3º Où réside le vice radical du panthéisme ? en d'autres termes : quel est le principe d'une réfutation rigoureuse et scientifique de cette doctrine ?

Le panthéisme a été entendu et défini dans deux sens également faux et absolument contradictoires. Les uns ont pensé que le caractère propre de ce système, c'était l'absorption complète de l'infini dans le fini, de Dieu dans la nature, et par suite ils ont identifié le panthéisme avec l'athéisme absolu. C'est ainsi que la doctrine du panthéiste Spinoza a paru aux meilleurs esprits de son temps et paraît encore à plusieurs critiques du nôtre le chef-d'œuvre de l'athéisme. D'autres se sont jetés à l'extrémité opposée. Pour eux, le trait distinctif du panthéisme, ce n'est pas l'absorption complète de Dieu dans la nature, mais tout au contraire celle de la nature en Dieu, du fini dans l'infini ; d'où il suit que le panthéisme se confond avec le mysticisme, ou, si l'on veut, avec une sorte de théisme exclusif, mélange bizarre d'élévation et d'extravagance. A ce point de vue, l'accusation d'impiété élevée contre le panthéisme est ce qui se peut imaginer de plus vain ; elle va au rebours du juste et du vrai. Les philosophes de la famille de Giordano Bruno et de Spinoza sont si peu athées qu'ils exagèrent le théisme. Loin de nier l'absolu, ils ne croient qu'à lui. Pleins du sentiment de son existence infinie, et, comme on l'a dit, ivres de Dieu, ils semblent avoir perdu le sentiment de la réalité et de la vie.

Parmi ces opinions, en est-il une qui soit vraie ? Évidemment, le panthéisme ne saurait avoir deux essences contradictoires ; il ne peut pas s'identifier à la fois avec l'athéisme absolu et avec l'absolu théisme. Et cependant, qui oserait dire que ces deux appréciations si anciennes et si répandues n'ont aucune raison d'être? qui n'a senti le mysticisme couler à pleins bords dans le système du panthéiste Plotin? qui n'a démêlé des germes d'athéisme dans les conceptions de Spinoza et de Hégel?

Pour sortir de ces difficultés, pour assigner avec exactitude et précision l'essence réelle du panthéisme, pour le distinguer à la fois de l'athéisme absolu et de l'absolu théisme, pour comprendre enfin le vrai et le faux des deux idées contradictoires qu'on s'en est formées, il est nécessaire d'entrer un peu avant dans l'analyse des conceptions fondamentales de l'esprit humain et des conditions nécessaires où se trouve placé quiconque prétend aborder et résoudre les grands problèmes de la métaphysique.

Toutes les idées que notre intelligence peut se former touchant l'ensemble des êtres se laissent aisément ramener à deux idées primitives et élémentaires : l'idée du fini et l'idée de l'infini.

Il existe pour nous deux types profondément opposés de l'existence : tantôt elle nous apparaît mobile et variable, remplissant une certaine portion de la durée de ses vicissitudes, circonscrite dans les limites d'une étendue déterminée, dépendante et relative, incapable de se suffire à elle-même, toujours sujette à s'affaiblir et à s'éteindre. C'est le cercle toujours renouvelé de la vie et de la mort, c'est le flot intarissable des phénomènes de la nature, c'est le théâtre mobile et divers de la destinée humaine. Tantôt, au contraire, nous concevons une existence éternelle, immense, indépendante, incapable de changement, en un mot, parfaite et accomplie : c'est la région des vérités éternelles, c'est le monde idéal, c'est l'intelligible et le divin.

Nulle conscience humaine ne peut rester absolument étrangère à ces deux notions. Il est des âmes si légères ou si corrompues, si aisément emportées par le tourbillon rapide et brillant des choses qui passent, ou si profondément attachées aux grossiers objets de la terre, qu'il semble qu'aucune trace des notions sublimes ne s'y fasse sentir, qu'aucun rayon de l'idée de l'infini ne pénètre au milieu de ces ténèbres. Et cependant, scrutez au fond de ces âmes, vous y reconnaîtrez à des signes certains l'existence de l'idée de l'infini. Quel esprit assez frivole pour n'avoir pas quelquefois le sentiment de sa faiblesse? qui de nous ne pense à la mort? où est l'esprit assez grossier pour n'avoir pas au moins soupçonné par delà les beautés de ce monde, toujours mêlées de laideur, une beauté pure et sans mélange? où est le cœur qui n'a pas rêvé un idéal de félicité parfaite où tous les désirs seraient comblés? qui n'attache quelque sens à ces mots mystérieux que toute langue redit, que toute poésie chante, que toute religion adore, l'Éternel, l'Unité, le Tout-Puissant, le Très-Haut, l'Infini, l'Unité, l'Esprit universel, Dieu ?

Quelques intelligences d'élite s'attachent avec tant de force à ces hautes conceptions, quelques âmes choisies éprouvent un charme si vif à se perdre, à s'abîmer dans ces profondeurs mystérieuses, qu'elles en oublient et le monde et la vie et leur propre réalité; mais ce sont là de rares exceptions, des ravissements passagers, et il n'est point d'âme humaine qui n'ait, avec la conscience de son être propre, la notion plus ou moins distincte de tous ces êtres sans nombre qui remplissent la nature et le temps.

Voilà donc deux types de l'existence, l'éternité et la durée, l'immensité et l'étendue, l'immuable et le mouvement, le parfait et l'imparfait, l'absolu et le relatif. Voilà deux idées, deux croyances indestructibles. Il faut se rendre compte de ces deux idées ; il faut expliquer ces deux croyances ; il faut concevoir et comprendre la coexistence du fini et de l'infini. C'est le sujet des méditations de tout être qui pense, c'est l'éternel problème de la métaphysique.

Le problème est si difficile, le contraste des deux existences qu'il s'agit de concilier est si profond, et, d'un autre côté, l'esprit humain est si faible et si exclusif qu'il n'est pas malaisé de comprendre qu'aux premières époques de la spéculation philosophique il se soit rencontré des esprits impétueux et violents qui aient essayé de résoudre la question en supprimant un de ses deux termes. Les uns ont dit : « L'infini existe ; il suffit de le concevoir pour ne pouvoir plus le nier. Il est par soi, il est l'être même. Tout ce qui n'est pas lui n'est rien. Hors de l'être absolu, parfait, accompli, il ne saurait y avoir que de vains fantômes de l'existence. L'être est, le non-être n'est pas. » — On peut reconnaître ici les idées et le langage d'une école célèbre de l'antiquité, à laquelle n'ont manqué ni l'audace ni le génie : l'école d'Élée. D'autres ont dit : « Il y a du mouvement. Aveugle et insensé qui oserait le nier. L'homme se sent exister ; et pour lui, exister, c'est changer sans cesse. Tout ce qui l'entoure est livré comme lui-même à un perpétuel changement. La mobilité est donc le caractère essentiel de l'existence. Être immobile, c'est ne pas être ; tout ce qui ne se développe pas, tout ce qui ne vit pas, n'est qu'une abstraction. »—Encore ici nous empruntons à une école fameuse, l'école de Thalès et d'Héraclite, son énergique langage. Voilà donc, d'un côté, le fini, le réel, niés et méconnus ; de l'autre, l'infini, l'idéal, l'absolu, sacrifiés à la nature. Sont-ce là des solutions qui puissent satisfaire sérieusement l'esprit humain ? évidemment non. La négation absolue du fini, si elle était possible, serait le comble de la folie. Nul esprit bien fait et sincère ne peut se dérober aux conditions de la vie ; aucun effort d'abstraction ne saurait étouffer en nous le cri de la personnalité. Et d'un autre côté, comment croire que toute l'existence est dans ces phénomènes fugitifs qui ne paraissent un instant que pour disparaître ? Il faut une cause à ces changements. Il faut quelque chose qui se maintienne dans cette mobilité. L'idée même de mouvement suppose un terme fixe qui serve à le comprendre et à le mesurer. La négation de l'infini, de l'être absolu, comme la négation du fini et de la vie, forment à la fois une impossibilité matérielle et une impossibilité logique. En fait, tout homme affirme à la fois le fini et l'infini ; en droit, ces deux idées, ces deux modes d'existence, se supposent réciproquement.

Quel parti prendre en face de cette double nécessité ? maintenir les deux termes dans leur opposition, concevoir le fini et l'infini comme deux principes contraires, indépendants, ayant chacun leur raison d'être ? cette solution a été essayée. Dans l'histoire des religions, elle s'appelle le manichéisme ; dans l'histoire de la philosophie, elle s'appelle le dualisme. Des hommes de génie ont admis cet apparent dénoûment de la difficulté. Anaxagore pose en face de l'intelligence infinie, immobile, un chaos où s'agitent les éléments. Platon, dans quelques-uns de ses Dialogues, paraît incliner à une théorie analogue, et il est incontestable que le dualisme fait le fond d'un des plus grands systèmes métaphysiques de l'antiquité, celui d'Aristote. Pour le philosophe de Stagyre, il y a deux mondes séparés : celui de la nature, dont le mouvement est le caractère ; celui de la pensée absolue, où règne l'immobilité. Mais comment admettre qu'un être imparfait et changeant, comme la nature, ait en soi le principe de son existence ? comment concevoir deux premiers principes, deux êtres par soi, deux absolus ?

Ce qui condamne le dualisme, c'est qu'il est diamétralement opposé à un des besoins les plus impérieux de l'esprit humain, le besoin de l'unité. L'esprit humain aime l'unité avec ardeur, avec excès. Il semble qu'une voix secrète et mystérieuse l'avertisse que l'unité est la loi souveraine de la pensée et des choses. C'est cet amour de l'unité, d'une part, et de l'autre, l'impossibilité absolue de nier soit le fini, soit l'infini, ce sont ces deux causes combinées qui conduisent l'esprit de l'homme à une nouvelle solution du problème, laquelle est précisément le panthéisme.

On peut concevoir, en effet, le fini et l'infini, le contingent et le nécessaire, la nature et Dieu, comme les deux faces d'une seule et même existence. Ce ne sont plus deux termes séparés, deux principes opposés qui ont une sphère distincte et dont chacun se suffit à soi-même et ne suppose que soi ; c'est un seul et même principe qui, envisagé sous deux points de vue différents, apparaît tour à tour comme fini et comme infini, comme contingent et comme nécessaire, comme nature et comme Dieu.

Entrons plus avant dans cette conception. Si vous considérez une étendue déterminée, il vous est impossible de ne pas la concevoir comme limitée par une autre étendue ; elle n'existe pas en soi d'une manière absolue et distincte ; mais elle a une relation nécessaire avec l'étendue voisine. Et celle-ci, à son tour, a une relation nécessaire avec une étendue plus grande qui l'enveloppe, de sorte qu'en multipliant ainsi l'étendue, on est inévitablement conduit à concevoir une étendue infinie qui fait la base de toutes les étendues partielles. Attachez-vous maintenant à cette idée de l'immensité, et voyez s'il vous est possible de la concevoir, sans la concevoir comme divisée ou tout au moins comme divisible, sans que cette notion d'un espace sans bornes ne s'associe à l'idée de toutes sortes de figures dont cet espace est susceptible.

L'étendue finie suppose donc l'immensité, et l'immensité sans l'étendue finie, l'étendue finie sans l'immensité, sont de pures abstractions. Dans la réalité des choses, ces deux termes coexistent d'une manière indivisible.

Considérez maintenant la notion de la durée. Toute durée finie suppose une durée plus grande et l'ensemble des durées finies suppose l'éternité. Qu'est-ce à son tour que l'éternité, si vous supprimez la durée ? une abstraction de l'esprit, ou plutôt une création arbitraire du langage. Car l'esprit humain ne saurait concevoir l'idée pure de l'éternité ; il y joint toujours, par une loi nécessaire, quelque notion d'un temps qui s'écoule. Et ce n'est pas là un tribut que nous payons à l'imagination, ce n'est pas une condition accidentelle de notre nature imparfaite. En soi, l'éternité se rapporte au temps, comme le temps se rapporte à l'éternité. Ces deux notions se supposent nécessairement ; ces deux choses coexistent l'une avec l'autre. Elles se déterminent et se réalisent réciproquement. Le temps sans l'éternité, vain fantôme de l'imagination ; l'éternité sans le temps, abstraction creuse de la pensée. Il n'y a pas deux choses, le temps d'une part, l'éternité de l'autre ; il n'y en a qu'une : l'éternité se développant dans le temps, le temps s'écoulant de la source de l'éternité.

Poursuivez cette analyse et pénétrez de plus en plus dans l'intimité des notions et des choses. Est-il possible de concevoir un effet sans cause, un attribut sans substance ? évidemment non, de l'aveu de tout le monde. Mais, à y regarder de près, n'est-il pas également impossible de concevoir une substance sans attributs, une cause sans effet ? Une substance qui n'a point de qualités est une substance qui n'a point de détermination, une substance dont on ne peut rien dire. Elle se confond avec toute autre substance, ou pour mieux dire, elle diffère à peine du néant. Il faut donc que l'être se détermine ; il faut qu'il y ait dans les profondeurs de l'être une loi nécessaire en vertu de laquelle il passe de l'indétermination à la détermination, du possible au réel, de l'abstrait au concret. L'être véritable n'est donc ni dans la substance pure, ni dans la pure qualité ; il est dans la coexistence nécessaire, dans l'union indissoluble de ces deux termes.

De même, il n'est pas plus aisé de concevoir une cause sans effet qu'un effet sans cause. Supprimez la notion d'effet, il vous reste la notion d'une cause qui reste immobile et stérile, d'une cause qui ne se développe pas, d'une cause qui ne se détermine pas, d'une cause qui n'est point cause. Une telle cause est encore une abstraction de la pensée, une artificielle création du langage, qui brise l'unité de la pensée pour être capable de l'exprimer, qui divise et sépare ce qui est uni dans la réalité. Point de cause sans effets, comme aussi point de substance sans attributs, comme aussi point d'éternité sans temps, point d'espace sans étendue. En général, point de fini sans infini, et aussi point d'infini sans fini. Le fini, c'est l'étendue, c'est la durée, c'est le mouvement, c'est la nature; l'infini, c'est l'immensité, c'est l'éternité, c'est la cause absolue, c'est la substance infinie, c'est Dieu. Ainsi donc point de nature sans Dieu, point de Dieu sans une nature où il se développe et se déploie. La nature sans Dieu n'est qu'une ombre vaine; Dieu sans la nature n'est qu'une morte abstraction. Du sein de l'éternité immobile, de l'immensité infinie, de la cause toute-puissante, de l'être sans bornes, s'échappent sans cesse, par une loi nécessaire, une variété infinie d'êtres contingents et imparfaits qui se succèdent dans le temps, qui sont juxtaposés dans l'espace, qui sortent sans cesse de Dieu et aspirent sans cesse à y rentrer. Dieu et la nature ne sont pas deux êtres, mais l'être unique sous sa double face; ici, l'unité qui se multiplie; là, la multiplicité qui se rattache à l'unité. D'un côté, la nature naturante, de l'autre, la nature naturée. L'être vrai n'est pas dans le fini ou dans l'infini, il est leur éternelle, nécessaire et indivisible coexistence.

Voilà le panthéisme. On en peut varier à l'infini les formules, suivant qu'on les emprunte à l'Orient, à la Grèce, à l'Europe moderne. On peut dire avec tel philosophe que la nature est un écoulement, un trop-plein de l'unité absolue[1] ; avec un autre, que Dieu est la coïncidence éternelle des contraires[2]; avec un troisième, que la nature est un ensemble de modes dont Dieu est la substance[3]; ou encore, que le fini et l'infini, et en général, que les contradictoires sont identiques[4]; mais sous la variété des formules, au travers des changements et des progrès du panthéisme, l'analyse découvre une conception unique, toujours la même ; et cette conception, c'est celle de la coexistence nécessaire et éternelle du fini et de l'infini, de la consubstantialité absolue de la nature et de Dieu, considérés comme deux aspects différents et inséparables de l'existence universelle. Nous avons entre les mains une formule précise du panthéisme, elle nous a été fournie par l'analyse des notions élémentaires de l'esprit humain et des différentes solutions qui peuvent être données du problème fondamental de la métaphysique. Avant de faire un pas de plus, assurons-nous que notre formule n'est point une hypothèse arbitraire, et après l'avoir en quelque façon déduite *a priori* de la nature même de la raison, prouvons qu'elle est confirmée *a posteriori* par les données du langage et par l'histoire de l'esprit humain.

Et d'abord, il suffit du plus simple examen de ce mot *panthéisme* pour reconnaître qu'il exprime à merveille l'essence du système dont il est le signe. Supposez qu'après avoir posé *a priori* la formule précédemment développée, on veuille composer un mot unique pour la résumer, il sera impossible de trouver une combinaison

---

[1]. Plotin.
[2]. Giordano Bruno.
[3]. Spinoza.
[4]. Hégel.

plus simple, plus nette, plus expressive que celle qui s'est formée naturellement. Comment s'y prendre, en effet, sinon de choisir un mot qui exprime la notion de cette suite de phénomènes, de ce grand tout, πᾶν, composé de mille parties, qui dans son ensemble forme le fini? Puis, il faudra chercher un autre mot qui représente la notion de l'être absolu, de l'infini, de Dieu, Θεός. Réunissez maintenant ces deux mots de manière qu'ils n'en fassent qu'un ; ce mot unique exprimera parfaitement l'unité de ces deux éléments à la fois distincts et inséparables de l'existence universelle dont l'un est le fini, la nature, le grand tout, et l'autre l'infini, l'être absolu, Dieu. Tel est le sens, telle est la portée du mot panthéisme.

Considérez maintenant les grands systèmes panthéistes que nous voyons se produire aux différentes époques de la philosophie ; vous verrez se confirmer les données de l'analyse et celles du langage. Je citerai quatre systèmes, reconnus par tous les critiques comme des systèmes panthéistes, le système Stoïcien et le système Alexandrin dans l'antiquité, et parmi les modernes, le système de Spinoza et celui de Hégel.

L'école stoïcienne incline si peu à nier le fini, la matière, qu'elle a pu être taxée de matérialisme avec quelque apparence de raison ; **elle** prétend, en effet, que tout ce qui existe est corporel, mais il faut bien entendre cette formule, et on voit alors que l'école stoïcienne n'a été nullement étrangère au sentiment de l'idéal et de l'infini. Pour elle, tout être est double, matériel pour les sens, spirituel pour la raison, à la fois passif et actif, visible et invisible. L'univers est un animal immense formé d'un corps visible et passif, et d'une âme invisible et active qui le gouverne et l'anime. Cette âme, ce principe universel de vie, est la source de tous les êtres. Elle circule au sein de l'univers, pénètre tout, domine tout; tout vient d'elle et tout rentre en elle. Voilà la notion de l'infini, mais unie par un lien nécessaire à celle du fini.

L'école d'Alexandrie part de l'unité absolue; mais elle reconnaît dans ce principe une loi de développement nécessaire; l'unité s'épanouit en trinité. Du sein de la trinité divine s'échappent des êtres qui en portent le caractère, et qui, féconds eux-mêmes, produisent de nouveaux êtres dans un progrès sans limite. Ici encore nous trouvons la notion du fini et la notion de l'infini, la notion de l'unité et la notion de la multiplicité, réunies par un rapport nécessaire, conçues comme les deux éléments d'une seule existence.

Même caractère dans les systèmes de Spinoza et de Hégel. Ce que Spinoza appelle substance, Hégel le nomme idée; ce qui est pour le philosophe d'Amsterdam le développement nécessaire de la substance en une série infinie d'attributs et de modes, le philosophe de Berlin le définit le *processus* éternel de l'idée, le mouvement de l'idée qui tour à tour sort de soi et rentre en soi par une loi uniforme et universelle. Les deux philosophes, séparés sur d'autres points, s'accordent donc parfaitement à admettre le fini et l'infini, et à les rattacher l'un à l'autre par la loi d'un développement éternel qui sans cesse tire le fini de l'infini pour l'y faire rentrer et ramener ainsi sans cesse à l'unité les deux éléments des choses.

Ainsi donc, l'histoire, le langage, l'analyse de l'esprit humain, tout s'accorde, tout concourt à nous démontrer que nous avons exactement assigné l'essence du panthéisme et la formule qui exprime le plus exactement ce système. Abordons maintenant notre second problème, et cherchons s'il n'existe pas une loi, fondée sur l'essence même du panthéisme, et qui doit régir tous les développements qu'il peut recevoir.

On a remarqué plus d'une fois que le panthéisme est un système extrêmement simple, et d'une simplicité vraiment séduisante, tant qu'il reste sur les hauteurs de l'abstraction; mais aussitôt qu'on l'en fait descendre, les difficultés commencent, et avec elles la confusion, l'indécision et l'obscurité. Aussi, tous les systèmes panthéistes, envisagés dans leur principe général, se ressemblent d'une manière frappante; ils ne se distinguent les uns des autres qu'en se développant. C'est alors qu'éclatent les différences, et, comme les deux côtés d'un angle, les divers systèmes se séparent d'autant plus qu'ils s'éloignent davantage du point de départ.

Il n'y a rien là qui ne trouve sa raison dans la constitution de l'esprit humain. Un système métaphysique, en effet, n'existe qu'à une condition, c'est de rendre raison de la nature des êtres, de leurs conditions les plus essentielles, de leurs plus intimes rapports. On n'a presque rien fait quand on a posé d'une manière générale Dieu, la nature, l'humanité; il faut déterminer toutes ces conceptions, il faut dire ce que c'est que Dieu, s'il a ou non des attributs, quelle est sa manière d'être; il faut s'expliquer sur les choses finies, sur le degré précis de leur existence. On a beau se complaire dans l'arrangement logique des notions; il faut payer tribut à l'expérience, il faut rendre raison des réalités de ce monde.

Non-seulement l'univers visible frappe nos sens, mais

la conscience humaine, toujours présente, nous fait entendre son impérieux langage. L'esprit a ses lois, le cœur a ses besoins, l'âme a ses aspirations, ses élans, ses pressentiments mystérieux. Toute philosophie doit recueillir ces faits et en tenir compte.

C'est ici que le panthéisme rencontre des difficultés qu'aucun génie humain n'a pu surmonter. Il reconnaît l'existence du fini et celle de l'infini, et en cela le panthéisme est en parfaite harmonie avec les lois de l'esprit humain, avec les inspirations de la conscience universelle. Mais le genre humain ne se borne pas à croire à la nature et à adorer la Divinité; le genre humain croit à une nature réelle et à un Dieu réel; il croit à un univers qui n'est pas peuplé de fantômes, mais de choses effectives, de forces vivantes; il croit à un Dieu qui n'est pas une abstraction, un signe algébrique, une formule creuse, mais un Dieu vivant et agissant, un Dieu déterminé, actif, fécond. Telle est la foi du genre humain, et il faut bien, bon gré, mal gré, que le panthéisme en rende raison. Aussi tous ses partisans les plus célèbres l'ont-ils essayé.

Si le panthéisme est obligé d'expliquer les croyances du genre humain, il n'est pas moins impérieusement obligé de rester fidèle aux conditions de son essence. Or l'essence du panthéisme, c'est l'unité, ou, si l'on veut, la réduction du fini et de l'infini, de la nature et de Dieu, à l'unité absolue.

Qui ne voit la grandeur de cette difficulté? D'une part, il faut à l'esprit humain, il faut à la conscience universelle, un Dieu réel et une nature réelle; de l'autre, il faut ramener toute existence à l'unité. Comment y parvenir? Si vous ne voulez pas d'un Dieu abstrait et indéterminé, il faut lui donner des attributs, il faut à ces attributs mêmes du mouvement et de la vie ; mais alors ces modes, ces attributs, ces déterminations de Dieu n'étant plus que Dieu lui-même, la nature s'absorbe en lui ; il n'y a plus de nature ni d'humanité ; il n'y a que la vie de Dieu.

Au contraire, cherchez-vous à donner à la nature une réalité qui lui soit propre, admettez-vous que les êtres de ce monde ont une certaine consistance, une certaine individualité : que devient alors la réalité de Dieu ? Dieu n'est plus qu'un nom, qu'un signe ; il se dissipe et s'évanouit. En deux mots, le panthéisme est condamné à cette terrible alternative, de diminuer et d'appauvrir l'existence divine pour donner à l'univers de la réalité, ou de réduire à rien l'existence des choses visibles pour concentrer toute existence effective en Dieu.

Insistons sur ce point fondamental, et pour l'entourer de la plus vive lumière, transportons-nous sur un terrain plus étroit ; concentrons la difficulté sur un problème précis. Parmi les attributs que le genre humain reconnaît en Dieu, il n'en est pas de plus éclatant et de plus auguste que l'intelligence ; parmi les êtres qui peuplent cet univers, il n'en est aucun dont l'existence nous soit plus certaine et mieux connue que celle des êtres intelligents. Il y a donc une intelligence infinie et il y a aussi des intelligences imparfaites et bornées qui conçoivent et qui adorent en Dieu la plénitude et la perfection de l'intelligence. Le panthéisme est obligé de reconnaître ces deux sortes d'intelligence, et au début du moins, il ne cherche pas à les nier. Mais il ne s'agit pas seulement de les reconnaître, il s'agit d'en expliquer la coexistence et d'en déterminer le rapport. Le problème est difficile et redoutable pour tout système, et peut-être surpasse-t-il l'esprit humain; mais il a pour le panthéisme une difficulté toute spéciale. Il faut, en effet, tout en posant comme réelles l'intelligence infinie et la variété des esprits finis, il faut ramener ces deux espèces d'intelligence à l'unité.

C'est ici l'écueil où tous les systèmes panthéistes viennent se heurter. Jusqu'à ce moment, ils avaient marché de conserve dans une voie simple et droite; achoppés à cette difficulté, ils se divisent et s'engagent en deux directions tout à fait contraires. Avons-nous affaire à un philosophe pénétré d'un sentiment profond de la Divinité, de cette pensée parfaite et accomplie qui ne connaît aucune limite, aucune ombre, en qui se concentrent tous les rayons de la vérité absolue, qui embrasse la plénitude de l'être et le réel, le possible, le passé et l'avenir d'un regard unique et éternel ; un tel philsosophe ne se résoudra jamais à faire de l'intelligence divine une pensée indéterminée, une pensée vide d'idées, une pensée sans conscience, en un mot, l'abstraction de la pensée au lieu de la pensée réelle et vivante. Il admettra donc une intelligence riche et féconde, pleine de vie, enfermant en soi toutes les formes de la pensée. Mais alors que vont être à ses yeux nos intelligences finies ? seront-elles en dehors de l'intelligence absolue ? leurs idées seront-elles distinctes de ses idées, leur vie de sa vie? Nous voilà infidèles au principe fondamental du panthéisme, à la loi de l'unité. Il faut donc renoncer à toute logique, déserter son principe, ou bien se résigner à cette conséquence, que ce que nous appelons une intelligence finie n'est qu'une partie de l'intelligence infinie, un moment fugitif de sa vie éternelle; en un mot, nos faibles intelligences perdent toute réalité distincte, toute consistance individuelle, elles se résolvent en purs modes, en idées particulières de l'intelligence absolue. Or, il y a des esprits qui ne peuvent renoncer à la conscience de leur réalité propre ; il y a des individualités robustes, décidées à ne pas faire le sacrifice d'elles-mêmes, à ne pas s'absorber au sein d'une existence étrangère. Les esprits de cette sorte, fortement attachés aux données de la conscience, entreprennent de les concilier avec leur principe fondamental, qui est l'unité absolue des êtres. Ils n'ont pour cela qu'un moyen, c'est de refuser à l'intelligence infinie toute vie distincte; c'est de la réduire à une pensée pure, à une pensée indéterminée, lien de toutes les pensées, de toutes les intelligences finies. Alors, à la place d'une intelligence unique qui seule vit, qui seule pense, qui seule est réelle, vous avez une variété infinie d'intelligences, distinctes et déterminées, réunies par un caractère général, par un signe commun. Dans le premier cas, Dieu seul est réel et les créatures ne sont que ses formes; dans le second, les créatures seules ont de la réalité, et Dieu n'est qu'un signe qui les unit.

Telle est l'inévitable loi imposée au panthéisme par la logique et par la nature des choses. Il trouve en face de lui deux réalités que nul esprit raisonnable ne saurait nier, et il entreprend de les réduire à l'unité absolue d'une seule existence. Le voilà condamné, s'il veut un Dieu réel et vivant, à y absorber les créatures et à tomber dans le mysticisme; ou, s'il lui faut un univers réel et effectif, à faire de Dieu une pure abstraction, un pur nom, et à se rendre suspect d'athéisme.

Il est inutile d'insister pour faire comprendre l'importance capitale de cette loi ; nous l'avons, pour ainsi dire, déduite *à priori* d'une manière générale de l'essence même du panthéisme mise en rapport avec l'analyse des idées et avec la nature des choses. Confrontons-la maintenant avec les témoignages de l'histoire. Si notre loi est vraie, elle doit expliquer toutes les formes et toutes les vicissitudes du panthéisme. Interrogeons donc toutes les époques de l'histoire de la philosophie; remontons aux premiers développements de la philosophie grecque; allons même chercher dans les monuments les plus accessibles de l'antique et obscur Orient les premières tentatives panthéistes.

La seule partie de l'Orient où la critique moderne ait découvert des traces certaines et distinctes d'un développement philosophique, c'est l'Inde. Nous ne parlerons donc que des systèmes indiens, et encore faudra-t-il nous imposer la loi d'en parler avec la plus grande réserve, dans la mesure où les travaux récents de Ward et de Colebrooke, de Windischman et de Lassen, d'Abel Rémusat et d'Eugène Burnouf, permettent à notre ignorance de toucher ces obscures matières. Les systèmes les plus célèbres et les mieux connus sont au nombre de quatre : le système Védânta, le système Sânkhya, le système Veiséshikâ et le système Nyâya. De ces quatre systèmes, les deux premiers ont seuls le caractère d'une doctrine générale embrassant tous les problèmes de la métaphysique. Le système Nyâya, en effet, tel du moins que nous pouvons le connaître, est surtout un système de dialectique, une école de raisonnement. Pareillement, le système Veiseshikâ n'est peut-être qu'un système de physique principalement occupé d'expliquer par des combinaisons d'atomes l'économie de l'univers sensible. Les deux autres systèmes ont une plus vaste portée, un plus large horizon ; ils partent du premier principe des choses et ne s'arrêtent qu'après avoir épuisé tous les développements de ce principe. Mais ce qui signale spécialement ces systèmes à notre examen, c'est qu'ils sont évidemment pénétrés l'un et l'autre de l'esprit du panthéisme. Et il n'y a point lieu de s'en étonner. Dans l'Orient, en effet, la philosophie ne s'est jamais séparée de la religion. Les systèmes les plus indépendants et les plus hardis de l'Inde tiennent encore par des liens secrets à la doctrine des Védas.

Or quel est l'esprit intérieur qui circule dans tous les dogmes, dans tous les symboles de la religion védique? c'est l'esprit du panthéisme. Il est tout simple que cet esprit anime la philosophie Védânta, qui n'est autre chose qu'une interprétation des livres sacrés; mais on ne le retrouve pas moins fortement empreint, quoique sous des formes plus libres et plus originales, dans les principes de la philosophie Sânkhya. Voilà donc les deux grands systèmes panthéistes de l'Inde, l'un essentiellement théologique et fidèle à l'orthodoxie, l'autre d'un caractère plus philosophique et plus dégagé de l'autorité religieuse. En quoi s'accordent, en quoi diffèrent ces systèmes? ils s'accordent sur le principe fondamental et proclament tous deux l'unité absolue de l'existence, la consubstantialité de la nature et de Dieu; ils se séparent aussitôt qu'en développant ce principe, ils entreprennent d'en déterminer avec un peu de précision les conséquences essentielles.

Le premier, le système orthodoxe, fidèle à l'esprit des Védas, tend ouvertement à sacrifier la nature à Dieu, et se jette aux dernières extrémités du mysticisme; le second, le système Sânkhya (je parle surtout de cette branche de l'école Sânkhya qui reconnaît pour maître Kapila), le second, dis-je, fait effort pour se dérober aux pentes mystiques sur lesquelles toute philosophie orientale tend à glisser, et dans son naturalisme hardi il s'engage si loin qu'il aboutit à une sorte d'athéisme avéré.

Il est inutile d'établir ici par des témoignages et des citations le caractère mystique de la philosophie Védânta; c'est un point qui ne sera pas contesté. Bornons-nous à préciser en peu de mots le naturalisme et l'athéisme du système de Kapila.

Le philosophe indien reconnaît vingt-cinq principes des choses, ou, pour mieux dire, il entreprend d'expliquer les degrés successifs de la génération des êtres en les rattachant tous à un premier principe, seul digne de ce nom, duquel émanent dans un ordre logique une série de principes secondaires et subordonnés. Ce qui importe ici, ce n'est pas la détermination précise de ces vingt-quatre principes subtilement distingués par le philosophe indien, mais bien plutôt l'ordre général de leur développement, et surtout le caractère du principe premier. Or quel est ce principe? c'est la Nature, *Prakriti* ou *Moula Prakriti*, nommée aussi *Pradhana*, matière universelle des choses. Voilà le Dieu de Kapila. Peut-on professer plus expressément le naturalisme? Voulez-vous la preuve que ce Dieu, considéré en soi, est un principe absolument indéterminé, absolument abstrait, sans personnalité, sans conscience, bien plus, sans intelligence et sans pensée d'aucune sorte? Jetez les yeux sur la liste de ces principes subordonnés qui sont moins des principes véritables que la suite des créations ou émanations successives de l'Être primordial. Il est vrai que l'Intelligence, *Bouddhi*, vient immédiatement après le premier principe; mais cette intelligence est si peu déterminée qu'il faut descendre un degré de plus pour trouver la Conscience, *Akankara*. Enfin, ce qui achève de marquer nettement la direction de la philosophie de Kapila, c'est la négation d'un Dieu providence, d'un *Iswara* ordonnateur du monde, négation expresse et hardie qui a valu à son école le surnom d'école athée. Ainsi donc, en face du panthéisme mystique et dévot de la philosophie Védânta, un second panthéisme singulièrement audacieux, qui débute par le matérialisme absolu et pousse si loin la négation d'un Dieu personnel qu'il semble aboutir à l'athéisme, tel est le spectacle que nous montre la philosophie de l'Inde.

Hâtons-nous de sortir de ce monde oriental, mal connu encore des plus doctes et profondément obscur à nos faibles yeux, où par conséquent les appréciations les plus mesurées peuvent passer pour de simples conjectures, et allons chercher en Grèce, à l'aide de monuments plus nombreux et plus clairs, les deux grandes formes du panthéisme.

Ici tout devient lumineux et décisif. La philosophie grecque, à son début, est empreinte d'un caractère général et incontesté de panthéisme, et elle s'engage ouvertement dans deux directions contraires, dont l'une aboutit avec les disciples d'Héraclite au naturalisme absolu, et l'autre, sur les traces de Parménide, au théisme le plus exclusif qui fût jamais. Arrêtons-nous quelques instants sur ces deux essais de la philosophie naissante. Le panthéisme est indécis encore dans l'école d'Ionie et dans celle d'Élée ; mais laissez le génie grec se fortifier et grandir, les germes déposés dans les systèmes de Parménide et d'Héraclite s'épanouiront ; la philosophie stoïcienne renouvellera l'héraclitéisme, et l'unité absolue de Parménide revivra dans le système Alexandrin, rajeunie et fécondée par les plus riches développements. On peut dire que l'idée panthéiste n'est arrivée, ni dans l'école d'Ionie, ni dans l'école d'Élée, à la conscience claire d'elle-même. Pour qu'il en fût ainsi, en effet, il faudrait que les deux termes essentiels du problème métaphysique, le fini et l'infini, eussent été nettement aperçus. Or, il semble que l'école d'Ionie, livrée aux sens et à l'imagination, s'attache si fortement au spectacle de la nature, à la contemplation de ce flot rapide des phénomènes, qu'elle en perd le sentiment de l'être absolu. Et de même, l'école d'Élée, pleine de confiance dans la force de l'abstraction, une fois maîtresse de l'idée de l'être absolu, s'y concentre et s'y emprisonne au point de ne plus pouvoir en sortir. Et cependant le panthéisme est déjà tout entier dans ces écoles exclusives avec son essence constante et la loi non moins invariable qui règle son double développement. Ne croyez pas, en effet, que l'idée de l'infini soit entièrement absente du système d'Héraclite. Ce qui y domine, c'est, il est vrai, le sentiment de la mobilité infinie des choses, ce sentiment que le philosophe ionien exprimait d'une manière si forte et si ingénieuse en disant : « On ne se baigne pas deux fois dans le même fleuve[1] ; » mais sous ces vagues agitées et changeantes qui nous emportent de la vie à la mort, le génie élevé et méditatif d'Héraclite soupçonne une force unique qui se développe dans les phénomènes de la nature, sans s'y

---

[1]. Voyez Platon, *Cratyle*, page 402, A.

épuiser jamais, qui produit, détruit et renouvelle toutes choses. Cette puissance, Héraclite l'appelle le feu [1], non le feu visible et grossier qui frappe les sens, mais un feu intérieur, un feu vivant. Et la preuve qu'il s'en forme une idée déjà fort épurée, c'est qu'il le nomme raison divine, et le conçoit comme circulant dans tout l'univers et éclairant nos intelligences de ses rayons [2]. Le sentiment de l'infini n'a donc pas manqué à Héraclite, et l'on peut dire que sa doctrine est un panthéisme sensualiste, où l'idée du fini domine et tend sans cesse à absorber l'idée de l'infini, en d'autres termes, un panthéisme qui se retient à peine sur la pente du naturalisme absolu.

Pareillement, on définirait bien la doctrine de l'école d'Élée en l'appelant un panthéisme abstrait où l'idée de l'infini ou de l'unité domine et tend ouvertement à absorber l'idée du fini. Il ne faudrait pas croire, en effet, que l'idée du fini ait manqué aux métaphysiciens éléates. Le chef de l'école, Xénophane, avant de s'élever à cette grande pensée de l'unité absolue, avait tenté une science de la nature. Parménide, génie plus audacieux, s'attache avec une puissance d'abstraction et une rigueur d'analyse vraiment prodigieuses à l'idée pure de l'unité; mais il a beau faire, il faut qu'il paye tribut à l'expérience. Le monde sensible est là; il nous illumine de sa clarté, il nous accable de son étendue; nul esprit humain ne parvient à en secouer complétement le joug. Parménide élève la raison au-dessus des sens; mais par là même il reconnaît leur existence. Le

---

1. Κόσμον τὸν αὐτὸν ἁπάντων οὔτε τις θεῶν οὔτε ἀνθρώπων ἐποίησεν, ἀλλ'ἦν ἀεὶ καὶ ἔστιν καὶ ἔσται πῦρ ἀείζωον (Clément d'Alex., *Stromates*, v, p. 599, B, c.)

2. Τοῦτον δὴ τὸν θεῖον λόγον καθ'Ἡράκλειτον δι' ἀναπνοῆς σπάσαντες νοεροὶ γινόμεθα. (Sextus Empiricus, *Adv. Math.*, vii, 127 sqq.)

monde visible est pour lui une pure illusion ; mais cette illusion même a nécessairement une raison d'être. Cela est si vrai que Parménide, après s'être épuisé à pénétrer les profondeurs de l'être absolu, consent à tourner son regard vers le monde des sens, et s'efforce de rendre compte de ces apparences décevantes et de les ramener à l'unité. Par une contradiction évidente, mais inévitable, ce philosophe de l'unité indivisible, cet adversaire inflexible des sens termine son grand poëme par un système de physique [1].

Ainsi donc, ni Héraclite n'a complétement méconnu la notion de l'infini, ni Parménide ne s'est entièrement affranchi de la notion du fini. Tous deux ont cherché, à leur manière, l'unité absolue de l'existence, chimère éternelle, éternel écueil du panthéisme. L'un, pénétré du sentiment de la réalité sensible, a réduit toute existence à un devenir absolu ; l'autre, enivré d'abstraction, n'a vu dans la nature que limites et néant, et il a concentré toutes choses dans une seule existence réelle, celle de l'être en soi. Double conséquence à laquelle est condamné le panthéisme par la loi essentielle de son développement.

Si nous voulons maintenant vérifier sur une plus grande échelle les caractères que nous venons d'assigner aux systèmes de l'Ionie et d'Élée, franchissons l'époque de Socrate, traversons l'école de Platon, où le panthéisme, s'il s'y rencontre, n'existe qu'en germe ; dépassons enfin l'école d'Aristote, où règne un esprit tout contraire, et arrivons aux deux écoles qui ont

---

[1]. Voyez les fragments de Parménide réunis par Simon Karsten, et le *Parménide d'Élée* de Francis Riaux.

honoré le déclin de la civilisation grecque, l'école stoïcienne et l'école d'Alexandrie.

La doctrine métaphysique de Zénon et de Chrysippe n'est autre chose qu'un héraclitéisme perfectionné. Elle reconnaît le feu comme principe universel des choses ; elle explique par le mouvement alternatif du feu tous les phénomènes de la vie et de la mort. Voici maintenant ce qui donne à cette doctrine le caractère d'un panthéisme élevé, très-supérieur, quoique parfaitement analogue, à celui d'Héraclite. Les stoïciens ne se sont pas arrêtés à la surface mobile des choses sensibles ; pénétrant plus avant, cherchant le principe de cette mobilité, ils ont saisi la notion de cause, de force. Au delà du corps, ils ont aperçu l'âme ; au delà du phénomène inerte et passif, la force toujours active, et comme ils disent, toujours tendue. Pour les stoïciens, tout corps a une âme, comme toute âme a un corps. Toute la nature est pleine de force et de vie ; elle est comme un vaste organisme dont chaque être est un membre vivant. Toutes les âmes, toutes les forces sortent d'une âme universelle, d'un esprit de feu partout répandu et partout fécond, centre de tous les mouvements du monde, foyer de toutes les intelligences, semence, lumière, providence, loi vivante et souveraine de tous les êtres de l'univers. Telle est la conception qui élève bien haut le système stoïcien et dépasse infiniment l'horizon d'Héraclite ; mais il faut l'éclaircir encore et la caractériser plus nettement.

Le principe constant de l'école stoïcienne, celui qu'on retrouve partout, au milieu même de ses inconséquences, c'est l'idée d'énergie ou de force en action. On peut, en ce sens, définir le stoïcisme : la philosophie de l'effort, comme il serait assez juste de définir l'épicurisme : la philosophie du relâchement. Les stoïciens, grecs et romains, exprimaient cette idée dominante par le mot de *tension* (τόνος, ἐπίτασις, *tenor*, et autres semblables). Cette idée sert à éclaircir et à lier jusqu'à un certain point tous les éléments de leur doctrine; elle donne en particulier la clef de leur fameuse *physiologie*.

Les stoïciens posent en principe que tout ce qui existe est corporel. Et en effet, disent-ils, tout ce qui existe est actif ou passif; or point d'action ni de passion sans un corps qui exerce l'acte ou qui le subisse. Les stoïciens vont jusqu'à soutenir que les qualités des choses, non-seulement sont corporelles, mais sont des corps; et enfin que tout ce qui n'est pas corps est pure abstraction, c'est-à-dire n'est réellement pas. Il faut ici les bien entendre : ce qu'ils appellent corps, c'est la réunion naturelle, intime, indissoluble, de deux éléments que l'abstraction seule peut séparer : un élément passif, matériel, et un élément actif, spirituel. Écoutons Sénèque : *Dicunt, ut scis stoici nostri duo esse in rerum natura, ex quibus omnia fiunt, causam et materiam* [1]. — Et encore : *Initia rerum stoici credunt tenorem neque materiam.* — *Materia* désigne ici, non les objets matériels, les corps, mais la substance passive qui sert de base à toutes les qualités, à toutes les énergies corporelles. *Tenor, causa*, indiquent la force active qui s'applique à cette substance pour l'animer et la mettre en mouvement. Point de matière sans esprit, point d'esprit sans matière; l'union de la matière et de l'esprit constitue un corps, c'est-à-dire une réalité.

Tels sont les principes généraux de la physiologie

---

1. Sénèque, *Epist.*, 65.

stoïcienne, qui paraît au premier aperçu matérialiste et athée ; et toutefois, c'est un point certain que les stoïciens admettaient à l'origine des choses un principe d'où sortent et où rentrent tous les êtres, une semence primitive et universelle : ils l'appelaient Dieu.

Dieu, disent-ils, est essentiellement intelligent et raisonnable ; il est l'intelligence même, la raison même, λόγος, σπέρμα νοερόν, σπερματικός λόγος. Il est à la fois la semence et la raison des choses, et contient en soi toutes les semences et toutes les raisons particulières de tous les êtres de l'univers.

Ce n'est pas tout ; Dieu, à s'en rapporter aux déclarations des stoïciens, est une Providence, Πρόνοια. Il est la force motrice de l'univers ; à ce titre il gouverne et enveloppe toutes choses, et son gouvernement est tout de sagesse et de raison. Dieu assigne à chaque partie du monde sa nature propre, son rôle distinct, son but précis. Il combine tous les ressorts de cette immense machine et les coordonne vers une seule et même fin. Grâce à cette action souveraine qui pénètre jusque dans l'intimité des êtres, grâce à cette âme universelle partout répandue, partout agissante, partout irrésistible, l'univers est comme une ruche d'abeilles où règne la symétrie la plus parfaite, ou comme une maison bien réglée à laquelle préside une sage et sévère économie. Rien d'inutile, point de double emploi, point de hasard ; tout est à sa place, tout arrive à son heure, tout agit, tout est vivant, et cette vie intelligente et universelle de tous les êtres forme un poëme magnifique dont Dieu a conçu le plan et assuré l'exécution.

Voilà, ce semble, une admirable théodicée ; mais laissons les brillants dehors pour aller au fond des choses.

Le Dieu des stoïciens est-il une véritable Providence, j'entends une intelligence distincte, ayant conscience de soi, formant librement le monde et y répandant la raison et la vie? nullement. Ce Dieu n'est point un principe déterminé en soi, doué d'une existence propre. C'est un germe, une semence; ce germe se développe, mais par une loi nécessaire et en vertu d'une fatalité absolue. Et quel est le résultat de ce développement nécessaire et éternel? c'est le monde, c'est la variété infinie des êtres. Dieu donc ne vit que dans la nature, ou pour mieux dire, Dieu devient la nature; l'infini se transforme dans le fini, l'indéterminé se détermine : en un mot, il n'y a plus de Dieu distinct de l'univers; il n'y a qu'un seul être, qui, considéré tour à tour dans ses formes et dans son fond, dans ses modes et dans sa substance, s'appelle alternativement nature et Dieu [1].

Ce Dieu se distinguait si faiblement de l'univers sensible, que les stoïciens voulant le caractériser et le définir, après l'avoir appelé semence, souffle, σπέρμα, πνεῦμα, aboutissaient à l'assimiler au feu. C'était rétrograder jusqu'à Héraclite qui avait fait du feu le foyer primitif d'où rayonnent tous les êtres et où ils doivent être tous consumés. Les stoïciens acceptaient expressément l'héritage de l'école d'Ionie: « Dieu, disaient-ils, est un feu artiste qui marche par une voie certaine vers la génération [2]. » — « La nécessité (εἱμαρμένη, *fatalis necessitas*), disaient-ils encore, est la cause de tous les êtres. C'est elle qui fait que tout arrive par l'enchaînement éternel

---

1. Vis Deum naturam vocare? non peccabis. Est enim ex quo nata sunt omnia » Sénèque, *Quæst. nat.*, II, 45.

2. Πῦρ τεχνικὸν ὁδῷ βαδίζον εἰς γένεσιν. — Voyez Diogène Laerce, VII, 137, 148, 156. — Comp. Plutarque, *De placitis phil.*, 1, 7.

des causes, *ut quidquid accidet, id ex œterna veritate causarumque continuatione fluxisse dicatis*[1]. »

On comprend maintenant qu'avec cette philosophie les stoïciens n'eussent aucune difficulté à admettre la théologie du paganisme. Ils ne se réservaient que le droit de l'interpréter avec une certaine liberté et de transformer, comme ils disaient, la théologie mythique et la théologie civile en *théologie physique*. Selon ce système d'exégèse, Dieu, comme cause de la vie, s'appelle Zeus (de ζωή); comme présent dans l'éther, qui est son lieu propre, Athéné, dans le feu Hephœstos, dans l'air Héra, dans l'eau Poseidôn, dans la terre Déméter ou Cybèle.

Si les stoïciens ont ainsi matérialisé Dieu au point de le confondre avec la nature, ce n'est pas que le sentiment de la personnalité leur ait manqué; mais ils ne l'ont comprise que dans l'homme. La personne humaine, voilà le véritable Dieu des stoïciens. Dans ce mouvement qui emporte toutes choses au gré de la fatalité, il y a un être qui résiste et qui lutte, c'est l'homme. L'homme se propose un idéal qui est la liberté, la pleine possession de soi-même, la parfaite indépendance, et pour atteindre cet idéal, il sacrifie ses instincts les plus impérieux et ses plus douces affections. Or quel est le moyen pour l'homme de conquérir la pleine et absolue liberté? il n'y en a pas d'autre que la liberté elle-même. Voilà donc la liberté humaine qui trouve en elle-même, qui est à elle-même son premier et son dernier bien. Le sage, l'homme libre, ne doit donc son bien qu'à soi-même et ne relève que de soi. Telle est la source de cet orgueil excessif, de cette idolâtrie de l'homme si dure-

---

[1]. Cicéron, *De natura Deorum*, I, 20.

ment et si justement reprochée à l'école stoïcienne Le sage stoïcien est dans une indépendance absolue ; son âme s'est peu à peu dégagée par sa propre vertu de toutes les entraves qui l'enchaînaient. A l'abri des coups du sort, insensible à toutes choses, maître de soi, n'ayant besoin que de soi, il trouve en soi une sérénité, une liberté, une félicité sans limites. Ce n'est plus un homme, c'est un Dieu ; c'est même plus qu'un Dieu, car le bonheur des dieux est le privilége de leur nature, tandis que la félicité du sage est une conquête de sa liberté.

C'est ainsi que le stoïcisme, après s'être élevé à l'idée d'une force universelle et infinie, principe de toutes les forces de la nature, faute d'avoir suffisamment dégagé cette force des liens de la matière, chercha dans la créature la perfection qu'elle n'avait pas su reconnaître dans le créateur, et divinisant l'homme, se perdit dans une sorte de matérialisme héroïque.

Nous trouvons un caractère opposé, un caractère tout mystique dans le panthéisme de l'école d'Alexandrie.

Toutes les spéculations de cette grande école se rattachent à sa doctrine de la trinité. Suivant les alexandrins, Dieu est triple et un tout ensemble. Au sommet le plus élevé plane l'Unité ; au-dessous l'Intelligence, identique à l'Être, ou le Logos ; au troisième rang l'Ame universelle ou l'Esprit. Or ce ne sont pas là trois dieux, mais trois hypostases d'un même Dieu. Qu'est-ce maintenant qu'une hypostase? ce n'est point une substance, ce n'est point un attribut, ce n'est point un mode, ce n'est point un rapport. Qu'est-ce que l'Unité? elle est au-dessus de l'Intelligence et de l'Être, au-dessus de la raison ; elle est incompréhensible et ineffable. Sans être intelligente, elle enfante l'Intelligence ; elle produit l'Être et elle-même n'est point un être. A son tour l'Intelligence, immobile et inactive, produit l'Ame, principe de l'activité et du mouvement. Est-ce assez de ténèbres? est-ce assez de contradictions?

Un examen approfondi, sans résoudre toutes ces contradictions, sans dissiper toutes ces ténèbres, les éclaircit. Quand l'âme humaine, imposant silence à l'imagination et aux sens, se recueille en soi-même comme dans un temple consacré à Dieu pour méditer sur le principe de son être, quand elle oppose aux misères de cette existence fugitive l'idéal d'une vie parfaite, le premier moyen qu'elle possède de se représenter Dieu, c'est d'étendre à l'infini toutes les perfections dont elle porte la trace. C'est là le premier effort d'une âme philosophique. Elle s'élève de la connaissance de soi-même à la connaissance de Dieu, se souvenant qu'elle est faite à son image et qu'elle est comme un miroir où Dieu a réuni et concentré l'image de toutes ses perfections. L'âme est une activité intelligente; mais cette intelligence n'embrasse qu'un petit nombre d'objets et de rapports; elle est sujette au doute et à l'erreur; cette activité est limitée à une sphère restreinte, et dans cette étroite sphère il faut qu'elle lutte et souvent qu'elle succombe. Dieu, au contraire, est une intelligence qui embrasse tous les objets et tous les rapports, une activité qui remplit tous les espaces et tous les temps, et qui répand partout l'ordre, l'être, la vie. Ce Dieu, conçu comme un parfait modèle dont l'âme humaine est une copie, cette Ame infinie et universelle, c'est la troisième hypostase de la trinité alexandrine. C'est là Dieu sans doute, mais ce n'est pas Dieu tout entier; ce n'est pas un Dieu qui puisse suffire à la pensée humaine et où la dialectique puisse s'arrêter.

Ce Dieu, en effet, si élevé au-dessus de la nature et de l'humanité, participe de leurs misères. Il agit, il se développe, il se meut. Il a beau remplir tous les espaces et tous les temps; il tombe lui-même dans l'espace et dans le temps. Il connaît et il fait toutes choses, mais il n'est pas le premier principe des choses; car il ne peut les connaître et les faire qu'à condition d'emprunter à un principe plus élevé l'idée même et la substance des êtres qu'il réalise. Au-dessus d'une activité intelligente qui conçoit et réalise dans l'immensité de l'espace et du temps les types éternels des choses, nous concevons l'intelligence en soi qui contient dans les abîmes féconds de son unité ces types eux-mêmes. Cette pensée absolue, simple, immobile, supérieure à l'espace et au temps, c'est Dieu encore, c'est la seconde hypostase de la trinité alexandrine.

Il semble que la pensée ait ici atteint le plus haut terme de son développement. Quoi de plus parfait que de penser et d'agir, si ce n'est de posséder en soi la plénitude de la pensée et de la vie, la plénitude de l'être? Mais la pensée humaine ne peut encore s'arrêter là. Une nécessité inhérente à ce qu'il y a de plus divin dans sa nature la presse et l'agite, et ne lui laissera de repos que quand elle aura atteint un point où le désir de la perfection suprême s'épuise dans la possession parfaite de son objet.

Dieu est la pensée absolue, l'être absolu. Or qu'est-ce que la pensée? quel en est le type? c'est la pensée humaine, la pensée liée à la personnalité. Et puis qu'est-ce que l'être et quel en est pour nous le premier modèle? c'est l'être de cette fragile créature que nous sommes. Mais quoi! l'être de Dieu sera-t-il comparable au nôtre? la pensée de Dieu sera-t-elle analogue à celle des hommes? Penser, c'est connaître un objet extérieur dont on se distingue ; rien n'est antérieur à Dieu. Penser, c'est avoir conscience de soi, c'est se distinguer, se déterminer par rapport à autre chose; or il ne peut y avoir en Dieu ni distinction, ni détermination, ni relation. Ce n'est donc pas encore considérer Dieu en soi, mais relativement à nous, que de se le représenter comme la pensée, comme l'être. Dieu est au-dessus de la pensée et de l'être ; par conséquent, il est en soi indivisible et inconcevable. C'est l'Un, c'est le Bien ; c'est la première hypostase de la trinité alexandrine.

Voilà les trois termes qui composent cette obscure trinité. Le genre humain, c'est-à-dire la raison encore imparfaitement dégagée des sens, s'arrête à l'Ame universelle, principe mobile du mouvement; la raison des philosophes s'élève plus haut, jusqu'à cette Intelligence immobile où reposent les essences et les types de tous les êtres; l'amour, l'extase, peuvent seuls nous faire atteindre jusqu'à l'Unité absolue.

Cette doctrine est évidemment panthéiste et mystique tout ensemble. Elle est panthéiste; car elle pose en principe une Unité d'où émane nécessairement la série des hypostases divines. Or la même loi qui a fait sortir l'Intelligence de l'Unité et l'Ame de l'Intelligence, s'applique à l'Ame pour en tirer des êtres inférieurs, et de ceux-ci, émanent de nouveaux êtres jusqu'à ce que soit atteinte la limite de la réalité et du possible. Ainsi, le dernier et le plus grossier des corps inanimés se rattache par des anneaux intermédiaires à l'Être divin. Il est encore l'image, bien plus, il est le produit de l'unité absolue;

il est l'unité multipliée, d'infinie devenu finie, et de nécessaire contingente, par une loi uniforme d'émanation qui tire incessamment le nombre de l'Unité pour le faire rentrer ensuite dans l'Unité [1].

L'esprit mystique ne se montre pas avec moins d'évidence dans les philosophes d'Alexandrie. Et, en effet, qu'est-ce à leurs yeux que le monde où nous vivons? une image de plus en plus affaiblie de l'existence divine, ou pour mieux dire, un abaissement de la divinité. Une seule chose est vraiment bonne et vraiment réelle, c'est l'Unité. L'Unité seule est immobile et pure; immédiatement au-dessous de l'Unité apparaissent la mobilité, la différence, la limite, l'imperfection [2]. Le second principe, l'Intelligence, est déjà une déchéance de l'être; car la pensée, même absolue, implique une différence et une sorte de mouvement, la différence du sujet et de l'objet, de la pensée et de l'être, et le mouvement qui les unit. Au-dessous de l'Intelligence, Dieu s'abaisse encore en se divisant. Il agit, il produit des êtres imparfaits et mobiles, et cette production altère et corrompt de plus en plus sa nature en la rendant accessible aux limitations de l'espace et aux vicissitudes du temps.

Bien que placé à un degré élevé dans l'échelle des êtres, l'homme est plein de faiblesses et d'imperfections. La vie terrestre est une vie d'illusion et de mensonge qui dure à peine quelques instants fugitifs. L'homme ne vaut que par la pensée, qui le dérobe à ce monde misérable et le transporte aux sublimes régions. Il faut

---

1. Plotin, *Ennéades*, V, livre I, 6. — Comp. Porphyre, *Vie de Plotin*, 2.
2. *Ennéades*, V, livre VIII, 10.

donc se recueillir en soi ; il faut rompre les liens qui nous unissent à la terre ; il faut en soi-même supprimer tout ce qui tendrait à abaisser notre être en le répandant au dehors. Plus d'activité extérieure ; plus de réflexion même et plus de retour sur soi. L'activité est mauvaise, la pensée est mauvaise, la vie et l'être sont mauvais ; il n'y a de bon que l'extase, parce qu'elle supprime l'activité, la pensée, l'existence individuelle, emporte l'âme au sein de Dieu, et la plonge dans l'océan de l'unité [1].

En résumé, les panthéistes alexandrins, partis de l'infini, de l'unité, dont la notion sublime les domine et les enivre, après un puissant effort pour expliquer l'humanité et la nature, pour leur assigner leur véritable degré de réalité et leur véritable prix, retombent en quelque sorte sur eux-mêmes, accablés et impuissants, et affaiblissant de plus en plus l'être du monde au profit de l'être de Dieu, finissent par nier la vie de la nature et la vie humaine, et par ne vouloir affirmer, penser, aimer que Dieu. Leur panthéisme aboutit au quiétisme absolu.

Avec les derniers soutiens du système alexandrin s'éteint la philosophie, et pour la retrouver dans toute la liberté et dans toute la maturité de son développement, il faut remonter jusqu'au siècle de Descartes. Le panthéisme va bientôt renaître ; nous l'allons voir se produire dans les deux plus grandes écoles des temps modernes, l'école cartésienne et l'école de Kant. Il aura à son service des génies pleins de force et d'originalité, un Spinoza, un Hégel ; mais quelques progrès qu'il ait

---

[1]. Plotin, *Ennéades*, VI, livre vii, 11 ; *ibid.*, 34. Τὸ δὲ ἴσως ἦν οὐ θέαμα, ἀλλὰ ἄλλος τρόπος τοῦ ἰδεῖν, ἔκστασις, καὶ ἄπλωσις.. — Μεταξὺ γὰρ οὐδέν, οὐδ' ἔτι δύο, ἀλλ' ἓν ἄμφω.

accomplis par la précision plus forte de son principe, par la vigueur plus parfaite de ses déductions, par l'audace de ses dernières conséquences, nous allons nous convaincre que la nature des choses a soumis ses nouveaux développements à la même loi.

Le père de la philosophie moderne, après avoir ramené par une analyse hardie le monde corporel à la seule étendue et le monde spirituel à la seule pensée, avait laissé à ses successeurs le soin d'expliquer ce dualisme. Il était impossible de s'y tenir. L'amour de l'unité, entre autres causes dont nous n'avons pas à nous occuper, devait susciter l'idée de ramener l'étendue et la pensée à un principe commun, l'être, la substance, dont l'étendue et la pensée seraient les deux formes nécessaires et essentielles.

Cette idée se rencontre chez tous les disciples de Descartes, mais il en est deux qui lui ont donné un développement puissant et original, c'est Malebranche et Spinoza.

Ce qui séduisit tout d'abord Malebranche à la philosophie de Descartes, c'est qu'elle dégage nos esprits des liens du monde corporel, et nous apprend à considérer les objets des sens comme bien peu de chose. Quand on commence à réfléchir, on s'imagine que ce qu'il y a de plus clair au monde, de plus accessible, de plus certain, de plus réel, ce sont les corps qui nous environnent. Pure illusion! car rien au fond n'est plus obscur, ni moins substantiel. Il n'y a de clair que les idées, il n'y a de réel que les objets du monde intelligible, il n'y a de vraie lumière que la lumière de la raison qui éclaire l'âme en ses profondeurs[1].

---

[1] Voyez la *Recherche de la vérité*, livre I, ch. v, x, xx.

Au fond les sens n'ont rien à nous dire sur la nature et l'essence des corps; ils nous font seulement savoir en quoi ces objets peuvent nous être agréables ou fâcheux, utiles ou nuisibles. Ils servent aux nécessités de la vie matérielle et n'ont rien à démêler avec les besoins supérieurs de la science. La science vit de lumière; elle se fait avec des idées; elle n'écoute que la raison.

Consultons la raison : nous assure-t-elle de l'existence actuelle des corps? non; elle nous dit qu'il y a une idée des corps, l'idée de l'étendue avec tous les modes qui la peuvent diversifier. Or cette idée n'implique pas l'existence actuelle; autrement, il faudrait prétendre que l'univers matériel est aussi nécessaire que Dieu, et qu'il existe par la vertu de son essence. Il n'en est rien; l'idée de l'univers matériel ne représente qu'une étendue possible, laquelle est capable d'une infinité de figures et de mouvements. Cette étendue existe-t-elle effectivement? c'est ce que la raison ne peut démontrer.

Si donc nous étions réduits aux lumières naturelles, si nous ne savions point de source supérieure que Dieu a daigné donner l'existence à l'étendue et au mouvement, nous devrions considérer le monde corporel comme purement possible et ne rien affirmer sur sa réalité[1].

On dira peut-être que nous sommes certains du moins de l'existence de notre corps, puisque nous le remuons. C'est encore une illusion. Le malade à qui l'on vient d'amputer un bras croit y sentir de la douleur. Et qui de nous n'a traversé en rêve des espaces immenses, tout en restant immobile dans son lit? Écartons ces

---

1. *Entretiens métaphysiques*, 4e entret.

impressions incertaines, tantôt véridiques et tantôt trompeuses, et ne croyons qu'à l'infaillible raison. Elle nous dira que l'âme est une substance pensante, le corps une substance étendue, et qu'il n'y a entre l'étendue et la pensée aucune communication concevable.

Comment l'âme d'ailleurs serait-elle maîtresse des mouvements du corps, puisqu'elle ne l'est pas de ses propres modifications? De même que tout se réduit, dans la substance étendue, à la figure et au mouvement, de même tout se réduit, dans la substance pensante, aux perceptions de l'entendement et aux inclinations de la volonté. L'âme reçoit diverses perceptions, comme le corps diverses figures, et elle se porte vers tels ou tels objets, comme le corps se meut suivant telle ou telle direction. Ce n'est point le corps qui se donne à lui-même sa figure et son mouvement; il les reçoit du dehors; ce n'est pas non plus l'âme qui peut changer l'ordre de ses pensées, toujours réglé par les lois universelles de la raison, ni le cours de ses inclinations qui dépend de l'amour primitif du bien, amour inhérent à son essence, loi suprême de tous les êtres sensibles et intelligents[1].

Que peut donc notre volonté? Hélas! une seule chose, se tromper et faillir, c'est-à-dire arrêter sur un bien inférieur la force qui nous a été donnée pour aimer tous les biens selon le degré de leur excellence relative. Nous aimons à nous attribuer un pouvoir illimité sur nous-mêmes et sur la nature. C'est que nous nous connaissons à peine. Notre âme n'a pas proprement l'idée d'elle-

---

1. *Méditations chrétiennes*, V, VI.

même ; elle ne se voit pas dans son archétype, elle se sent. Si nous avions l'idée de la substance pensante, comme nous avons l'idée du nombre ou l'idée de l'étendue, nous saurions de quelles modifications l'âme humaine est capable aussi clairement que nous savons ce que c'est que le nombre pair ou la figure sphérique ; nous aurions la notion claire et distincte de la douleur, de la volonté, du libre arbitre, toutes choses dont nous n'avons qu'un sentiment confus. Condition étrange et humiliante, nous connaissons mieux le corps que l'âme, en ce sens que nous connaissons le corps en général par l'idée ou l'archétype qui le représente, au lieu que nous ne connaissons l'âme que par sentiment.

Que savons-nous donc en définitive, condamnés comme nous le sommes à nous défier des sens, de l'imagination et de la conscience elle-même ? nous savons qu'il y a des idées, que ces idées sont la règle immuable de nos pensées, qu'en nous attachant à elles, nous sommes dans la vérité, dans la lumière, dans l'ordre, et qu'aussitôt que ces idées s'obscurcissent à nos regards, nous ne sommes que trouble, erreur, ignorance, désordre et corruption.

Où sont-elles ces idées ? elles ne sont pas des formes de notre être; car nous sommes changeants et elles sont immuables; nous sommes sujets à l'erreur, et elles sont infaillibles; nous sommes pleins de confusion, et elles sont resplendissantes de lumière; nous sommes finis et imparfaits, et les idées expriment toutes, chacune à sa manière, l'infinité et la perfection. Elles éclairent notre faible raison et elles la dominent. Dans leur essence immuable, dans leur enchaînement lumineux et infini, elles constituent la raison en soi, la raison universelle, la vérité, Dieu[1].

Oui, nous voyons Dieu d'une vue immédiate, et c'est en lui que nous voyons toutes choses. Car l'être infini est infiniment intelligent. Il est la raison même, la vérité même. Il embrasse dans l'unité de son être toutes les essences, toutes les idées, les archétypes de toutes choses. Chaque idée n'est proprement que l'être même de Dieu en tant qu'il peut être communiqué à telle ou telle espèce d'objets. L'idée de l'étendue, par exemple, c'est Dieu en tant qu'il peut communiquer à des êtres sensibles quelque chose de son étendue intelligible. Et ainsi de toutes les autres idées. Dieu donc, placé lui-même au-dessus des idées, les enferme toutes en son essence, où il les voit et les contemple éternellement. C'est là le dialogue éternel de Dieu avec son Verbe, conversation mystérieuse, où Dieu, comme être, se livre tout entier à Dieu comme intelligence, où le Père communique au Fils toute sa substance. Ce Verbe divin, cette raison éternelle luit dans nos âmes et nous fait voir Dieu même et quelques-unes des idées enfermées en lui. Voilà notre faible raison.

Maintenant ce Dieu qui est vérité et pensée est aussi ordre et amour. Il se connaît et il s'aime, et il aime tous les êtres qui peuvent émaner de lui au degré même où chacun d'eux le représente. En nous communiquant quelque chose de son intelligence et de sa vérité, il nous a donné quelque chose de son amour, c'est-à-dire de l'amour du bien suprême et de tous les biens qui en participent. Cette étincelle d'amour est ce que nous ap-

---

[1]. *Entretiens métaphysiques.* 8ᵉ entret.

pelons notre volonté : vouloir, c'est se porter vers ce qu'on aime ; et on ne peut aimer un objet que dans la mesure où il est bon, c'est-à-dire où il participe de la bonté divine, seule aimable par elle-même. Nous aimons donc tout en Dieu comme nous voyons tout en lui. Dieu est le principe de nos inclinations et de nos actions, comme il est le principe de nos pensées, comme il est dans l'univers physique le principe de toutes les formes et de tous les mouvements[1].

Et comment le Créateur ne serait-il pas la cause universelle, la seule cause vraiment efficace? Qu'est-ce qu'une créature? un être qui n'est point par lui-même et qui tient son être de Dieu, c'est-à-dire un être qui de soi tend au néant, qui ne persévère dans l'être que par l'efficace de la volonté divine. L'idée d'une créature n'implique aucune efficace propre. Elles n'en ont pas et n'en peuvent avoir ; car le moyen de concevoir qu'un être créé et dépendant se donne à lui-même telle détermination, par exemple, si c'est un corps, tel mouvement, ou, si c'est une âme, telle volonté? Il est de principe que la conservation des créatures est une création continuée, qu'à chaque moment toute créature a besoin pour se conserver d'un acte semblable à celui qui l'a tirée du néant. Or un corps, à tel moment donné, possède telle figure, tel mouvement. Dieu le crée donc avec cette figure et ce mouvement. Supposez ce corps capable de se donner, à ce moment même, une autre figure et un autre mouvement, ce serait supposer que ce corps surmonte l'action divine, qu'il se fait tel ou tel, qu'il se crée lui-même. Donc Dieu seul a le pouvoir, Dieu seul a

---

[1]. Malebranche, *Traité de morale*, ch. III.

l'efficace, Dieu seul meut les corps et les âmes. Il les meut, non pas au hasard, mais suivant des lois. A tel mouvement du corps répond tel mouvement de l'âme ; et de là l'union de l'âme et du corps, et de là tout l'ordre de la nature[1].

Quel est le dernier mot de ce système? évidemment c'est que l'univers physique n'est qu'un vaste théâtre pour les mouvements de Dieu, comme les hommes ne sont que les cordes impuissantes d'un instrument aux mille touches dont Dieu se sert pour sa gloire. L'univers s'efface, l'âme humaine se dissipe et s'évanouit, il n'y a plus que Dieu.

Irons-nous chercher dans Spinoza cette forme tout opposée du panthéisme, où l'existence de l'infini, loin de dévorer toutes les autres, semble s'y absorber tout entière et ne plus conserver en elle-même que la valeur d'une abstraction ou d'un signe? La question mérite d'être éclaircie.

D'excellents critiques de notre temps ont considéré Spinoza comme un mystique, en qui le sentiment de l'infini avait étouffé celui de la réalité matérielle. C'est à ce point de vue que Jacobi écrivait cette éloquente et étrange invocation : « Sois béni, ô grand et saint Baruch! en méditant sur la nature de l'Être suprême, tu as pu t'égarer en paroles; mais la vérité divine était dans ton âme; l'amour de Dieu faisait toute ta vie[2]. »

D'autres écrivains, marchant sur les traces de Jacobi, ont comparé Spinoza à un *mouni* indien. Pour comble

---

[1]. *Méditations chrétiennes*, XI. — Comp. *Entretiens métaphysiques*, 11° entr.
[2]. Voyez les *Lettres sur Spinoza*, par Jacobi (allem.)

d'exagération, on est allé jusqu'à lui attribuer des pensées de renoncement et de mortification toutes chrétiennes, et par conséquent, très-opposées à l'esprit de sa philosophie ; celle-ci, par exemple : « La vie n'est que la méditation de la mort, » pensée fort bien placée dans le *Phédon* et dans l'*Imitation de Jésus-Christ*, mais qu'il serait par trop étrange de rencontrer dans l'*Éthique*. Aussi bien y trouve-t-on en termes exprès la maxime diamétralement opposée : « *La chose du monde,* dit Spinoza (4ᵉ *partie, Prop.*67), *à laquelle un homme libre pense le moins, c'est la mort, et sa sagesse n'est point une méditation de la mort, mais de la vie.* » Dans un autre passage, Spinoza se plaint qu'on représente aux hommes la vie vertueuse comme une vie triste et sombre, une vie de privation et d'austérité, où toute douleur est une grâce et toute jouissance un crime : « Pour moi, dit-il, j'estime qu'il est d'un homme sage d'user des choses de la vie et d'en jouir autant que possible, de la réparer par une nourriture modérée et agréable, de charmer ses sens du parfum et de l'éclat verdoyant des plantes, d'orner même son vêtement, de jouir de la musique, des jeux, des spectacles, et de tous les divertissements que chacun peut se donner sans dommage pour personne [1]. »

Ce ne sont là que des indications de détail. Si nous voulons pénétrer dans le véritable esprit de la philosophie de Spinoza, interrogeons-en les principes fondamentaux. Nous avons vu que Spinoza part de l'idée de la substance, identique à ses yeux avec l'idée de l'être en soi et par soi. De cette idée il déduit celle des attributs de la substance. La substance étant l'être, l'être

---

[1]. *Éthique*, partie IV, Prop 43, Scholie du Coroll 2.

absolument infini, pour être infiniment, doit posséder une infinité de manières d'être ou une infinité d'attributs infinis. De ces attributs, l'infirmité humaine n'en atteint que deux, la pensée infinie et l'étendue infinie; mais ils suffisent pour expliquer toute la nature. En effet, la même loi de développement nécessaire qui a fait sortir de l'être absolu une infinité d'attributs infinis tire éternellement de chacun de ces attributs une infinité de modes finis; les modes de l'étendue, c'est ce qu'on appelle les corps; les modes de la pensée, c'est ce qu'on appelle les âmes. Voilà le système entier des existences. La substance et les attributs, c'est, pour le philosophe, la nature naturante; pour le genre humain, Dieu. La nature naturée, ou la nature proprement dite, c'est la suite infinie des modes de l'étendue divine qui composent l'univers des corps, dans leur correspondance intime avec la série infinie et parallèle des modes de la pensée divine, qui forment l'univers des âmes.

Serrons de près ces principes de la philosophie de Spinoza, et demandons-nous quelle est la part précise qui est faite ici à la réalité de Dieu et à celle de la nature. Au premier aperçu, on peut s'imaginer que le Dieu de Spinoza a une existence propre et distincte, qu'il est une intelligence ayant conscience d'elle-même, avec une sorte de personnalité parfaite et infinie; Spinoza, en effet, lui assigne comme attribut essentiel la pensée, et cette pensée est une pensée parfaite. Un examen plus approfondi dissipe cette illusion et fait comprendre le vrai caractère du Dieu de Spinoza.

La pensée, dans l'école cartésienne, se manifeste sous deux formes distinctes, l'entendement et la volonté. Or, Dieu a-t-il une volonté? Spinoza répond nettement et résolûment que non. La volonté ne saurait appartenir qu'aux régions inférieures de la nature ; en Dieu, il ne peut y avoir qu'un développement nécessaire. Dieu a-t-il du moins un entendement? Spinoza ne recule pas plus sur ce point que sur l'autre. Il déclare expressément que l'entendement, même infini, appartient à la nature naturée et non à la nature naturante. La pensée de Dieu, considérée en soi, est donc une pensée non encore développée en idées, une pensée vide d'idées, une pensée qui s'ignore, en un mot, une pensée absolument indéterminée. Aussitôt que la pensée se détermine et se déploie, aussitôt qu'apparaissent ces déterminations de la pensée qu'on appelle des idées, nous descendons des hauteurs du monde divin ; nous tombons dans la région de la nature et du temps.

C'est ici qu'on voit l'enchaînement intérieur des spéculations du philosophe hollandais ; son système est un tissu d'abstractions admirablement combiné. Il n'y a point un Dieu réel, individuel, produisant éternellement le monde ; il n'y a que des idées qui se déduisent les unes des autres, et toutes d'une idée première, l'idée de l'être en soi. On croit généralement que Spinoza est passé sans intermédiaire des attributs de Dieu aux choses de ce monde, de la pensée et de l'étendue infinies aux corps et aux âmes. C'est là, en effet, l'aspect le plus ordinaire et le plus simple de son système ; mais regardez-y de près, vous verrez qu'il n'a point ainsi conçu et ne pouvait pas ainsi concevoir l'économie et la suite des choses. Entre les attributs infinis et les modes finis, il faut un lien : par exemple, entre la pensée absolue, indéterminée, sans conscience, d'une part, et de l'autre, ces idées profondément déterminées et individuelles qu'on appelle des âmes, des intermédiaires sont nécessaires, par cela seul qu'ils sont possibles. Aussi, le sévère logicien, dans plusieurs passages de l'*Éthique* trop peu remarqués, reconnaît-il expressément des modes éternels et infinis des attributs de la substance, et au-dessous de ces premiers modes, une seconde série de modifications également éternelles et infinies. Par exemple, Spinoza admet au-dessous de la pensée absolue, entre cette pensée et l'univers des âmes, un mode éternel et infini de la pensée, qu'il appelle l'entendement infini ou l'idée de Dieu; et au-dessous de l'idée de Dieu, il reconnaît d'autres idées qui ont le caractère de l'éternité et de l'infinité, qui par conséquent ne sont pas des âmes proprement dites, existences obscures et équivoques, dont la logique lui impose la nécessité, sans lui permettre d'en déterminer et d'en éclaircir la nature. Ainsi le Dieu de Spinoza n'est pas une intelligence ; il n'a ni personnalité, ni conscience, ni aucun des caractères d'une existence distincte. C'est à peine si l'on peut dire qu'il possède la pensée. La lettre du système dit cela, l'esprit dit le contraire. Au fond, dans la doctrine de Spinoza, pour trouver une existence distincte et précise, il faut aller jusqu'à ces modes finis où vient se résoudre le développement de la substance ; au-dessus de l'univers, il n'y a que des abstractions.

Cette série d'abstractions géométriquement enchaînées forme une espèce de pyramide dont le sommet est Dieu; mais qu'est-ce que Dieu? la substance, c'est-à-dire l'être sans détermination, l'être sans activité, sans pensée, l'être pur, l'être vide, une abstraction creuse, presque un pur nom

Voilà le dernier mot du système de Spinoza, interrogé

avec sévérité, pressé dans ses dernières conséquences ; et l'on s'explique maintenant ce qu'il y a de vrai dans le préjugé vulgaire qui l'accuse d'athéisme. Cette accusation n'est pas absolument juste. Spinoza ne veut pas être athée; il admet sérieusement un premier principe infini de toutes choses, qui est son Dieu ; mais si Spinoza n'est pas athée, il y a dans son système une pente qui incline du côté de l'athéisme vers un Dieu abstrait et indéterminé qui ressemble fort à la négation de Dieu.

J'accorderai maintenant que la philosophie de Spinoza se montre quelquefois sous un aspect tout différent. Il y a dans certaines parties de sa doctrine morale et religieuse des teintes assez fortes de mysticisme. Qui croirait que le même homme qui vient de refuser à Dieu la volonté et l'entendement, qui a expressément accepté cette conséquence, que l'idée de Dieu n'appartient point à la nature naturante, c'est-à-dire, pour parler clairement, que Dieu, pris en soi, n'a point l'idée de soi-même, qui pourrait croire que Spinoza se prépare à nous développer toute une théorie de l'amour intellectuel, qui semble inspirée par Platon et par l'Évangile? Dieu s'aime lui-même et il aime les hommes; d'un autre côté, les hommes, qui souvent blasphèment Dieu, ne peuvent s'empêcher de le concevoir et de l'aimer. L'amour des hommes pour Dieu est une émanation de l'amour infini que Dieu a pour les hommes. Ces deux amours se confondent dans un seul et même amour qui est le lien des créatures et du Créateur, et comme une sorte d'embrassement éternel qui les enchaîne étroitement.

La véritable vie, ce n'est pas celle qui se disperse et s'égare sur les objets de ce monde, c'est celle qui se rattache à Dieu. Par l'amour de Dieu, qui leur est commun, les hommes s'aiment les uns les autres, toutes les âmes sont sœurs. Par cet amour, l'âme humaine est heureuse et libre; par lui, elle est immortelle; elle est même éternelle, comme son divin objet.

Ainsi le même philosophe qui, tout à l'heure, nous paraissait presque un athée, se montre maintenant à nous comme une sorte de mystique. Que conclure de là? rien autre chose que la confirmation la plus éclatante de la loi générale que nous avons assignée aux développements du panthéisme. Spinoza a accepté plus nettement et formulé plus exactement qu'aucun autre philosophe le principe fondamental de l'unité absolue des choses, de la coexistence éternelle et nécessaire du fini et de l'infini, de la nature et de Dieu. Spinoza est le génie même du panthéisme. Mais en même temps que Spinoza pose avec une admirable fermeté le principe du système, il veut en déduire rigoureusement les conséquences; il veut déterminer avec le dernier degré de rigueur et de précision la nature du fini, celle de l'infini, celle enfin de leur rapport. Ici il rencontre une difficulté insurmontable, et malgré toute la force de son esprit géométrique, malgré toute l'intrépidité et toute la candeur de son âme, il faut qu'il se contredise, il faut qu'il s'engage tour à tour dans deux voies différentes, l'une qui résout toute réalité dans les êtres de la nature, et fait de Dieu une pure abstraction: c'est le panthéisme naturaliste, voisin de l'athéisme dans ses dernières conséquences; — l'autre qui absorbe tous les êtres de ce monde dans la vie divine, et réduit l'âme humaine à une sorte de rêve de Dieu : c'est le panthéisme mystique, qui, poussé à ses derniers excès, jetterait l'âme dans une inerte et passive contemplation.

Il nous reste à soumettre notre loi à une dernière épreuve, et pour épuiser cette vérification historique en la poussant jusqu'aux âges contemporains, nous allons montrer le panthéisme sortant de l'école de Kant, au XVIIIe siècle, comme il était sorti au XVIIe siècle de l'école de Descartes, trouvant dans M. Schelling son Malebranche et dans M. Hégel son Spinoza, aboutissant enfin une dernière fois à ses conséquences nécessaires : avec M. Schelling, vieillissant et fatigué, à une sorte de mysticisme piétiste; avec les derniers disciples de Hégel, à un naturalisme sans frein et à l'athéisme le plus audacieux et le plus radical qui ait jamais été.

Comment le panthéisme est-il sorti de l'école de Kant? comment cette philosophie, si timide à son début, et qui semble aboutir au doute par l'excès même de sa circonspection, a-t-elle enfanté un dogmatisme de la plus insigne témérité ? Je crois en savoir la raison : c'est qu'au fond de l'apparent scepticisme de Kant il y a une idée d'une hardiesse extraordinaire. Des deux éléments dont le rapport et l'harmonie composent la science, savoir : l'esprit humain d'une part, le *sujet*, et de l'autre les choses, les êtres, l'*objet*, Kant médite de supprimer le second et de réduire la science au premier. Écarter à jamais l'*objectif*, comme absolument inaccessible et indéterminable, tout résoudre dans le *subjectif*, voilà son but.

Suivant Kant, ce que nous appelons les lois de la nature, ce sont en réalité les formes de notre intelligence que nous appliquons aux phénomènes. La grande erreur des philosophes, c'est de détacher ces lois de leur véritable principe, qui est l'esprit humain ou le sujet, pour les transporter dans les choses, pour les objectiver. Kant aimait à rendre sensible l'idée de sa réforme philosophique en la rapprochant de celle que son compatriote Copernic avait introduite dans l'astronomie. Le vulgaire croit que les astres tournent autour de la terre, ce qui ne peut s'accorder avec l'observation exacte des faits. Changez l'hypothèse, faites tourner la terre autour du soleil, toute contradiction disparaît, tout s'explique et s'éclaircit. De même on est accoutumé à subordonner la pensée à l'être, tandis qu'au vrai c'est l'être qu'il faut subordonner et réduire à la pensée.

Ceci explique le passage du système de Kant à celui de son premier grand disciple Fichte. Le maître n'avait pas osé aller jusqu'au bout de son système. Après avoir réduit l'univers, l'âme et Dieu à de simples idées, il était revenu sur ses pas, essayant de retrouver dans la raison pratique la force d'objectivité qui manque à la raison pure et de reconstituer sur la base de la conscience morale le système entier des réalités. C'est là aux yeux de Fichte une faiblesse et une inconséquence. Il lui semble d'ailleurs que le système développé dans la *Critique de la raison pure* manque essentiellement de cette sévérité logique qui est pour lui le caractère de la science.

Le premier mot de Kant, en effet, c'est que rien ne se produit dans la pensée que par suite de l'expérience et des phénomènes qui frappent nos sens. Or ces phénomènes que l'esprit rencontre et ne produit pas supposent un principe étranger. Voilà dès le début une concession énorme et qui d'avance ruine tout le système de la philosophie critique. Quoi ! la science a pour infranchissable enceinte l'esprit humain, le sujet, et cependant il existe autre chose, et la première condition de la science est de supposer un objet qu'elle ne connaît pas, qu'elle ne peut atteindre et qui est l'unique origine de tout! La science débute donc par hypothèse et par une hypothèse contradictoire à sa nature ; la science a son principe hors d'elle, ou plutôt elle n'a pas de principe, elle n'est pas.

Donner à la science un principe, un vrai principe, c'est-à-dire un principe absolu, ne reposant que sur soi et servant de base à tout le reste, tel fut le but que se proposa Fichte et qu'il essaya d'atteindre dans sa *Théorie de la science*. Ici, l'idéalisme de Kant est embrassé dans toute sa rigueur; plus d'élément objectif supposé arbitrairement, même à titre de simple phénomène. Tout est sévèrement déduit du seul terme de la connaissance qu'admette l'idéalisme, savoir le sujet. Le problème pour Fichte est celui-ci : tirer du moi la philosophie tout entière, et l'audacieux raisonneur prétend donner à cette déduction une rigueur supérieure à celle des mathématiques. L'algèbre s'appuie en effet sur la loi de l'identité qui s'exprime ainsi : a = a. Fichte soutient que cette loi en suppose une autre, la seule qu'un philosophe ait le droit d'admettre sans la prouver et la seule aussi dont il ait besoin : moi = moi. C'est sur cette pointe aiguë qu'il prétend faire reposer l'édifice entier de l'esprit humain. La nature et Dieu ne sont que des développements du moi. Le moi seul est principe, expliquant tout, posant tout, créant tout, étant tout. Le moi en effet suppose le non-moi : il se limite soi-même ; il n'est soi-même qu'en supposant un autre que soi ; il ne se pose qu'en s'opposant son contraire, et lui-même est le lien de cette opposition, la synthèse de cette antinomie. Si en effet le moi n'est pour soi-même qu'en se limitant, cette faculté qu'il a de se limiter suppose qu'en soi il est illimité, infini. Il y a donc au-dessus du moi relatif, du moi divisible, du moi opposé au non-moi, un moi absolu qui enveloppe la nature et l'homme. Ce moi absolu, c'est Dieu. Voilà donc la pensée en possession de ses trois objets essentiels ; voilà l'homme, la nature et Dieu dans leurs relations nécessaires, membres d'une même pensée à trois termes, séparés à la fois et réconciliés; voilà une philosophie digne de ce nom, une science, une science rigoureuse, démontrée, homogène, partant d'un principe unique pour en suivre et en épuiser toutes les conséquences.

Schelling a commencé sa carrière philosophique par accepter le système de Fichte, comme Fichte avait d'abord adopté celui de Kant. Son premier écrit, composé à vingt ans, porte ce titre expressif : *Du moi comme principe de la philosophie ;* mais il ne tarda pas à s'apercevoir de l'impossibilité absolue de maintenir la philosophie dans cette étroite enceinte où elle étouffait. Sur les pas de Fichte, la philosophie avait perdu la nature ; il s'agissait de la reconquérir.

La nature existe en face du moi. Toute tentative pour déduire la nature du moi, l'objet du sujet, est radicalement impuissante, l'exemple de Fichte l'a prouvé. On ne réussirait pas mieux à déduire le sujet de l'objet, le moi de la nature, la pensée de l'être. Ainsi point d'être sans pensée, point de pensée sans être, et aucun moyen de résoudre la pensée dans l'être ou l'être dans la pensée. C'est dans ces termes que se posait devant Schelling le problème philosophique.

On s'explique assez simplement la solution où il fut conduit. Suivant lui, la pensée et l'être, le sujet et l'objet, ne peuvent être à la fois irréductibles et inséparables, s'il n'y a pas un principe commun de l'un et de l'autre, principe à la fois subjectif et objectif, intelligent et intelligible, source unique de la pensée et de l'être. Ce principe, ce sujet-objet absolu, comme l'appelle Schelling, est l'idée mère de sa philosophie.

Schelling compare ensemble les deux termes opposés de la science, l'objet et le sujet, le monde des faits et le monde des idées, et il trouve que leur opposition n'est qu'apparente ; l'identité est au fond. En effet, la nature a des lois ; or une loi, c'est essentiellement quelque chose d'intellectuel, c'est une idée. La nature est donc toute pénétrée d'intelligence. D'un autre côté, l'humanité a aussi ses lois ; elle est libre sans doute, mais elle n'est pas livrée au hasard. Des règles absolues gouvernent son développement. Il y a donc parenté entre l'humanité et la nature. D'où vient leur distinction ? c'est que la nature obéit à ses lois sans conscience, tandis que l'humanité a conscience des siennes. En d'autres termes, il y a de l'être dans la pensée, de l'idéal dans le réel, et il y a aussi de la pensée dans l'être, du réel dans l'idéal. La différence, c'est qu'ici la pensée et là l'être dominent ; mais au fond la pensée et l'être sont inséparables. Il y a donc un principe commun qui se développe tantôt sans conscience et tantôt avec conscience de soi-même. C'est le Dieu de Schelling.

Nul doute que cette conception de Schelling n'ait son originalité et ne soit, en un certain sens, une réaction extrême contre la doctrine de Fichte ; mais en un autre sens elle la continue. Fichte n'admettait-il pas aussi l'identité absolue des choses? ne résolvait-il pas l'opposition du moi et du non-moi dans un principe supérieur? Seulement ce principe supérieur, c'était toujours le moi, et de là le caractère idéaliste et subjectif de tout le système. Cette identité admise par Fichte, Schelling la généralise et la transforme. Elle n'est plus pour lui renfermée dans cette étroite prison du moi; elle est le fond de toutes choses. On peut dire que Schelling a pris des mains de Fichte les cadres de sa philosophie; mais, en les élargissant, il leur a donné une ampleur infinie. Il a fait entrer dans le système de Fichte la nature exilée, il y a répandu à pleines mains la réalité et la vie.

L'évolution de la philosophie allemande ne pouvait s'arrêter à Schelling. Le système de Schelling, en effet, renfermait bien un principe, mais elle ne fournissait aucun moyen de le développer scientifiquement. Qu'avait fait Schelling? il avait conçu l'ensemble des choses comme la série successive des formes variées d'un principe identique. Mais comment saisir ce principe? comment atteindre la loi de son développement? comment la démontrer? c'est ce que Schelling ne faisait pas.

Pourquoi ce principe se développe-t-il? pourquoi devient-il tour à tour pesanteur, lumière, activité, conscience? Est-ce à l'expérience qu'on le demandera? Mais l'expérience constate les faits, elle ne les explique pas. Dira-t-on que le sujet-objet se développe par sa nature? On demandera quelle est sa nature, et Schelling ne la détermine en aucune façon. Quand on le pousse à bout, il dit que le monde est une *chute de l'absolu*. Mais est-ce là une solution vraiment scientifique? n'est-ce pas plutôt une image décevante sous laquelle la froide raison ne trouve rien autre chose que la qualité occulte d'un principe inconnu? Que de mystères et d'hypothèses! et à quoi tout cela sert-il? Otez l'expérience, nul moyen n'apparaît de construire régulièrement ou même d'ébaucher la science. Ce fut sans doute sous le poids de cette difficulté que Schelling imagina son *intuition intellectuelle*, faculté transcendante qui atteint l'absolu d'une prise immédiate, sans passer par les degrés laborieux de l'analyse et de la réflexion; mais qu'est-ce que cette intuition? est-ce un don naturel de l'esprit humain? est-ce un appel désespéré à l'extase des mystiques? Quoi de plus obscur, de plus arbitraire, de plus incompatible avec les conditions de la science? Évidemment la philosophie allemande devait faire un pas de plus ou abandonner son principe. Ce dernier pas, Hégel le fit; Hégel a cherché, il a cru trouver une méthode pour construire la science absolue et pour la démontrer.

Comment y est-il parvenu? c'est d'abord en poussant jusqu'au bout le principe de l'identité absolue de la pensée et de l'être, principe proclamé, mais non maintenu par Schelling, et puis en introduisant un principe entièrement nouveau, savoir l'identité des contradictoires.

Schelling avait identifié, à la vérité, la pensée et l'être, seulement dans leur principe premier, savoir Dieu; au-dessous de Dieu, la pensée et l'être, sans jamais se séparer, se distinguent. Il y a plus d'être dans la nature, il y a plus de pensée dans l'homme. S'il en est ainsi, l'être et la pensée sont deux choses différentes, et le principe de l'identité est en défaut. A la rigueur, en effet, si l'être et la pensée sont une seule et même essence, non-seulement la pensée doit se trouver partout où est l'être, mais elle doit s'y rencontrer dans la même proportion.

Pourquoi cet équilibre est-il rompu? comment est-il possible qu'il vienne à se rompre? pourquoi Dieu est-il plus dans l'humanité que dans la nature? Question téméraire sans doute, mais à laquelle est tenu de répondre celui qui ose soutenir que la science absolue est possible à l'homme. Or cette question, Schelling ne la résout pas et ne peut pas la résoudre. Le voilà convaincu d'inconséquence. Il a proclamé le principe de l'identité de la pensée et de l'être, il l'a dégagé du caractère relatif et subjectif qui le défigurait dans Fichte et dans Kant, mais il n'a pas osé le développer avec rigueur. Aussi sa philosophie ne s'est-elle soutenue que par des hypothèses ou par des emprunts déguisés qu'il a faits à l'expérience.

Hégel met sa gloire à être plus conséquent et plus hardi que son devancier, et il prétend tirer du principe de l'identité ce que Schelling ni aucun philosophe n'a jamais pu lui faire rendre, une science du développement des choses. La pensée et l'être, à ses yeux, c'est tout un. A quoi bon deux mots pour exprimer une essence unique? Ne disons pas la pensée, l'être, disons l'idée. L'idée, voilà le Dieu de Hégel; le développement de l'idée, voilà la réalité; la connaissance de ce développement, voilà la science.

Ainsi conçue, la science est possible. Elle se réduit, en effet, à déterminer les rapports nécessaires des idées. Dans la théorie de Schelling, on était réduit, soit à s'appuyer sur l'expérience pour décrire le mouvement de l'être dans la nature, ce qui ne donnait pas une véritable science, ou à lâcher la bride à l'imagination et à présenter des hypothèses déguisées sous les beaux noms de *chute de l'absolu* et d'*intuition intellectuelle*. Cela tenait à ce que l'essence du premier principe restait indéterminée, et à ce que l'on admettait une distinction arbitraire entre les objets de la pensée et la pensée elle-même. Maintenant que nous savons que le premier principe, c'est l'idée, et que la nature et l'humanité ne sont autre chose que le développement de l'idée, les lois de l'idée étant connues, la science est faite.

On demandera comment les lois de l'idée peuvent être déterminées. Hégel répond à cette question par sa logique, qui est la détermination scientifique des lois de l'idée. Elles se déduisent toutes d'une loi unique et fondamentale, la loi de l'identité des contradictoires. Suivant Hégel, toute pensée, tout être, toute idée renferme une contradiction, et non-seulement cette contradiction existe dans les choses, mais elle les constitue. La vie est essentiellement la synthèse, l'union de deux éléments qui tout ensemble s'excluent et s'appellent nécessairement.

Toute idée renferme trois éléments, ou, pour employer le langage consacré, trois *moments*. Vous pouvez la considérer ou en elle-même, ou dans son opposition avec l'idée contraire qu'elle renferme, ou enfin dans l'union qui les concilie. Le premier moment est celui de l'idée *en soi*, le second celui de l'idée *hors de soi*, le troisième enfin, celui de l'idée *en soi* et *pour soi*. L'idée existe d'abord d'une manière simple et immédiate, puis elle se divise et s'oppose à elle-même ; enfin elle ramène ses deux membres à l'unité.

Trouver dans chaque idée une idée contraire et les unir dans une troisième idée, opposer à la thèse l'antithèse, et les réunir dans la synthèse, considérer successivement l'idée en soi, hors de soi et pour soi, telle est sa méthode constante. L'idée à laquelle Hégel aboutit au terme de chaque opposition n'est pas autre chose que l'idée première, mais vivifiée par cette opposition elle-même, d'abstraite devenue concrète, de morte vivante. Cette même idée, ainsi transformée, traverse une nouvelle opposition, une nouvelle contradiction, pour en sortir victorieuse, et ainsi de suite à l'infini, depuis l'idée la plus simple, qui contient le germe de toutes les autres, jusqu'à la plus composée, qui en exprime le plus complet développement. La chaîne de ces oppositions, c'est la science. Elle consiste à faire voir l'universelle identité. Partant d'une idée primitive au plus bas degré de la pensée, elle la retrouve au faîte, et toutes les idées intermédiaires ne sont toujours que la même idée qui se déploie à l'infini.

S'il y a un résultat qui ressort évidemment de cette esquisse de la nouvelle philosophie allemande, un résultat que personne ne nous contestera, c'est que Schelling et Hégel sont tous deux panthéistes, chacun à sa manière, et que le principe commun de leur panthéisme, c'est la recherche de l'unité absolue de l'existence. Où est maintenant la différence entre les deux systèmes? Nous ne voudrions pas l'exagérer pour la ramener d'une manière violente et artificielle à la loi générale dont nous poursuivons la démonstration historique; mais est-il possible de nier que le système de Schelling n'incline souvent en mysticisme, et que celui de Hégel ne soit entraîné vers l'extrémité opposée?

En fait, il est certain que le mysticisme est sorti de l'école de Schelling. Gœrres, Baader et toute l'école de Munich sont là pour en témoigner; mais prenez le système de Schelling en lui-même, ne rappelle-t-il point par deux traits essentiels le mysticisme de Plotin et de Proclus?

Un point capital pour un philosophe comme Schelling, qui aspire à une explication absolue de toutes choses, et qui traite l'idée d'un Dieu créateur avec un superbe dédain, c'est de faire comprendre comment et pourquoi se développe cet être primitif qu'il appelle le sujet-objet absolu. Or Schelling n'a jamais donné d'autre explication que celle-ci, savoir, que l'absolu, en vertu de sa nature, subit une sorte de déchéance, qui consiste à tomber d'un état d'immobilité, d'unité, d'identité, à un état de différence et de mouvement Les degrés successifs et infinis de cette chute éternelle, ce sont les êtres. — Cette explication est-elle nouvelle? point du tout; c'est celle de Proclus qui, ne sachant comment expliquer que l'Unité primitive projetât hors d'elle-même la multiplicité, ne trouva rien de mieux que d'admettre ce qu'il appelait un abaissement de l'Unité[1]. Voilà la *chute de l'Absolu* de Schelling. Et il ne faut pas croire que Schelling soit le plagiaire des Alexandrins. Non, il est arrivé par le progrès naturel de sa pensée, par le tour particulier de son esprit, à cette étrange solution. N'est-il pas clair d'ailleurs que si la variété et la vie sont une imperfection, comme le croit Schelling, si par conséquent Dieu est absolument destitué de toute détermination précise et de tout attribut réel, la naissance du monde ne peut être qu'une déchéance de l'unité Il y a donc une logique secrète qui sert à expliquer comment Schelling s'est rencontré sur ce point capital avec les philosophes d'Alexandrie, enivrés

---

[1]. Ὑπόβασις, ὕφεσις. Voyez Proclus, *Inst. theol.*, 5; *ibid.*, 125.

comme lui de l'idée de l'unité absolue de l'existence [1].

De même, l'intuition intellectuelle, tant reprochée à Schelling par les disciples de Hégel, n'est pas un trait accidentel de sa doctrine, ni une imitation de l'extase alexandrine. Quand on admet que la pensée *sui conscia* est une pensée essentiellement imparfaite, que la pensée parfaite exclut la conscience, que le principe des choses est un principe inconscient et impersonnel, il faut en venir à dire que la fin suprême et l'idéal de la vie humaine, loin d'être dans l'exercice le plus complet de l'intelligence et dans le progrès de la personnalité morale, sont au contraire dans le retour de l'âme au principe inconscient d'où elle est sortie. Parvenue à cet état, l'âme humaine n'est plus une pensée *sui conscia*, une personne; elle se confond avec la pensée divine, elle s'unifie avec elle; nous voilà en plein mysticisme.

Le système de Hégel jette les esprits vers l'extrémité opposée. Assurément il y aurait de l'injustice à taxer ce puissant et généreux esprit de matérialisme grossier et d'athéisme formel. Mais en dépit de ses intentions personnelles, et si élevé que puisse être le caractère de ses vastes spéculations, le fait est que son école est rapidement devenue une école d'athéisme. Au lieu d'enfanter des mystiques, tels que Baader et Gœrres, elle a produit des matérialistes et des athées, comme Oken et Feuerbach.

A considérer le système de Hégel en lui-même, on s'explique trop bien cette fâcheuse filiation. Le système entier des êtres est pour Hégel une chaîne d'idées, et

---

1. Voyez le dialogue de Schelling intitulé : *Bruno ou du principe divin et éternel des choses*. Ce dialogue est tout pénétré de l'esprit alexandrin.

toutes ces idées sortent, selon une loi régulière et uniforme, d'une première idée qui est l'idée de l'être pur. Or cette idée de l'être pur, qui en un sens est d'une fécondité infinie, puisqu'elle engendre toutes les autres, cette idée qui, à ce titre, semble jouer le rôle de Dieu, cette idée est en un autre sens tellement creuse, tellement pauvre, tellement basse que Hégel l'assimile et l'identifie à l'idée du néant[1]. L'être pur et le néant sont à la fois identiques et opposés, et c'est cette première identité ou cette première contradiction qui est le principe générateur de toutes choses. A ce compte, tout commence par l'imperfection, tout va du plus bas degré de l'être à des degrés de plus en plus élevés, jusqu'à ce que l'idée, après avoir traversé toutes les oppositions, après s'être faite tour à tour espace, temps, lumière, chaleur, terre, astre, plante, animal, homme, acquière enfin à ce dernier période de son développement la conscience d'elle-même et son plus haut point de perfection. La perfection est donc au terme, loin d'être à l'origine, et le véritable Dieu du système, si on entend par Dieu l'être parfait, le véritable Dieu, ce n'est pas l'Être-néant par où tout commence, c'est l'homme par où tout finit. Ou pour mieux dire, la perfection et la divinité ne sont nulle part, ni à l'origine, ni au milieu, ni au terme. Il n'y a qu'une génération éternelle et fatale d'êtres finis et imparfaits, et pour contempler ce spectacle étrange, un animal, plus subtil que les autres, qui spé-

---

[1]. « L'être et le non-être, dit Hégel, sont les determinations les plus pauvres, par cela même qu'elles forment le commencement. » — « Le point essentiel dont il faut bien se pénétrer, c'est que ce qui fait le commencement, ce sont ces abstractions vides (*Durflige, leere Abstraktionen*), et que chacune d'elles est aussi vide que l'autre. » (*Logique*, partie I, § 87 et 88, pages 14 et suivantes du tome II de la traduction de M. Vera.)

cule et raisonne, et qui, au bout de ses spéculations les plus profondes et de ses raisonnements les plus rigoureux, trouve pour dernier mot de la sagesse l'athéisme absolu.

C'est donc en vain que le panthéisme se transforme et se renouvelle avec les nations et les siècles. En Allemagne comme en France, à Alexandrie comme à Athènes, dans l'Europe moderne comme dans l'antique Orient, il a beau susciter les génies les plus puissants et les plus rares, partout il est condamné à choisir entre deux alternatives contraires : un Dieu qui est tout, qui absorbe et dévore l'univers et l'humanité, ou un Dieu réduit à l'abstraction de l'être, c'est-à-dire un Dieu qui n'est rien.

Il est temps d'aborder le dernier problème que nous nous sommes proposé de résoudre. Après avoir trouvé dans la détermination exacte de l'essence du panthéisme la loi générale de son développement, nous allons chercher dans cette loi elle-même notre principe de critique et de réfutation.

Il suffirait peut-être de raisonner ainsi contre les panthéistes : « Vous êtes dans une impuissance radicale de rendre compte de deux grandes vérités parfaitement établies, savoir : d'un côté, la réalité et l'individualité des êtres finis, hautement proclamées par l'expérience; de l'autre, la réalité et la personnalité de Dieu, une des croyances les plus indestructibles du sens commun. De ces deux vérités il en est une au moins que vous niez, selon que votre système incline au naturalisme ou à l'athéisme, et souvent dans votre effort ardent et stérile pour les embrasser l'une et l'autre, vous les détruisez toutes deux. »

Je sais ce que les panthéistes répondront à ce dilemme, que je maintiens invincible; ils répondront par une fin de non-recevoir. « Vous nous opposez, diront-ils, de prétendues vérités qui ne sont que des préjugés. Or la philosophie consiste justement à se dépouiller de tout préjugé, à se placer au-dessus des apparences, au-dessus du sens commun vulgaire, dans la région des idées pures où la spéculation doit se mouvoir en toute liberté. Le sens commun est bon à respecter dans la vie pratique; l'expérience est à sa place dans les recherches d'observation; mais pour un vrai philosophe, l'expérience et le sens commun ne sont pas des autorités. »

Si je ne me trompe, cette fin de non-recevoir ne paraîtra légitime qu'à ceux qui n'ont pas assez réfléchi sur les conditions de la science humaine. Il ne suffit point en effet à un système de métaphysique, pour se faire accepter, d'être parfaitement lié dans toutes ses parties, de former un tissu logique dont la trame ne soit brisée en aucun endroit. Un tel système peut être une œuvre d'art incomparable, et rester presque sans valeur pour les sérieux esprits qui ne demandent à la philosophie qu'une seule chose, la vérité. C'est à ces systèmes réguliers et décevants que pensait Bacon quand il parlait avec tant de mépris de ces toiles d'araignée, *tenuitate fili atque operis mirabiles, sed quoad usum frivolas et inanes*. Sans aucun doute, une des conditions d'un système philosophique digne de ce nom, c'est de n'enfermer aucune contradiction et d'être en règle avec la logique; mais il est une condition bien autrement importante et décisive: c'est de se mettre d'accord avec la réalité des choses.

On a beau dire qu'un fait ne prouve rien, qu'il n'y a rien de plus méprisable qu'un fait. Si vous parlez d'un fait accidentel, d'accord; si vous parlez d'un acte volontaire et individuel, je reconnais que le droit est infiniment au-dessus du fait, que c'est au droit à régler le fait, non au fait à régler le droit; mais ce n'est pas de cela qu'il s'agit. Un fait bien établi, un fait général, ne serait-il qu'un fait, est quelque chose de considérable et dont tout système de philosophie doit tenir compte. Je ne dis pas qu'il doive s'enfermer dans les données de l'expérience et s'y asservir; je dis que, de si haut qu'il les domine, il est obligé de les reconnaître et de les expliquer.

Ce n'est pas tout : on ne peut faire un système avec une autre nature que la nature humaine. Or la nature humaine a ses lois, ses limites, ses besoins, et tout philosophe est obligé de s'accommoder, bon gré mal gré, à ses conditions. S'il y a dans la nature humaine une croyance qui lui soit tellement inhérente qu'elle se retrouve à toutes les époques, dans tous les lieux, chez tous les peuples, il faut que la philosophie compte avec cette croyance. S'inscrirait-elle en faux contre la conscience du genre humain? taxerait-elle sa foi naturelle de préjugé et d'illusion? Il faudrait encore qu'elle en expliquât l'origine et l'universalité.

Si tout système est assujetti à cette double condition, de rendre compte des faits de l'expérience et des croyances universelles du genre humain, le panthéisme ne peut avoir la prétention de s'y soustraire. Et cependant c'est là le double écueil où il vient toujours se briser. Aussi, de tout temps, les philosophes panthéistes ont-ils fait profession de mépriser l'expérience. Écoutez Parménide, Plotin, Bruno, Spinoza, Hégel; ils vous diront que les sens sont trompeurs, que le vulgaire, en les prenant pour guides, se condamne à repaître son intelligence de pures illusions, qu'il appartient au vrai philosophe de se dégager des sens et de tout considérer de l'œil de la raison. L'expérience, ajoutent-ils, ne fût-elle pas trompeuse, que donne-t-elle, après tout? les phénomènes et non les causes, les existences et non les essences, ce qui arrive, ce qui est, et non ce qui doit arriver, ce qui ne peut pas ne pas être. Or la philosophie est essentiellement la connaissance des causes et des essences, la science du pourquoi et du comment de tout, la contemplation du nécessaire et de l'absolu. Que la raison pure soit donc le flambeau du philosophe et le conduise, loin du vulgaire et du commerce des sens, dans les plus profonds mystères de l'origine et de la génération des êtres.

Telle est la prétention commune à tous les panthéistes, et il est fort naturel qu'ils se défient de l'expérience, pressentant qu'ils en seront infailliblement condamnés. Or de toutes les prétentions la plus vaine, de toutes les entreprises la plus impuissante, de toutes les folies la plus étrange, ce serait de vouloir se passer absolument de l'expérience. Un seul homme a tenu un instant cette gageure contre l'impossible; cet homme est Parménide. Seul, ce naïf et audacieux génie osa soutenir jusqu'au bout que le philosophe doit s'enfermer dans la raison pure et dans l'idée de l'être, et tenir tout le reste pour rien. La conséquence rigoureuse, c'est que le mouvement, la nature, ne sont pas, et qu'il n'y a que l'être absolu, sans attribut, sans différence et sans vie. Fidèles à leur principe, Plotin, Spinoza et Hégel devraient aboutir au même résultat, rigoureux à la fois et absurde. J'ose défier Plotin de sortir de son unité absolue, Spinoza de faire un seul pas au delà de l'affirmation de la substance, Hégel de rompre le cercle étroit de l'idée absolument indéterminée, s'ils n'empruntent à l'expérience une de ses données, s'ils ne payent tribut à la conscience et aux sens. Plotin voit dans son unité le principe d'une émanation éternelle; Spinoza déduit de la substance l'attribut, et de l'attribut le mode. Hégel explique tous les développements de l'idée par un certain *processus* intérieur, par un mouvement naturel et nécessaire, soumis à une loi très-simple et très-uniforme. C'est à merveille; mais à quelle source ces philosophes panthéistes ont-ils puisé les idées d'émanation, d'attribut, de mode, de progrès, de mouvement? De bonne foi, n'est-ce pas l'expérience qui a fourni le type de ces notions? et quel avantage peut-il y avoir pour un philosophe sincère et sérieux, après s'être emparé de ces notions indispensables, à en dissimuler l'origine?

Il faut donc que le panthéisme en prenne son parti: pas plus que les autres systèmes, il ne peut se passer et ne se passe en effet de l'expérience. Le panthéisme ne saurait être reçu à répudier les données de la conscience et des sens. Nier les faits du haut d'un principe, ce ne serait pas seulement tenter l'impossible et se condamner à l'extravagance; ce serait se contredire misérablement, se servir de l'expérience quand elle est utile et nécessaire, pour la proscrire aussitôt qu'elle devient embarrassante. Une telle situation n'est pas tenable, et je regarde comme démontré que raisonner contre le panthéisme au nom de l'expérience, c'est user d'un droit incontestable en soi, et qui plus est, d'un droit incontestable à tout panthéiste de bonne foi.

Et de même on a beau parler avec un dédain superbe des opinions et des préjugés du vulgaire, il faut compter avec le sens commun. Oserait-on déclarer que les croyances du genre humain ne sont que des superstitions, ces superstitions éternelles et universelles vaudraient encore la peine d'être expliquées ; et la preuve, c'est que les logiciens les plus hardis du panthéisme ont essayé de se mettre d'accord jusqu'à un certain point avec les faits avérés et les opinions reçues. C'est en vain qu'ils revendiquent le droit de se dérober à cette épreuve ; elle les sollicite et les attire en dépit d'eux-mêmes. Par exemple, on sait avec quel violent mépris Spinoza nie le libre arbitre ; cela ne l'empêche pas de faire d'incroyables efforts pour essayer de l'expliquer. A l'en croire, chaque modification de l'âme humaine dérive d'une modification antérieure, qui a elle-même sa cause dans une autre modification, et ainsi de suite à l'infini. Un acte produit un autre acte, un mouvement produit un autre mouvement, comme un flot pousserait un autre flot dans un océan sans limites. Or les modifications de l'âme sont d'une extrême complexité, et parmi elles, les unes apparaissent clairement à la conscience, les autres sont plus ou moins enveloppées d'obscurité. Qu'arrive-t-il maintenant quand je prends tel ou tel parti, quand je me lève, par exemple, pour aller à la promenade ? Diverses causes concourent pour amener cet effet : la disposition de mes organes, l'état de mon imagination, le chaud ou le froid, la sérénité du ciel, la douceur de la température, etc. Quelques-unes de ces causes sont connues de moi plus ou moins, et c'est ce que j'appelle les motifs de mon action ; d'autres agissent sourdement, et ce ne sont pas celles qui exercent l'action la moins décisive. Ignorant l'influence de ces dernières causes, ne trouvant pas dans celles que je connais l'explication suffisante de ma détermination, disposé d'ailleurs à m'exagérer ma puissance propre, ravi du sentiment de mon indépendance et de ma grandeur, je me figure que c'est moi qui me détermine par ma propre vertu, indépendamment des motifs, et cette vertu imaginaire, cette chimère de ma faiblesse et de mon orgueil, je la salue du nom pompeux de libre arbitre.

Telle est l'idée que Spinoza se forme de la liberté humaine; telle est l'explication, à coup sûr originale et ingénieuse, par laquelle il prétend rendre compte du sentiment du libre arbitre, au nom même des principes du fatalisme le plus absolu. Mais tout cet échafaudage croule devant une observation fort simple empruntée à la conscience. Suivant Spinoza, c'est de l'ignorance où nous sommes des causes diverses qui influent sur nos déterminations que naît l'illusion du libre arbitre. Plus nous ignorons nos dispositions intérieures, plus nous agissons d'une manière irréfléchie, plus s'exalte en nous le sentiment de notre liberté. C'est ainsi que l'enfant et l'homme ivre, comme Spinoza se plaît à le dire, sont convaincus qu'il dépend d'eux uniquement d'accomplir des actes où ils sont poussés invinciblement par des causes ignorées. Si cela est vrai, plus nous descendrons au fond de nous-même, plus nous nous rendrons compte des motifs de notre conduite, plus nous mettrons de sérieux et de maturité dans nos délibérations, et plus nous verrons tomber pièce à pièce le fantôme de notre liberté. Or l'expérience donne à Spinoza le plus complet démenti, et il suffit d'avoir constaté une seule fois combien est ferme et lumineux, après une délibération sérieuse et calme, le sentiment de notre liberté, pour mettre à nu l'artifice de ce système.

Voilà donc le panthéisme, d'une part, forcé de reconnaître en fait le témoignage de la conscience et la foi du genre humain dans l'existence de la liberté morale, et d'autre part, incapable de rendre raison de cette foi. Or il est un autre article de la foi du genre humain, non moins profondément gravé dans la conscience et non moins rebelle à toutes les explications du panthéisme : c'est la croyance universelle à une intelligence infinie qui préside au gouvernement de l'univers. Ici, plus que partout ailleurs, les philosophes panthéistes, malgré leur profond mépris pour le vulgaire et pour ce qu'ils appellent l'anthropomorphisme, sont contraints de courber la tête sous l'inévitable joug des lois de l'esprit humain et des faits de la conscience. Il n'y a pas une seule grande école de panthéisme qui n'ait expressément reconnu la providence divine. Les stoïciens invoquent sans cesse ce nom sacré. Ils en parlent, nous l'avons vu, dans le langage le plus expressif et le plus magnifique. Ce monde est pour eux comme une maison admirablement gouvernée où sans cesse l'œil du maître pénètre et surveille tout ; le principe divin, circulant à travers le monde, entretient partout la plus exacte économie et l'équilibre le plus parfait :

Mutuaque in cunctas dispensat fœdera partes.

Plotin a des traits admirables sur le gouvernement moral de l'univers [1], et on ne saurait exprimer l'harmonie

---

1. Plotin a consacré une grande partie du livre II de sa troisième *Ennéade* à la démonstration de la divine providence. Voyez en particulier (dans l'excellente traduction de M. Bouillet, tome II, p. 27) le magnifique et éloquent passage où Plotin, donnant la parole à l'univers, lui fait dire : C'est un Dieu qui m'a fait, et de

divine des mondes avec plus d'enthousiasme et de poésie que Giordano Bruno [1]. Génies plus sévères et plus précis, Spinoza et Hégel reconnaissent aussi à leur manière la providence divine. Spinoza attribue à Dieu la pensée comme une des manières d'être essentielles de sa nature, et il va jusqu'à reconnaître en Dieu une sorte d'amour intellectuel qui embrasse et unit tous les êtres. Hégel nous dit que l'esprit divin, après être sorti de soi pour se répandre dans la nature, rentre en soi, se connaît, se possède en toute plénitude; et, suivant lui, cette manière d'entendre Dieu et la création est parfaitement conforme au spiritualisme chrétien.

Ainsi le dilemme que j'opposais au panthéisme au nom des faits de l'expérience et des croyances du sens commun subsiste dans toute sa force, malgré la fin de non-recevoir des panthéistes, contredite par leur propre exemple et par leurs propres aveux.

Si donc, à l'heure qu'il est, je n'avais devant moi que cette famille de panthéistes qui dans leur innocente exaltation absorbent la nature et l'homme en Dieu, je me contenterais de leur dire (en supposant qu'ils voulussent descendre des hauteurs de l'extase pour prêter l'oreille à de simples raisonnements) : Votre conclusion est en contradiction avec vos prémisses. Quel a été votre point de départ? la coëxistence du fini et de l'infini, de la nature et de Dieu. Vous reconnaissiez donc à ce moment-là qu'il y a une nature, des êtres vivants, et parmi ces êtres

---

ses mains je suis sorti accompli, renfermant dans mon sein tous les êtres animés, n'ayant besoin de rien, puisque tout est réuni en moi, les plantes, les animaux, la nature entière des êtres engendrés, la multitude des dieux et la troupe des démons, les âmes excellentes et les hommes heureux par la vertu. »

1. Voyez Bruno, *De l'infinito universo e mondi*, dial. 5. — Comp. *De immenso*, I, cap. 1.

une créature intelligente, ayant conscience d'elle-même, se distinguant de tout le reste et disant : moi. Or où aboutissez-vous? à nier le moi, à nier la vie, à tout réduire à l'infini, c'est-à-dire à supprimer un des termes du problème, une des données essentielles de la question. C'est choquer à la fois la logique et le sens commun.

Cette réfutation, je crois, serait pleinement suffisante; mais voici que je trouve devant moi une tout autre espèce de panthéisme, celle qui, loin de tout voir et de tout absorber en Dieu, réduit la divinité à l'abstraction de l'être et refuse à cette divinité prétendue toute existence distincte, toute conscience d'elle-même et toute personnalité. Or suffira-t-il de lui dire qu'elle est en contradiction avec ses prémisses et de la rappeler au respect du sens commun?

J'ai cru longtemps, je l'avoue, que cette réfutation par l'absurde était péremptoire, et aujourd'hui encore je la regarde comme fondée en raison; mais à mesure que j'ai pénétré plus avant dans l'étude du panthéisme contemporain, j'ai vu qu'il ne suffisait pas de lui opposer la croyance naturelle des hommes à un Dieu distinct de l'univers, à un Dieu personnel, et qu'il était nécessaire d'entrer dans une analyse plus sévère et plus scientifique du problème religieux, d'attaquer de front ce panthéisme naturaliste qui d'Allemagne a envahi la France et l'Europe depuis trente années, et de ruiner de fond en comble sa chimérique théorie du Dieu inconscient et impersonnel.

Ce qui m'avait fait quelque illusion sur la vertu de mon dilemme, c'est que je ne croyais pas sérieusement possible de mettre en question la personnalité de Dieu. Ayant reçu l'éducation chrétienne, jeté dès le commencement de l'âge viril dans un courant d'idées spiritualistes, accoutumé à vénérer Platon, Descartes, Leibnitz, comme les maîtres immortels de la sagesse humaine, je regardais le principe de la providence divine comme une sorte de condition à priori imposée par le sens commun à tout système de philosophie. Cette illusion était sans doute un reste de la naïveté du premier âge, et il faut convenir que j'étais fort en arrière de mon temps et de mon pays; car c'était déjà une doctrine fort répandue, ailleurs qu'à Berlin et à Munich, qu'un Dieu distinct du monde, un Dieu personnel, un Dieu juge et père des hommes, est une superstition. Il fallut un commerce assidu avec les partisans du panthéisme, il fallut surtout l'étude plus approfondie des derniers maîtres de l'Allemagne pour m'ouvrir les yeux sur l'état vrai de la philosophie contemporaine. Je vis alors que pousser les panthéistes à la négation de la personnalité divine, ce n'était pas, comme je l'avais cru, les réfuter par l'absurde; car ce sacrifice, que j'estimais impossible, leur paraissait la chose du monde la plus aisée.

Quoi! me disaient-ils, vous en êtes encore au Dieu personnel, à ce Dieu concentré dans sa perfection solitaire, qui sort un jour, on ne sait pourquoi, de son éternité bienheureuse pour créer l'univers. Quand Hégel conseille aux jeunes gens de lire Spinoza, c'est pour les exercer à se défaire peu à peu de l'idée enfantine d'un Dieu personnel. « La pensée, dit-il, doit absolument s'élever au niveau du spinozisme avant de monter plus haut encore. Voulez-vous être philosophes? commencez par être spinozistes, vous ne pouvez rien sans cela. Il faut avant tout se baigner dans cet éther sublime de la substance unique, universelle et impersonnelle, où l'âme se purifie de toute particularité et rejette tout ce qu'elle avait cru vrai jusque-là, tout, absolument tout. Il faut être arrivé à cette négation qui est l'émancipation de l'esprit[1]. » Relisez donc Spinoza, pénétrez-vous de son idée de la Substance; vous comprendrez alors que la personnalité, la conscience, le moi, transportés de l'homme à Dieu, sont autant de contradictions. Être une personne, être soi, c'est se distinguer de toute autre personne. Le moi en effet, comme Fichte l'a démontré, le moi suppose le non-moi. La personnalité n'existe donc que par une limite, c'est-à-dire par une négation, d'où il suit que l'Être infini, excluant toute négation et toute limite, exclut toute personnalité. Pour concevoir Dieu comme une personne, il faut lui attribuer les formes de l'activité humaine, la pensée, l'amour, la joie, la volonté. Or la pensée suppose la variété et la succession des idées; l'amour n'est pas sans le besoin, la joie sans la tristesse, la volonté sans l'effort, et tout cela suppose la limite, l'espace, le temps. Un Dieu personnel est donc un Dieu borné, changeant, imparfait. C'est un être de la même espèce que l'homme, plus puissant, plus intelligent, si l'on veut, mais imparfait comme lui et infiniment au-dessous d'un principe absolu de l'existence.

« La personnalité, dit Strauss, est un moi concentré en lui-même par opposition à un autre moi; l'absolu, au contraire, est l'infini qui embrasse et contient tout, qui par conséquent n'exclut rien. Une personnalité absolue est donc un non-sens, une idée absurde. Dieu n'est pas une personne à côté et au-dessus d'autres personnes; mais il est l'éternel mouvement de l'universel qui ne se réalise et ne devient objectif que dans le sujet. La per-

---

1. Hegel, *Hist. de la Philos.*, t. III, p. 371 et suiv.

sonnalité de Dieu ne doit donc pas être conçue comme individuelle, mais comme une personnalité totale, universelle (*Allpersönlichkeit*), et au lieu de personnifier l'absolu, il faut apprendre à le concevoir comme se personnifiant à l'infini [1]. »

Le sens commun dit que Dieu sait tout : « Le sens commun a raison, répond Strauss ; Dieu est tout sachant, parce qu'il embrasse toutes les intelligences finies, qui dans leur ensemble représentent tous les degrés possibles du savoir [2]. » C'est en elles, c'est dans l'homme surtout que Dieu prend conscience de lui-même, et voilà le sens de cette poétique image d'un panthéiste contemporain, que *l'homme est le héros de l'épopée éternelle que compose l'intelligence céleste.*

Oserais-je avouer qu'il m'a fallu du temps pour m'habituer à ce langage et à ces pensées, et plus encore pour discerner clairement le point extrême où elles viennent aboutir ? J'avais vu jusque-là dans le panthéisme un effort impuissant, mais sincère, pour concilier le sentiment des réalités finies avec l'aspiration de l'homme vers Dieu. Mon long commerce avec Spinoza ne m'avait pas détourné de cette opinion, et je m'expliquais ainsi cette part de christianisme caché et de spiritualité mystique partout répandus dans ses écrits. On m'assurait d'un autre côté que Hégel méritait aussi peu que Spinoza l'accusation d'impiété et que sa philosophie était profondément spiritualiste et chrétienne. J'avais pris ces déclarations au sérieux, et je me sens porté encore à penser que Spinoza et Hégel ont été religieux d'intention ; mais que

---

[1]. Strauss, *Glaubenslehre*, t. II, p. 595 et 524.
[2]. *Ibid.*, tome I, page 575.

peuvent les intentions individuelles contre la marche logique des idées, surtout quand elle est secondée et précipitée par l'esprit du temps? Il fallut donc ouvrir les yeux et reconnaître que le panthéisme contemporain, placé comme tout panthéisme entre deux tendances opposées, celle qui va au mysticisme et celle dont l'athéisme est le dernier terme, a résolûment pris son parti et sacrifié la personnalité divine.

Aussi bien dans notre Europe moderne un système qui arborerait ouvertement la négation de l'individualité humaine aurait peine à se faire prendre au sérieux. Le sentiment de l'individualité surabonde aujourd'hui et il s'associe à un besoin énergique, non moins opposé au mysticisme, le besoin d'activité; je parle de cette activité qui se déploie en dehors, qui agit sur la nature par l'industrie, sur les hommes par la parole et la pensée. Une soif immense de jouissances terrestres et un besoin puissant d'activité extérieure en tout genre : tel me paraît être, en bien et en mal, le caractère de notre temps. Il est donc fort naturel que le panthéisme mystique de l'école de Munich ait échoué et qu'au contraire le panthéisme de Hégel et de Feuerbach ait fait et fasse chaque jour des progrès.

Nous n'avons donc plus devant nous que cette famille de panthéistes pour qui Dieu n'est autre chose qu'un principe abstrait décoré du nom d'absolu. L'absolu en soi est essentiellement indéterminé; il n'arrive à se connaître, à se savoir, à prendre conscience de lui-même qu'après avoir traversé tous les degrés de la vie, et c'est l'homme enfin qui est l'être véritablement parfait. Il y a dans l'idée de l'être une dialectique nécessaire qui le pousse à se développer, et de progrès en progrès, d'évolution en évolution, l'idée se fait homme. Alors seulement Dieu a conscience de soi. En d'autres termes, Dieu, au lieu d'être le principe et le créateur, n'est que la dernière conséquence.

Il faut examiner de près cette conception qu'on nous donne comme le dernier effort d'une science nouvelle, de je ne sais quelle dialectique inouïe, armée de ses thèses, de ses antithèses et de ses synthèses, et qui, partant de l'abstraction de l'être, se flatte d'arriver à l'être complet en passant par toutes les formes possibles de l'existence.

La prétention de nos panthéistes, quand ils partent de ce je ne sais quoi qu'ils appellent l'absolu et qui remplit dans leur système le rôle de Dieu, c'est de prendre leur point d'appui dans le premier principe de la raison. Je demande ce qu'ils entendent par l'absolu, et peu importe ici la différence des définitions et des formules ; car ils sont tous d'accord pour reconnaître que cet absolu, pris en soi, n'est pas un principe vivant et déterminé. Dès qu'il se détermine, dès qu'il vit, il n'est plus l'absolu pur, il n'est plus soi-même ; il devient un autre que soi, il devient la nature et l'humanité.

Or tant s'en faut qu'un tel absolu soit le premier principe de la raison, qu'à mon avis lui donner ce rang et ce caractère, c'est nier la raison même ; car c'est confondre la raison proprement dite, la raison intuitive, avec ces facultés secondaires d'analyse et d'abstraction qui président aux opérations de la raison discursive ; en d'autres termes, c'est substituer à l'idée de l'être parfait, idée primitive, naturelle, spontanée, pleine de réalité et de vie, le concept abstrait et mort de l'être indéterminé. Oui sans doute, concevoir l'être parfait et absolu, c'est la fonction propre de la raison, et il n'y a pas une pensée de l'esprit, une émotion du cœur, un élan de l'imagination, une perception même des sens, où cette notion ne soit enveloppée; mais quel en est le véritable caractère? loin d'être une idée abstraite et de représenter un objet indéterminé, elle est de toutes les idées la plus déterminée et la plus concrète. Je ne puis contempler l'être et la vie sous leurs formes changeantes et imparfaites, voir autour de moi et en moi-même briller quelques lueurs d'intelligence, saisir quelques traces de force, de beauté, de justice, de joie, de bonheur, sans concevoir, par delà les êtres de la nature visible, une existence première où la plénitude de l'intelligence, la beauté accomplie, la possession de la toute-puissance composent, dans leur harmonieuse unité, l'éternité d'une vie parfaite..

Rassemblez maintenant ces actes partiels d'une seule et même fonction intellectuelle, ces membres divisés d'une idée toujours présente au plus profond de la pensée, et vous aurez l'idée de l'être parfait. Or, je le demande, est-ce là une idée abstraite, une idée qui représente un objet indéterminé? non; c'est l'idée concrète par excellence, puisqu'elle représente l'être le plus réel, non pas l'être en puissance, mais l'être en acte, la plénitude de la perfection, l'accomplissement de toutes les formes de l'être et de tous les attributs de la vie.

Voilà le véritable absolu; c'est la perfection sans doute, mais la perfection déterminée, la perfection vivante. Or il est très-simple qu'un tel absolu soit un véritable principe, vraiment premier et vraiment fécond. Car n'est-ce point une chose évidente que l'imparfait a sa raison dans le parfait, le fini dans l'infini, le relatif dans l'absolu? Qu'arrive-t-il, au contraire, dans le système des panthéistes? Ils prennent pour principe un faux absolu, l'être indéterminé, l'être en puissance. Je dis que ce principe est radicalement stérile. Comment concevoir, en effet, que cet être indéterminé se détermine, que cet être en puissance passe à l'acte? Cela est absolument impossible, et il faut ici se donner le spectacle des discordes intérieures de l'école panthéiste en face de cette impossibilité commune à tous ses maîtres de faire un pas au delà de leur stérile absolu.

On sait que Schelling avait posé à l'origine des choses un principe qu'il appelait l'identique absolu, le sujet-objet. Ce principe se détermine, s'objective par sa nature, et se donne ainsi à lui-même une première forme qu'il brise aussitôt pour en revêtir une autre, jusqu'à ce qu'il ait épuisé sa puissance d'objectivité et soit entré en pleine possession de son être. Ici Hégel arrête son maître et lui dit: Vous êtes infidèle aux conditions de la science. La science doit tout expliquer et tout démontrer. Or vous débutez par une hypothèse et par une énigme. L'absolu se divise, dites-vous, l'identique se différencie. Qu'est-ce que l'absolu? qu'est-ce que l'identique? pourquoi et comment vient-il à se diviser, à se différencier? Le principe du système doit être clair par excellence, puisqu'il doit tout éclaircir. Or votre principe est inintelligible, et il offusque de ses ténèbres le reste du système. Puis, comment décrivez-vous l'évolution de l'absolu dans la nature et dans l'homme? Vous ne définissez pas l'essence de l'absolu et les lois internes de son développement. Comment pourrez-vous voir l'absolu dans les choses, ne le voyant pas en soi? Il faudra donc recourir à l'expérience ; vous sortez de la science absolue.

Nous ne savons pas, en vérité, ce que Schelling pourrait répondre à ces objections. On ne saurait mieux le mettre en contradiction avec ses propres principes, et signaler dans son système les deux choses qui ne devraient jamais se rencontrer dans une philosophie toute *a priori* : des mystères inexpliqués, des secours tirés de l'expérience.

Mais si Hégel triomphe contre Schelling, le maître n'est pas moins fort contre son disciple. Il faut entendre Schelling presser de sa vive dialectique les fastueuses théories qui, entre autres torts, ont eu celui de faire oublier les siennes. On a prétendu, dit-il, qu'en métaphysique, il ne fallait rien supposer ; on m'a reproché de faire des hypothèses. Or par où commence-t-on ? par une hypothèse, la plus étrange de toutes, l'hypothèse de la notion logique ou de l'idée « à laquelle on attribue la faculté de se transformer par sa nature en son contraire, et puis de retourner à soi, de redevenir elle-même, chose qu'on peut bien penser d'un être réel, vivant, mais qu'on ne saurait dire de la simple notion logique sans la plus absurde des fictions. »

Voilà, suivant Schelling, une première supposition toute gratuite. Cependant le système se soutient assez bien tant qu'on reste dans la sphère de la logique pure, où il ne s'agit que de combiner des abstractions ; mais comment passer de l'idée à l'être ? cela est impossible, cela est inconcevable. Par suite, nécessité d'une nouvelle hypothèse, d'une nouvelle absurdité que Schelling relève avec la plus perçante ironie :

« L'idée, dit-il, l'idée d'Hégel, on ne sait trop pourquoi, ennuyée peut-être de son existence purement logique, s'avise de se décomposer dans ses moments, afin d'expliquer la création. »

On ne saurait mieux dire, et voilà une admirable revanche de Schelling contre l'infidèle et orgueilleux disciple ; mais que pensera tout ami désintéressé de la vérité en écoutant ces deux illustres adversaires, si habiles dans l'attaque et si faibles dans la défense? Il dira que le passage tant cherché de l'abstrait au réel est manifestement introuvable aux panthéistes.

Et en effet, je leur demande si ce passage de la puissance à l'acte, de l'indifférence à la différence, de l'indéterminé au déterminé, est un progrès pour l'absolu ou bien une décadence. On peut hésiter entre ces deux alternatives, mais il faut choisir. Tous les panthéistes de l'Allemagne célèbrent, d'une voix unanime, l'idée du progrès interne et nécessaire de l'être (*prozess*) comme l'idée la plus originale de la métaphysique moderne. D'un autre côté, Schelling a paru souvent incliner vers l'idée d'une décadence primitive. Empruntant aux derniers panthéistes de l'école d'Athènes, notamment à Proclus, leur étrange doctrine, il a dit que la production du monde était une chute de l'absolu.

Il faut avouer que le choix est périlleux entre deux alternatives si étranges. Quoi! l'être parfait dégénère! il a pour essence la perfection, et il cesse d'être parfait! La contradiction est palpable ; mais, d'un autre côté, comment concevoir que l'être parfait se perfectionne, que l'être accompli reçoive un accroissement de réalité? Certes, il n'y a qu'une idée qui puisse le disputer d'absurdité avec celle de la décadence de Dieu, c'est l'idée de son progrès.

On croira peut-être que je raisonne d'après les préjugés établis, et que je substitue la vieille notion de Dieu, de l'être tout parfait, à la conception neuve et transcendante de l'absolu? point du tout. Je demande si l'absolu des panthéistes est en soi parfait ou imparfait. S'il est parfait en soi, il ne peut ni se perfectionner, ni déchoir; cela est évident. Il faut donc qu'ils avouent que leur absolu est imparfait. Mais alors ils tombent dans un abîme d'absurdités. Selon cette hypothèse, en effet, qui est le dernier mot des panthéistes contemporains, tout commence par l'imperfection, et la perfection est au terme. Mais si l'absolu en soi est imparfait, il n'a pas sa raison d'être en soi, il n'a aucune raison d'être. Supposons qu'il soit, pourquoi se développe-t-il? autre chose inexplicable et impossible. L'expédient des panthéistes, c'est de dire qu'il se développe nécessairement; mais ce n'est pas répondre. Car sur quoi est fondée cette nécessité? Diront-ils qu'en fait le monde existe; mais ce fait n'est qu'un fait, qui ne peut fonder une nécessité absolue. Cette nécessité est donc purement gratuite. Non-seulement on ne conçoit pas que l'absolu se développe, mais on conçoit très-clairement qu'il ne peut pas se développer, parce qu'il est impossible que l'imperfection soit un principe, impossible que le parfait sorte de l'imparfait. Il faut donc en venir à dire avec Hégel qu'il est nécessaire que ce qui est contradictoire se fasse, que le néant devienne l'être, que le zéro devienne l'origine de l'unité et des nombres. Le rien produisant le tout, l'absurde en soi devenu nécessaire et chargé d'expliquer et d'éclaircir tous les mystères de l'existence, voilà la dernière limite que le panthéisme devait toucher.

Nous croyons avoir prouvé que l'absolu des panthéistes

est un faux absolu, que leur Dieu impersonnel est un faux Dieu, une chimère stérile de l'abstraction. Écoutons maintenant leurs objections contre la personnalité divine, et pour les présenter dans toute leur force, donnons un instant la parole à nos adversaires :

« Vous venez bien tard, nous disent-ils, pour opposer au Dieu de Spinoza le Dieu des vieilles théodicées. Où Leibnitz a échoué, bien superbe serait celui qui se flatterait de réussir. C'en est fait, il faut laisser dans les abîmes du passé le Dieu personnel, le Dieu qui crée par hasard ou par bonté, l'artiste solitaire et capricieux qui sort un jour de son repos et se complaît dans son ouvrage. Pieuses croyances, touchants symboles, nous le voulons bien, mais s'il faut parler net, pures superstitions. Or, en fait de superstitions, les plus naïves sont les meilleures. Vous aurez beau raffiner; vous ne ferez autre chose que dépouiller les superstitions populaires de leur prestige et de leur poésie en voulant leur imposer les formes sévères de la science.

« Ouvrez les yeux sur ce qui se passe dans le monde depuis trois siècles : la science a détruit pour jamais la distinction de Dieu et de l'univers. Dieu, c'est l'univers rattaché à son principe éternel; l'univers, c'est Dieu vivant, c'est l'évolution de la vie divine. Voilà ce que dit la science; le reste est une affaire d'imagination et de sentiment.

« Convenez-en de bonne foi. Votre Dieu personnel est un être déterminé, particulier, plus puissant et plus intelligent que les hommes, mais de la même espèce, en un mot, un homme idéalisé. Il a conscience, il dit moi. Mais avoir conscience, dire moi, c'est attester une existence particulière, qui se distingue de tout ce qui n'est pas elle, qui se concentre en soi et prend possession de son individualité. Votre Dieu est un individu ; c'est quelqu'un ou quelque chose ; ce n'est pas l'être, l'être infini, l'être absolu, l'être des êtres, celui qui est, celui en qui nous avons tous l'être, la vie et le mouvement. Vous vous représentez une superbe idole qui habite les hauteurs du ciel, mais par là même vous la bornez à un séjour ; en vain vous la chargez de dons brillants et d'attributs magnifiques, elle n'est encore qu'un misérable jouet d'enfant au prix de l'être infini qui n'a d'autre lieu que l'immensité, d'autre durée que l'éternité, qui enferme en soi, loin d'y être enfermé, l'espace et le temps, qui n'est comparable à rien, ne ressemble à rien, ne se distingue de rien, enveloppe et contient tout. Voilà Dieu, le Dieu de la raison virile et de la science libre et affranchie.

« Discutons sérieusement. On vous propose ce dilemme : ou votre Dieu est conçu comme créant hors de soi l'univers, et cette hypothèse est grosse de mille contradictions ; ou votre Dieu crée l'univers en soi, et alors l'univers, c'est lui-même, c'est sa vie, et vous voilà avec nous.

« Autre alternative, autre forme du même raisonnement : si vous voulez concevoir Dieu comme vivant en soi et se suffisant pleinement à soi-même, vous serez forcé de dire que l'œuvre de la création est un accident, un hasard, un caprice sans importance, ou bien, si vous reconnaissez qu'une telle façon de concevoir les choses est puérile et absurde, il faudra rattacher la création au créateur ; il faudra confesser que Dieu conçoit et aime éternellement le monde, et alors la création est éternelle, et alors elle fait partie de Dieu, étant sa manifestation nécessaire; et vous voilà encore avec nous.

« Décidez-vous à choisir : car entre le Dieu de la superstition et le Dieu de la science, il n'y a pas de milieu.

« Faut-il raisonner en forme pour établir que cette idée du Dieu personnel, sortant de la sphère de son être pour se manifester au dehors, créant par tel ou tel motif un monde qu'il aurait pu ne pas créer, est une idée anti-scientifique? Mais s'il y a quelque chose de clair au monde, c'est qu'un être qui agit hors de soi est un être fini; car, s'il était vraiment infini, il n'y aurait rien hors de lui de réel, ni de possible. L'action exercée hors de soi, ou, comme dit l'École, l'action transitive est le fait d'une cause qui dépasse l'enceinte de son être propre pour agir sur un terme extérieur, comme un sculpteur qui taille un bloc de marbre. Ferez-vous de votre Dieu un artiste agissant sur la matière chaotique pour la façonner à son gré? apparemment non. Vous êtes trop philosophe pour ne pas renvoyer le chaos à la mythologie. Soit, mais prenez-y garde : le Nous d'Anaxagore, imprimant un mouvement régulier à la masse inerte des parties similaires, le Démiourgos de Platon, déposant au sein de la matière l'empreinte lumineuse des idées du beau et du bien, la doctrine même d'Aristote, plus profonde et plus scientifique, je veux dire celle d'un monde éternel qui se meut en vertu de son aspiration secrète vers un Dieu solitaire et heureux qui attire tous les êtres et qui les ignore, tout cela n'est guère plus de notre temps que la théogonie d'Hésiode.

« Il vous faut donc dire que Dieu n'a pas besoin de

matière pour former le monde, qu'il lui suffit de cette matière idéale qui n'est autre chose que le monde éternellement conçu par sa pensée. Eh bien! admettons cela. Vous ajournez la difficulté, vous ne l'ôtez pas. Vous déplacez un peu l'obstacle qui retombe sur vous de tout son poids. Dieu, dites-vous, pense éternellement le monde; mais qu'est-ce que le monde? autre chose que Dieu. Voilà justement la difficulté, voilà la pierre d'achoppement où vous vous brisez. Il n'est pas plus possible à Dieu de penser que de faire autre chose que lui, parce que hors de lui il n'y a rien.

« Nous dirons volontiers qu'il est créateur, qu'il est cause; entendez cause absolue, cause immanente, et non pas cause transitive. Il crée le monde au dedans de lui : et dès lors il ne faut plus séparer le créateur et la créature; car la créature, c'est le créateur lui-même considéré dans son action éternelle et nécessaire. Otez le monde, il ne reste qu'une abstraction, l'être en soi, l'être en puissance. Dans le vrai, l'être en puissance passe à l'acte, l'être universel devient successivement tous les êtres particuliers qui ne sont que les moments de sa vie, les formes inépuisables de son essence. Rien n'est séparé; tous les êtres sont les actes d'un seul et même principe, et composent un seul et même tissu harmonieux qui est la vie divine.

« Mais vous, comment, je vous prie, passerez-vous de l'idée de votre Dieu personnel à celle de l'univers? vous contenterez-vous de cette pensée enfantine que Dieu s'est avisé un jour de créer le monde? Mais si Dieu est complet sans le monde, si Dieu vit en soi d'une vie parfaite, d'une vie heureuse, si Dieu n'a besoin que de soi, pourquoi Dieu sortira-t-il de lui-même? Il vous faut avouer alors que l'acte créateur est en Dieu quelque chose de miraculeux, de fortuit. Si vous ne dites pas que c'est un miracle, si vous ne dites pas que c'est l'acte d'une liberté absolue, si vous ne dites pas que Dieu est indifférent à la création, que l'être et le non-être des créatures sont identiques à ses yeux, que la création n'ajoute rien à sa félicité, à sa perfection, si vous ne dites pas cela, si, pressé par les lois de la science, vous essayez de rattacher l'effet à sa cause par quelque relation intelligible, il vous faudra dire que Dieu crée par amour ou par devoir. Mais, sans parler de ce qu'il y a de visiblement humain dans ces images, ne voyez-vous pas que si Dieu aime, il ne peut pas ne pas être privé de ce qu'il aime, que si créer est mieux que de ne créer pas, Dieu ne peut pas ne pas obéir à sa sagesse qui lui montre le mieux, à sa sainteté qui lui défend le mal? Et alors le monde est nécessaire à Dieu, soit comme objet d'amour, soit comme devoir accompli; et alors Dieu sans le monde est un Dieu incomplet, un Dieu auquel il manque quelque chose d'essentiel, une puissance sans effet, une cause sans action, une sagesse sans objet, un amour sans effusion; et alors le monde est aussi nécessaire à Dieu que Dieu est nécessaire au monde. Sans Dieu point de monde, sans monde point de Dieu. Dieu et le monde se complètent et se réalisent l'un par l'autre. Plus de Dieu personnel, de Dieu vivant en soi, de Dieu distinct de l'univers; à la place de ce fantôme, le vrai Dieu, le Dieu qui n'est pas telle chose ou telle personne, mais le principe impersonnel et universel de toutes les personnes et de toutes les choses, le Dieu qui n'habite pas le ciel, mais que la terre et les cieux habitent, l'Immense, l'Éternel, l'Infini, l'Absolu, l'Être des êtres. »

Sous les formes spécieuses de cette argumentation, il est aisé de démêler trois objections fondamentales que nous allons discuter successivement.

La première est celle-ci : Dieu est l'être absolu et infini, par conséquent l'être qui n'enferme en son essence aucune limite, aucune négation, aucune détermination. Donc la conception d'un Dieu distinct et déterminé est contradictoire.

Évidemment toute la force de cette objection est dans ce principe invoqué comme un axiome par les panthéistes anciens et modernes : *Omnis determinatio negatio est.* Or rien de plus arbitraire et de plus faux que ce prétendu axiome. Il tire son origine de la confusion de deux choses éminemment différentes, savoir : les limites d'un être et ses caractères déterminants et constitutifs. Je suis un être intelligent et mon intelligence est limitée. La possession de l'intelligence, voilà le caractère de mon être, voilà ce qui me distingue de l'être brut ; la limitation de mon intelligence, qui ne peut voir qu'un petit nombre de vérités à la fois, voilà ma limite, voilà ce qui me distingue de l'être absolu, de l'intelligence parfaite qui voit toutes les vérités d'un seul coup d'œil.

Ce qui fait mon imperfection, ce n'est pas certes que je sois intelligent ; là au contraire est la force, la beauté, la dignité de mon être. Ce qui fait ma faiblesse et mon néant, c'est que cette intelligence est enfermée dans un cercle étroit. Ainsi en tant qu'intelligent, j'ai de l'être, j'ai de la perfection ; en tant que je ne suis intelligent que dans certaines limites, je tiens du néant, je suis imparfait.

Il suit de cette analyse très-simple que la détermination et la négation, loin d'être identiques, diffèrent entre elles comme l'être et le néant. Selon qu'un être a plus ou moins de déterminations, de qualités, de caractères spécifiques, il occupe un rang plus ou moins élevé dans l'échelle des existences. Ainsi, à mesure que vous supprimez les qualités et les déterminations, vous descendez de l'animal au végétal, du végétal à l'être brut; à mesure au contraire que la nature des êtres se complique, à mesure que les corps s'enrichissent d'organes et de fonctions nouvelles, que les facultés intellectuelles et morales commencent à se déployer, qu'aux sens grossiers viennent se joindre des sens plus délicats, à la sensation la mémoire, à la mémoire l'imagination, puis les facultés supérieures, le raisonnement, la raison et la volonté, vous montez de plus en plus vers l'homme, l'être le plus compliqué, le plus déterminé et le plus parfait de la création.

Si l'homme venait à perdre l'intelligence, je demande s'il gagnerait en perfection ; apparemment non, et cependant il aurait une détermination de moins. Remarquez-vous que le progrès de la vie humaine, depuis l'enfance jusqu'à la pleine virilité, consiste dans l'indétermination de plus en plus grande de ses facultés? mais c'est justement le contraire ; se perfectionner, pour l'homme, c'est déployer et accroître ses facultés, c'est aller de la puissance à l'acte. Quel est donc l'être le moins réel, l'être le moins être pour ainsi dire? c'est l'être le plus indéterminé; et par conséquent quel est l'être le plus réel, le plus être, le plus parfait? c'est l'être le plus déterminé. En ce sens, Dieu est le seul être absolument déterminé. Car dans tout être fini, comme il y a toujours des puissances imparfaites qui tendent à se développer d'une manière indéfinie, il y a par là même quelque chose d'interminé. Dieu seul, l'être complet, l'être en qui toutes les puissances sont actualisées, échappe par sa perfection même à tout progrès, à tout développement, à toute indétermination. S'imaginerait-on par hasard que les déterminations diverses se limitent et se contrarient? pure illusion. Est-ce que l'intelligence empêche la liberté? est-ce que l'amour du beau étouffe l'amour du bien? est-ce que la vérité, la beauté, la félicité se font obstacle l'une à l'autre? N'est-il pas clair au contraire que ce sont choses profondément analogues et harmonieuses, qui, loin de s'exclure, s'appellent réciproquement, vont partout de conserve chez les meilleurs êtres de l'univers, et quand on les conçoit dans leur plénitude et leur harmonie éternelles, constituent l'unité vivante de Dieu?

Maintenant j'écoute nos panthéistes. Ils nous disent : l'absolu exclut toutes bornes, par conséquent toute détermination. Je réponds : l'absolu n'a pas de limites, il est vrai, c'est-à-dire que son être et tout ce qui est en lui, tout cela est plein, complet, exempt de toutes bornes; mais bien loin que les déterminations limitent son être, elles le caractérisent et le constituent.

Toute détermination, disent-ils, n'implique-t-elle pas relation? — Point du tout. Si vous appelez détermination ce qui dans les êtres imparfaits tient à leur limitation originaire, par exemple leur durée, leur figure matérielle, leur distance, je conviens que ces déterminations sont relatives, et que concevoir une durée absolue, une étendue absolue, une distance absolue, sont des idées contradictoires; mais s'il s'agit des caractères intrinsèques, des qualités constitutives des êtres, par exemple de la pensée, de l'activité, il n'y a rien là qui implique une limite, une borne, rien par conséquent qui répugne à la nature de l'absolu.— Quoi! dira un panthéiste, l'absolu n'est-il pas un, et la pensée n'implique-t-elle pas diversité! ne suppose-t-elle pas la différence du sujet qui pense et de l'objet pensé, sans parler de plusieurs autres conditions? Je réponds : vous confondez l'unité réelle de Dieu avec l'unité abstraite de votre absolu imaginaire. Sans doute, la pensée, la pensée vivante, la pensée réelle, implique la différence du sujet et de l'objet. A ce titre, il y a variété dans la pensée divine; mais cette variété n'exclut pas l'unité. Car en Dieu le sujet et l'objet sont identiques. Un être parfait qui se pense lui-même n'est pas sans doute un de l'unité de l'abstraction. Il vit, il se replie sur soi; il y a en lui une sorte de mouvement tout spirituel ; mais cette conscience que l'Être parfait a de soi-même, cette contemplation dont il jouit ne supposant aucune séparation entre le sujet et l'objet, aucune disproportion, aucun intervalle, aucun effort, il n'y a rien là de contraire à la plus rigoureuse unité.

Les panthéistes insistent : vous convenez, disent-ils, que la condition essentielle de la pensée, c'est la distinction du sujet et de l'objet; le sujet se pose d'un côté comme moi pensant, et il s'oppose l'objet qu'il pense. Il suivrait de là, dans votre système, que l'absolu échappe à l'esprit humain; car l'esprit humain pensant l'absolu se pose en dehors de lui, à titre de sujet, et le pose en face de soi, à titre d'objet. Par là, il détruit l'absolu. — Je conviens que penser à Dieu, pour l'homme, c'est se distinguer de lui; mais se distinguer n'est pas se séparer. Je pense Dieu comme autre que moi ; ce n'est pas le penser comme fini, comme limité par moi, comme relatif à moi. Je pense Dieu comme autre que moi, mais comme raison de mon être ; je me distingue de lui, mais je m'y rattache du même coup. En un mot, penser Dieu comme autre que moi, c'est le penser comme déterminé, non comme limité ; toute la question est là.

Vous me direz que Schelling a démontré l'absurdité d'une pareille intuition ; qu'il a parfaitement établi que la notion de l'absolu sous la condition de la conscience est une contradiction, et que le seul moyen de connaître l'absolu, c'est de s'absorber en lui. Je vous abandonne l'intuition intellectuelle de Schelling et je reconnais volontiers que son absolu indéterminé est en contradiction avec la loi fondamentale de la pensée et de l'être : il est impensable à l'esprit humain et à soi-même ; il est absurde. Mais c'est là l'absolu de l'abstraction ; ce n'est pas l'absolu déterminé, l'absolu vivant, l'intelligence, la vérité, la conscience éternelle de la pensée.

La seconde objection des panthéistes est fondée sur leur fameuse thèse de l'*immanence*, si populaire au delà du Rhin. Pour être cause de l'univers, disent-ils, il faut que Dieu en soit la cause *transitive* ou la cause *immanente*. Point de milieu : car dire que Dieu ne forme pas l'univers hors de soi, c'est dire qu'il le forme au dedans de soi. Or Dieu ne forme pas l'univers hors de soi, puisque hors de Dieu, hors de l'absolu et de l'infini, rien ne peut exister, ni être conçu, ces mots mêmes *hors de Dieu* étant contradictoires. Donc Dieu forme le monde au dedans de soi ; donc il l'engendre de sa propre substance, il l'anime de sa propre vie, en un mot, il en est la cause éternellement et nécessairement en acte, cause non séparée de ses effets, se réalisant par ses effets mêmes, en un mot cause immanente : *Deus omnium rerum causa immanens*, dit Spinoza, *non vero transiens*.

Voilà le raisonnement décisif, victorieux, triomphant. Eh bien! je dirai à ceux qui s'en contentent qu'ils sont dupes de la plus étrange illusion. Que font-ils, en effet? Ils regardent les choses de ce monde, les choses de l'espace et du temps, et considérant les forces qui s'y rencontrent, leurs relations diverses et leurs divers modes d'activité, ils choisissent une de ces relations, un de ces modes, puis ils prétendent l'imposer au créateur de l'univers. Comme si l'activité absolue pouvait être assujettie aux conditions des activités finies! comme si les relations des choses finies entre elles étaient comparables à la relation du fini avec l'infini! Chose étrange, ces panthéistes qui reprochent à leurs adversaires d'humaniser Dieu tombent dans l'anthropomorphisme, et voilà les philosophes de l'absolu pris en flagrant délit de superstition.

Il suffit pour le prouver de montrer comment le spectacle de l'imperfection des causes relatives nous élève à l'idée de la cause absolue et créatrice. Enchaînée par les sens à ce monde matériel, la raison ne saisit d'abord les causes que dans leur action la plus sensible et la plus grossière, l'action d'une force sur un objet étranger. Un fleuve coule; il entraîne ma barque avec lui. Une branche d'arbre traverse mon chemin ; je la brise ou la détourne. Je puis faire plus : voici un morceau d'argile, je le pétris et lui donne la forme qui me convient. Toute l'industrie humaine est là. James Watt, avec de la houille et de l'eau, produit une source inépuisable de mouvement ; Michel-Ange tire son Moïse d'un bloc de granit. Voilà la cause transitive.

Mais si puissante qu'elle soit, elle ne peut agir qu'avec le secours d'une matière étrangère. Sans marbre et sans ciseau, point de Michel-Ange. Il y a des causes dont l'énergie a quelque chose de plus intime et de plus profond. Elles sont fécondes sans sortir d'elles-mêmes : un grain de blé germe, un chêne étend ses rameaux, une fleur s'épanouit. Spectacle admirable, et cependant ce n'est encore qu'un développement grossier et matériel. Je conçois des évolutions d'un ordre tout autrement relevé : une pensée de génie germe et se déploie dans un esprit supérieur; Newton conçoit le système du monde. Voilà la cause immanente, et certes, cette fécondité toute spirituelle d'une intelligence qui ne semble relever que d'elle-même est bien en effet le type le plus sublime d'activité que l'univers et l'homme puissent nous fournir.

S'ensuit-il que nous ayons épuisé toutes les formes possibles d'activité, et qu'il faille choisir l'une d'elles pour l'attribuer à l'être infini? évidemment non. L'activité immanente, produisant son œuvre au dedans de soi, est sans doute supérieure à l'activité transitive, et je conviens aisément que concevoir Dieu comme une force réduite à imprimer le mouvement à des corpuscules indépendants et éternels, c'est reculer jusqu'au temps d'Anaxagore. De même, se représenter Dieu comme un habile architecte, comme un grand artiste, embellissant la matière par l'empreinte de ses idées, c'est encore un symbole infiniment défectueux. Mais ne voyez-vous pas que les formes de l'activité immanente, quoique d'un genre supérieur, ne sont, elles aussi, que des formes imparfaites qui ne se peuvent transporter dans l'être absolu?

Un grain de blé est une merveille, soit; mais il lui faut de la lumière, de l'eau et de l'air. Il se développe, cela est vrai, mais en vertu d'une force qui ne lui appartient pas en propre, et à condition de trouver autour de lui des moyens de développement. Newton lui-même est sujet à mille conditions extérieures. Il lui faut le monde à contempler et un instrument de calcul à manier. Figurez-vous un esprit pur, un ange, spéculant sur des idées abstraites, ces idées lui viennent de plus haut. Sans elles, il ne peut rien. L'activité immanente, telle que nous la saisissons dans l'univers, n'est donc pas indépendante de conditions extérieures. Mais allons au fond des choses : y a-t-il rien de plus contraire à l'idée de perfection que l'idée d'un être qui se développe, d'un germe qui fait effort pour s'épanouir? Voilà l'illusion des panthéistes. Ils ne voient pas qu'assimiler Dieu aux activités immanentes de l'univers, c'est faire de lui un être qui se développe, par conséquent un être imparfait; c'est tomber infiniment au-dessous de Dieu.

Agir au dedans de soi, agir au dehors de soi, ce sont là les modes de l'activité finie. Le langage ici est singulièrement expressif. Au dehors, au dedans, ces mots supposent des êtres finis, bornés dans l'espace, dans le temps, bien plus, dans les conditions radicales de leur existence. Mais Dieu, c'est l'être infini, parfait, accompli. Rien de fini n'est donc proprement en dehors, ni au dedans de lui. Le monde n'est pas hors de Dieu, et il n'est pas non plus au dedans de Dieu, l'être imparfait et l'être parfait ne souffrant aucune relation de ce genre. Dieu, c'est l'être accompli; le monde c'est l'être en voie de développement. Dieu est dans l'éternité, le monde est dans le temps. Est-ce qu'on peut concevoir que le temps soit en dehors de l'éternité, ou au dedans d'elle? double absurdité. Tel siècle est en dehors de tel autre siècle, le précède ou le continue. Telle journée enferme au dedans de soi un certain nombre d'heures qui composent sa durée totale; mais le temps ne fait pas suite à l'éternité; les moments du temps ne composent pas l'éternité. Le temps n'est donc ni en dehors ni en dedans de l'éternité, et cependant il y a sa raison d'être.

De même l'être imparfait, l'être qui se développe, n'est proprement ni en dehors, ni au dedans de l'être parfait éternellement développé. Il ne le continue pas; il n'en est pas non plus le développement interne, et cependant il y a sa raison d'être, relation unique, relation incomparable, relation mystérieuse, j'en conviens, mais relation certaine et démontrée.

C'est ici que les panthéistes m'attendent. Expliquez-vous, diront-ils, sur cette relation. Vous la reconnaissez mystérieuse pour ne pas avouer qu'elle est inintelligible et contradictoire. — Contradictoire, je le nie; inintelligible, c'est une question. Mais d'abord, où est la contradiction, je vous prie? elle consiste, selon vous, à poser Dieu comme un être accompli, embrassant toutes les puissances de l'être, et à admettre outre Dieu autre chose. Autre chose que l'être absolu et parfait, cela ne peut ni exister, ni être conçu. Je réponds qu'il y aurait là contradiction, si l'être imparfait était posé comme une extension, un prolongement de l'être parfait. Mais point du tout. Le temps n'est pas un prolongement de l'éternité, l'espace n'est pas un prolongement de l'immensité, la pensée finie qui se déploie n'est pas un prolongement de la pensée infinie éternellement déployée.

Et cela même nous aide peut-être, sinon à comprendre, au moins à entrevoir le rapport de ces deux termes. Car je conçois clairement que le temps manifeste et exprime l'éternité. Un philosophe a dit que le temps est l'*image mobile de l'éternité*, et cette pensée profonde, passant des philosophes aux poëtes, s'est faite accessible au sens commun.

Rien n'est plus sublime, rien aussi n'est plus familier que cette opposition et cette harmonie de l'éternité et du temps. C'est l'opposition et l'harmonie de la terre et du ciel, des choses humaines et des choses divines. Tout le monde conçoit que le temps est autre chose que l'éternité, que le temps n'est pas et ne peut pas être un prolongement de l'éternité infinie, ni un développement de l'éternité immobile. Et cependant le temps existe, outre l'éternité; le temps a dans l'éternité sa raison d'être, et l'éternité a dans le temps son image. De même, l'étendue avec la variété infinie de ses formes et de ses mouvements exprime l'immensité de l'immobile et invisible Créateur. En général, la vie de la nature et celle de l'homme, je veux dire l'effort de l'être pour sentir, pour penser, pour jouir, pour monter sans cesse vers une forme d'existence plus large et plus pure exprime et manifeste la vie divine, je veux dire la pleine possession de l'être au sein de la pensée, de l'amour, de la joie, de la félicité.

Vous êtes dupe d'une métaphore, diront les panthéistes. Vous remplacez le mot inintelligible de création par les mots d'expression, de manifestation, qui vous semblent plus clairs; mais ils ne sont clairs qu'appliqués à l'homme. L'homme exprime sa pensée, il parle; il parle pour se faire entendre. La parole suppose donc deux interlocuteurs au moins, et entre eux un moyen matériel d'expression. — Je réponds qu'il y a, outre la parole matérielle et sensible, une parole intérieure dont nous trouvons quelque trace en notre pensée. C'est ce discours spirituel que je me représente en Dieu. Éternellement il voit le temps, l'espace, l'univers. Il voit dans le temps l'expression de son éternité; dans l'espace, l'expression de son immensité; dans l'univers, l'expression de toutes les puissances communicables de son être infini, et il se complaît dans cette image, et il la réalise par un acte d'amour éclairé par la sagesse et servi par la toute-puissance. — Il la réalise; et comment, s'il vous plaît? — J'avoue humblement que je l'ignore, et à dire vrai, il ne m'en coûte pas d'avouer mon ignorance sur le comment de la création, quand je songe que tant d'autres comment beaucoup plus rapprochés de moi, le comment de l'union de l'âme et du corps, le comment de la communication du plus simple mouvement, me laissent dans une ignorance invincible.

Voilà donc un nouveau mystère dans la science humaine des choses divines, un mystère, j'en conviens, mais pas une contradiction.

Après cette discussion sur le point capital de la question, je ne m'arrêterai pas longtemps à la dernière objection des panthéistes qui n'est qu'une difficulté secondaire. Votre Dieu créateur, nous disent-ils, est-il créateur par accident ou par nature, par caprice ou par nécessité? Vous rejetez une création fortuite, accidentelle; vous ne voulez pas de cette liberté d'indifférence qui fait du vouloir divin l'arbitre capricieux du bien et du mal, du beau et du laid, et qui se réduit à diviniser le hasard sous le nom de liberté divine. C'est fort bien ; mais alors l'acte créateur a sa raison dans la nature de Dieu ; il est nécessaire comme Dieu même. On ne peut concevoir l'activité créatrice sans l'acte créateur, ni l'acte créateur sans son effet, les créatures ; activité créatrice, acte créateur, création, tout cela forme un ensemble indivisible, et vous arrivez à cette conclusion qu'il n'y a pas de distinction réelle entre Dieu et l'univers, entre l'infini et le fini, l'univers n'étant que Dieu considéré dans sa vie, comme Dieu n'est que l'univers considéré dans son unité.

Ma réponse sera très-simple et très-courte : alors même que l'univers serait la manifestation naturelle et nécessaire de Dieu, cela ne signifierait pas qu'il en fût le développement ; des yeux superficiels ne verront là qu'une nuance entre deux mots ; mais il y a l'infini entre les deux conceptions. D'une part, un Dieu parfait, complet, personnel, qui se suffit, qui ne fait qu'exprimer sa perfection en créant le monde, mais qui, si l'on supprime le monde, reste tout entier. De l'autre, un Dieu qui est tout en puissance et rien en acte, un germe qui se développe et ne se réalise qu'en se développant ; un Dieu qui, abstraction faite du monde, se réduit à une virtualité pure, à une simple possibilité. Voilà une première distinction capitale entre le vrai Dieu et la chimère des panthéistes. Mais outre cela, quand je dis que l'acte créateur est une expression naturelle et nécessaire de la vie divine, il ne s'agit point ici d'une nécessité aveugle, d'une nécessité absolue, de cette nécessité du panthéisme qui fait que le germe primitif des choses se développe sans le savoir et sans le vouloir pour se réaliser dans la nature et l'humanité ; il s'agit d'une nécessité toute morale, toute de convenance, d'une nécessité fondée sur la sagesse et l'amour, de la sainte nécessité d'un être infaillible, impeccable, qui ne peut mal faire, et qui dès lors fait nécessairement tout ce qu'il fait.

Au surplus, qu'il y ait de la difficulté à comprendre comment, au sein de l'acte créateur, l'amour existe sans le besoin, et la liberté sans la possibilité morale de faire autrement, ce ne serait pas être philosophe que de le contester. Mais encore une fois, s'il est vrai que notre doctrine doive se résigner à de graves difficultés, nous avons prouvé que le panthéisme aboutit à des impossibilités absolues et à de formelles contradictions.

Et maintenant, si, prenant à notre tour l'offensive, nous transportons le débat de la question des choses divines sur celle des choses humaines, les panthéistes s'y défendront-ils avec plus d'avantage? Après avoir sacrifié la personnalité divine, auront-ils au moins cette compensation d'établir la personnalité humaine dans la plénitude de ses droits?

C'est la prétention avouée des hégéliens de donner une explication satisfaisante de la personnalité humaine et d'être même en communion intime avec la tradition morale de l'humanité. Or voyons ce qui constitue la personnalité humaine. Qu'est-ce qui fait que l'homme n'est pas une chose, mais une personne, qu'il s'attribue un rang à part au milieu des êtres de la création, qu'il poursuit un idéal infini et aspire à l'immortalité? c'est que l'homme se sent libre et responsable de sa destinée.

Il s'incline devant l'ordre comme devant une loi sacrée; il reconnaît des obligations absolues et des droits inviolables. Tandis que les autres êtres de l'univers se développent fatalement suivant des lois qu'ils ignorent et qu'ils ne peuvent modifier, l'homme entrevoit l'ordre universel et se met librement en harmonie ou en lutte avec lui. Dans la nature règne le fait; l'homme habite un monde supérieur où règne le droit. Responsable de sa destinée, l'homme voit en Dieu son juge. Soumis à l'épreuve du travail et de la douleur, il implore un consolateur et un appui. Animé d'un amour immense pour la vérité, la beauté, la perfection en tout genre, et ne pouvant le satisfaire qu'imparfaitement dans sa condition terrestre, il regarde le ciel; il désire, il espère une vie à venir. Sa pensée quitte la terre, s'élance dans l'infini et y jouit d'un avant-goût de céleste félicité. C'est ainsi que l'homme s'élève de la région de la fatalité à celle de la liberté et de la justice, et que la morale le conduit à la religion.

Il n'y a pas de vérités plus simples, il n'y en a pas de plus étroitement liées. Point de liberté, plus de droit, plus de justice, plus de vie future, plus d'espérance en Dieu, plus de religion.

Rendons encore une fois justice aux panthéistes : ils ne repoussent pas de gaieté de cœur ces vérités saintes; ils font des efforts sincères pour les introduire dans leur système. Mais par là, s'ils ont droit au respect, ils donnent prise à la logique, à l'impitoyable logique qui ne tient aucun compte des intentions. Recueillons d'abord leurs aveux. Spinoza inscrit sur son livre ce nom sacré : Morale. Le dernier but de sa philosophie, c'est, à ce qu'il assure, la liberté de l'homme. Il affirme, que dis-je? il démontre géométriquement l'immortalité de l'âme, et termine son système par une théorie de l'amour divin. Hégel n'a pas des intentions moins élevées, ni un langage moins spécieux. Il faut l'entendre parler de la religion : « C'est la région où toutes les énigmes de la vie et toutes les contradictions de la pensée trouvent leur solution, où s'apaisent toutes les douleurs du sentiment, la région de l'éternelle vérité, de la paix éternelle. Là coule le fleuve du Léthé, où l'âme boit l'oubli de tous les maux ; là toutes les obscurités du temps se dissipent à la clarté de l'infini[1]. »

Hégel se flatte d'avoir exprimé le vrai sens du christianisme et concilié à jamais la religion et la philosophie. En effet, suivant lui, le fond commun de toute philosophie et de toute religion, c'est l'idée du Verbe fait chair, de l'Homme-Dieu ; en d'autres termes, c'est l'identité de l'esprit humain et de l'esprit universel, ou encore, c'est l'esprit universel prenant conscience de lui-même dans l'esprit humain. Voilà pour Hégel le titre vrai de la personnalité humaine ; voilà la source vive de la morale et de la religion. Je ne mets pas en doute la sincérité et l'élévation d'âme de Hégel, pas plus que son génie ; mais j'ai le droit de lui dire que ces mots liberté, responsabilité, devoir, droit, immortalité, adoration, religion, n'ont aucun sens dans son système, et que, pour leur donner un sens, il faut des miracles de subtilité et de prodigieux raffinements.

L'idée mère du panthéisme, c'est l'idée d'un principe indéterminé qui se détermine selon une loi nécessaire

---

[1]. Hégel, *Leçons sur la philosophie de la religion*, Œuvres complètes, tome XI.

pour devenir successivement toutes choses. La nécessité absolue est à l'origine, au milieu et au terme. Nature brute, nature vivante, nature spirituelle, individus et société, lois, croyances, mœurs, institutions, elle gouverne, elle domine tout. Chez Spinoza, cette nécessité revêt la forme géométrique. Il croit qu'un brin d'herbe qui plie, un empire puissant qui tombe, tout cela est aussi nécessaire que cette proposition : les trois angles d'un triangle égalent deux droits. Hégel a imaginé une autre nécessité, qu'il appelle dialectique. Tout est soumis, suivant lui, à la loi de l'identité absolue des contradictoires. L'être et le néant, l'infini et le fini, le beau et le laid, le bien et le mal, la vie et la mort, sont d'abord enveloppés confusément dans un premier terme; ils se séparent dans le second pour se rejoindre dans le troisième. Voilà le rhythme uniforme de l'idée, voilà la loi souveraine de la création.

Que cette théorie soit plus ou moins originale, peu importe. Il suffit que, pour Hégel comme pour Spinoza, l'évolution de l'homme soit sujette aussi bien que celle de la pierre à une absolue nécessité. Et certes il faut avoir une rare puissance de se tromper soi-même pour ne pas voir qu'un tel système détruit la racine de la vie morale et religieuse. Quoi! les actions de ma vie se déroulent comme les anneaux d'une chaîne de fer, et je me croirais responsable! Ce qu'on appelle Dieu, ce n'est autre chose que la loi dialectique, et j'adorerais cette loi, même quand elle me brise et m'engloutit! Je ne suis qu'une forme nécessaire de l'être, destinée à être remplacée par une autre, et j'espérerais une vie à venir! Et puis on me dit que Dieu, c'est moi-même, et que je dois trouver mon bonheur à me sentir Dieu. Quoi! je souffre, je dois mourir, et je suis Dieu! L'étrange Dieu que voilà! et comment ne pas dire avec Pascal : *O ridicolosissimo eroe!*

Mais prenons cette théorie au sérieux, s'il est possible. Dieu, dites-vous, prend conscience de lui-même dans l'homme. Ainsi Dieu en soi n'a pas conscience de soi, mais il prend conscience de soi dans un autre; voilà qui est étrange, surtout quand cet autre n'est pas un individu, mais des millions d'individus, les uns morts, les autres vivants, les autres à naître, qui ne se connaissent pas et sont séparés par les espaces et par les siècles. Où est l'unité de cette conscience? Qu'est-ce qu'une conscience qui se divise et se brise en mille morceaux, une conscience qui se fait avec le temps et qui n'est jamais faite, qui se cherche toujours et jamais ne se trouve? Moi qui vous parle, je ne suis donc pas Dieu, je ne suis qu'un fragment de cette existence indéfinie. C'est me dire, en un langage obscur et bizarre, une chose très-simple et assez connue, savoir, que l'homme n'est qu'une forme nécessaire de l'être universel, comme cet arbre, comme ce caillou, comme ce ruisseau, avec cette seule différence que l'homme croit être libre sans l'être en effet, qu'il pense à la mort avec la certitude de mourir tout entier, et qu'il ne lui reste plus, dans cet excès de misère, qu'à se persuader un moment qu'il est Dieu pour se consoler de tout.

Les grands panthéistes sont des esprits trop pénétrants pour n'avoir pas aperçu ces contradictions. Aussi que font-ils? ils retirent d'une main ce qu'ils donnent de l'autre. Spinoza reconnaît la liberté, mais il l'appelle une *libre nécessité*, et c'est aussi le sentiment de Hégel : « L'homme moral, dit-il, a conscience de son action comme de quelque chose de nécessaire, et par là seulement il est vraiment libre [1]. »

Même accord étrange entre Spinoza et Hégel sur la distinction du bien et du mal : ils commencent par la reconnaître, et un peu après ils la nient. Tous deux aussi nous assurent que l'âme est immortelle, et puis ils réduisent cette immortalité à la conscience que nous avons d'être une forme éternellement nécessaire de l'être absolu. Liberté sans responsabilité, morale sans devoirs, immortalité sans conscience, folle idolâtrie de soi-même, voilà les conclusions pratiques du panthéisme, voilà ce qu'il fait de la personnalité humaine.

En deux mots, le panthéisme contemporain, forcé de choisir entre un mysticisme extravagant que repoussent tous les instincts bons et mauvais de notre temps et la tendance contraire, se décide pour celle-ci et sacrifie résolûment la personnalité de Dieu dans l'espoir de faire à l'homme la plus belle part. Qu'arrive-t-il ? il détruit la personnalité humaine. Tant il est vrai ce mot profond d'un spiritualiste contemporain [2] : « Deux pôles de toute science humaine, la personne moi, d'où tout part, la personne Dieu, où tout aboutit. »

---

[1]. Hégel, *Encyclopédie*, add. au § 35.
[2]. Maine de Biran.

FIN.

BIBLIOGRAPHIE

DES

ŒUVRES DE SPINOZA.

NOTICE BIBLIOGRAPHIQUE.

Cette notice comprendra deux parties : je parlerai d'abord des œuvres de Spinoza, puis des écrits publiés sur sa doctrine par ses disciples et par ses adversaires.

I. OEUVRES DE SPINOZA.

I. Le premier ouvrage de Spinoza est celui qui fut publié sous ce titre : *Renati Descartes Principiorum Philosophiæ pars I et II, more geometrico demonstratæ, per Benedictum de Spinoza, Amstelodamensem. — Accesserunt ejusdem Cogitata metaphysica, quibus difficiliores, quæ tam in parte metaphysices generali quam speciali occurrunt, quæstiones breviter explicantur.* — Amstelodami, apud Johannem Rieuwertz, 1663.

Cet ouvrage est un résumé très-bien fait de la philosophie de Descartes. Spinoza l'avait dicté en partie à un jeune homme dont il soignait l'éducation philosophique. Ses amis le pressèrent d'achever ce travail et de le publier. L'ouvrage parut, avec une préface de Louis Meyer, où le lecteur est expressément averti que Spinoza ne lui donne pas sa propre pensée, mais celle d'autrui [1].

II. Le *Traité théologico-politique* est donc véritablement le pre-

---

[1]. Voyez particulièrement le Scholie de la Propos. 15, part. 1, et dans les *Cogitata*, le chapitre XII, part. 2. — Un passage plus remarquable encore est celui-ci : après avoir défini la substance en général, puis la substance pensante et la substance étendue, selon les sentiments de Descartes, Spinoza ajoute ces lignes significatives : « *An vero una et eadem substantia sit, quæ vocatur mens, et corpus, an duæ diversæ, postea erit inquirendum.* »

mier ouvrage original de Spinoza ; il a été publié pour la première fois sous ce titre :

TRACTATUS THEOLOGICO-POLITICUS, *continens dissertationes aliquot quibus ostenditur libertatem philosophandi non tantum salva pietate et reipublicæ pace posse concedi, sed eamdem nisi cum pace reipublicæ ipsaque pietate tolli non posse.*

Avec cette épigraphe : « Per hoc cognoscimus quod in Deo manemus et Deus manet in nobis, quod de spiritu suo dedit nobis. » (Joan., *Epist.*, I, cap IV, vers. 13.) — Hamb., apud Henricum Künrath. 1670, in-4°. 233 pages.

Ce titre est bien celui que Spinoza a donné à son Traité. Mais ce n'est point à Hambourg, ni chez Henri Künrath, c'est à Amsterdam, chez Christoph. Conrad, que le *Theologico-politicus* a été imprimé.

Proscrit dès sa première apparition, le *Theologico-politicus* ne put circuler que clandestinement et sous divers faux titres destinés à donner le change à l'autorité. En voici la liste [1] :

1° *Danielis Heinsii P. P. operum historicorum collectio prima.* Editio secunda, priori editione multo emendatior et auctior. Accedunt quædam hactenus inedita.

Lugduni Batavorum, apud Isaacum Herculis, 1673, in-8°. 334 pages.

2° *Fr. Henriquez de Villacorta M. Doc. a cubiculo Philippi IV, Caroli II archiatri, opera chirurgica omnia.* Sub auspiciis potent. Hispan. regis.

Amstelodami, 1673, in-8°.

3° *Franc. de la Boe Silvii totius medicinæ idea nova.* Edit. sec. Amstelod., 1673.

Après que Spinoza eut publié le *Theologico-politicus*, il écrivit sur les marges du livre un certain nombre de notes destinées

---

1. Voyez Paulus, *Præfatio iter. edit.*, p. 10 sqq. — Théoph. de Murr, *adnotat. ad Tract. theol.-polit.*, p. 10 sqq. — Gfrœrer, *Præf edit.*, p. 15 sqq. — Tennemann, *Man. de l'Hist. de la Philos.*, II, p. 104 sqq.

à éclaircir ou à confirmer quelques points qui avaient suscité une opposition plus vive de la part des théologiens [1]. Ces curieuses notes ont été publiées pour la première fois par le savant Théoph. de Murr, d'après le manuscrit original que Spinoza avait laissé en mourant à Van der Spyk pour être remis entre les mains de l'imprimeur Rieuwertz d'Amsterdam :

Bened. de Spinoza Adnotationes ad Tract. theol-polit. ex autographo edidit ac præfatus est Christ. Th. de Murr imagine et chirographo.

Hagæ comitum, 1802, in-4°.

Mais il paraît certain que l'exemplaire de Rieuwertz n'est pas le seul où Spinoza eût écrit des notes marginales. La bibliothèque de Kœnigsberg possède un autre exemplaire du *Theologico-politicus*, où l'on trouve aussi des annotations qui semblent bien être de la main de Spinoza. Elles ont été communiquées par le bibliothécaire, M. Bock, à M. le docteur Dorow, qui les a publiées sous ce titre :

Benedikt Spinoza's Randglossen zu seinem Tractatus theologico-politicus, ans einer in Königsberg befindlichen noch ungedruckten Handschrift bekannt gemacht,

Von Dr Wilhem Dorow, mit einer steindrucktafel, ein fac simile der Hanschrift des Spinoza enthaltend. Berlin, 1835.

Du reste, les annotations publiées par M. Dorow ne diffèrent qu'en quelques endroits de celles qu'a données de Murr. Celles-ci sont probablement les premières que Spinoza ait écrites, et il est vraisemblable qu'il les copia plus tard, en les modifiant, sur un autre exemplaire destiné à un de ses amis. L'exemplaire de Kœnigsberg porte, en effet, sur la première page ces mots visiblement tracés de la main de Spinoza : *Nobilissimo Dᵒ Dᵒ Jacobo Statio Klemann, dono D. Auctor et nonnullis notis illus-*

---

[1]. Reimann fait mention expresse de ces notes marginales de Spinoza (*Hist. Theol. judaic.*, p. 643); mais il y a un témoignage plus décisif, c'est celui de Spinoza lui-même. Il écrivait en 1675 à Henri Oldenbourg : « *Cupio istum Tractatum notis quibusdam illustrare, et concepta de eo prajudicia, si fieri possit, tollere.* » (*OEuvr. posth.*, ed. de 1677, p. 448.)

travit, illasque propria manu scripsit die 25 *julii anno* 1676.

Voyez encore sur ces notes marginales de Spinoza une récente publication que nous aurons à mentionner tout à l'heure à un autre titre : *B. de Spinoza Tractatus atque adnotationes ad tractatum theologico-politicum.* — Edidit Ed. Boehmer, Halæ ad Salam, 1852.

Le *Theologico-politicus* est le seul ouvrage de Spinoza qui ait été traduit en français jusqu'à ce jour. Encore est-il difficile de considérer comme une traduction véritable l'ébauche grossièrement infidèle attribuée par les uns [1] au médecin Lucas de la Haye, par les autres [2] au sieur de Saint-Glain, capitaine au service des états de Hollande.

Nous avons eu cette traduction sous les yeux en faisant la nôtre, et nous pouvons affirmer qu'il ne s'y rencontre pas une seule page sans erreur grave ou sans contre-sens.

Elle parut d'abord sous ce titre :

La Clef du sanctuaire, par un savant homme de notre siècle, avec cette épigraphe : « Là où est l'esprit de Dieu, là est la liberté. » (*Épit. II aux Corinth.,* chap. 3, vers 17). — Leyde, 1678, in-12. 531 pages.

On intitula ensuite cette traduction : *Traitté* (sic) *des cérémonies superstitieuses des juifs tant anciens que modernes.* Amsterdam, chez Jacob Smith, 1678, ou bien : *Réfléxions curieuses d'un esprit dés-intéressé* (sic) *sur les matières les plus importantes au salut tant public que particulier.* A Cologne, chez Claude Emmanuel, 1678. Ce ne sont pas là trois éditions de l'ouvrage, mais

---

1. Brucker (*Hist. crit. philos.*, t. IV, part. 2, p. 691), et Reimann (*Biblioth. catal. crit.*, p. 1029) attribuent cette traduction à Lucas, médecin de la Haye, ami de Spinoza et son biographe. Voyez sur ce point Bayle, *Lettres*, XXVIIe lettre, p. 119 ; et les *Nouvelles littéraires*, t. X, part. 1, p. 60.
2. Nicéron (*Mémoires pour servir à l'hist.*, etc., t. XIII, p. 46 sqq.) et Desmaiseaux (Notes sur les lettres de Bayle. Voir Bayle, *Œuvres diverses*, 1731, t. IV, lettre XXXIII) prouvent fort bien que la traduction dont il s'agit est du sieur de Saint-Glain, Angevin, auteur de la *Gazette d'Amsterdam,* qui abandonna le calvinisme pour se faire l'ami et le disciple de Spinoza. — Voyez Paulus, t. I, p. 13 sqq., et Th. de Murr, l. l.

une seule et même édition, où le premier feuillet seul est changé.

On trouve à la fin du volume des *Remarques curieuses et nécessaires pour l'intelligence de ce livre*. C'est là la première édition de ces notes marginales de Spinoza dont nous avons parlé ci-dessus, mais tellement défigurées par le sieur de Saint-Glain qu'on a de la peine, maintenant que l'original est publié, à le reconnaître dans cette incroyable traduction.

III. L'orage excité en Europe par la publication du *Theologico-politicus* dégoûta Spinoza de plus rien donner au public. Ce ne fut donc qu'après sa mort que parurent l'*Ethique*, le *Traité de la réforme de l'entendement*, le *Traité politique*, les *Lettres*, et la *Grammaire hébraïque*.

Il paraît que Spinoza avait d'abord écrit l'*Ethique* en hollandais; il la mit ensuite en latin, probablement à l'époque où il voulut la donner au public [1]; mais il renonça bientôt à ce dessein [2], et l'ouvrage ne parut qu'en 1677, quelques mois après sa mort, par les soins de l'imprimeur Rieuwertz, d'Amsterdam, à qui Spinoza fit remettre en mourant le pupitre qui contenait ses papiers [3]. Deux amis de l'illustre mort, Louis Meyer et Jarig Jellis, surveillèrent la publication de ses écrits posthumes; Jarig Jellis en composa la préface, que Meyer mit en latin [4]. L'ouvrage portait ce titre : *B. D. S. Opera posthuma, quorum series post præfationem exhibetur*; 1677, sans autre indication. Ces *Opera posthuma* sont : l'*Ethica*, le *Tractatus politicus*, le *Tractatus de emendatione intellectus*, et enfin le *Compendium grammatices linguæ hebrææ*, ouvrage de peu d'intérêt, même, à ce qu'il paraît, pour les hébraïsants.

Il est important et en même temps difficile de fixer la date précise de la composition de l'*Ethica*. Un point certain, c'est

---

1. Voy. *Opp. posth.*, Epist. XVIII. — Comp., *ibid.*, Epist. XLVII.
2. *Ibid.*, Epist. XIX; Lettre VI de notre traduction.
3. Voyez Colerus, *Vie de Spinoza*.
4. Voy. de Murr, *Adnot. ad Tract.*, p. 14.

qu'en 1675 l'ouvrage était entièrement terminé, puisque, dans une lettre à Oldenbourg (du 5 juillet 1675), Spinoza lui marque l'intention où il est de publier un *Tractatum quinque-partitum* [1], qui ne peut être que l'*Ethica* [2], et nous voyons par une autre lettre à Oldenbourg [3], que Spinoza se rendit à Amsterdam [4] (le 22 juillet 1775) tout exprès pour y faire imprimer son livre. On trouvera dans cette dernière lettre les raisons qui le détournèrent de ce dessein. Déjà il s'était opposé de toutes ses forces [5] à ce qu'on publiât une traduction en hollandais du *Theologico-politicus*. Ce n'est pas que Spinoza fût indifférent à la gloire, mais il mettait deux choses au-dessus d'elle, la liberté et le repos. On sait quelle était sa devise : *Caute*, et il y fut toujours fidèle, non sans doute dans la spéculation, mais dans la vie [6].

Un second point incontestable, c'est qu'avant 1675 Spinoza avait communiqué l'*Éthique*, en tout ou en partie, à plusieurs de ses amis, à Oldenbourg [7], à Simon de Vries [8], à Louis Meyer [9], à d'autres encore.

Dès 1663, sept ans avant la publication du *Theologico-politicus*, et l'année même où parurent les *Ren. Desc. Princip. more demonstr.*, Simon de Vries avait entre les mains l'*Éthique*, ou tout au moins le *De Deo*, puisqu'il cite textuellement le Scholie de la Propos. X, part. 1. Il est vrai que Spinoza, dans sa réponse à Simon de Vries [10], donne une définition de l'Attribut qui n'est pas exactement identique, au moins pour les termes, à celle de l'*Éthique* [11], ce qui pourrait faire soupçonner qu'à cette époque

---

1. *Opp. posth.*, Epist. XVIII.
2. Il est à peine utile de faire observer ici qu'à ce moment le *Tractatus theologico-politicus* était publié depuis cinq ans.
3. La XIXe des *Opp. posth.*, la VIe de notre traduction.
4. Il habitait alors la Haye. Voy. Colerus, *Vie de Spinoza*.
5. *Opp. posth.*, Epist. XLVII.
6. Voyez Th. de Murr, *Adnotat. ad Tract.*, cum Spinozæ sigillo et chirographo.
7. Voyez la Lettre II.
8. *Opp. posth*, Epist. XXVI.
9. *Ibid.*, Epist. LXIV — LXXII. Lettres XXIX — XXXVII de notre traduction.
10. Voyez notre Lettre XIII.
11. *Éthique*, part. 1, Def. IV.

l'ouvrage n'était encore qu'ébauché [1]. Mais voici des indications plus précises. En lisant la correspondance de Spinoza et d'Oldenburg, il est impossible de douter que Spinoza n'eût déjà en 1661 jeté les bases de son grand ouvrage, puisqu'il en envoie à son ami des morceaux d'une certaine étendue [2], lesquels contiennent les propositions capitales du *De Deo*, où l'on sait que Spinoza est tout entier. Ce fait n'est pas de médiocre conséquence. Il en résulte qu'à vingt-neuf ans Spinoza, qui n'avait encore rien écrit, était en possesion du principe de sa doctrine et déjà l'avait construite dans sa forme géométrique. Ceux qui ont pensé qu'en composant le *Ren. Desc. Princip.*, Spinoza adoptait le pur cartésianisme pour son propre compte, avaient sans doute oublié, entre autres circonstances, que deux ans avant la publication de cet ouvrage [3], Spinoza démontrait à ses amis des propositions comme celle-ci : *Une substance ne peut être produite par une autre substance* [4], doctrine qui peut bien être au fond cartésienne, mais de ce *cartésianisme immodéré* dont parle Leibniz, et que Descartes, à tort ou à raison, eût répudié. Du reste, les Axiomes et Propositions envoyés à Oldenbourg en 1661 ne se retrouvent pas mot pour mot dans l'*Éthique*, ni dans le même ordre ; ce qui prouve, ainsi que la lettre à Simon de Vries, qu'à ce moment Spinoza remaniait encore et refondait sa doctrine, suivant le progrès de sa pensée, ou peut-être, mais ce doit être bien rare, par le conseil de ses amis [5]. Tout ceci me conduit à une triple conclusion :

1. Cette conjecture vient d'être confirmée par une découverte intéressante de M. Ed. Boehmer, de Halle. Il a trouvé sur un exemplaire de la *Vie de Spinoza* par Colerus l'esquisse d'un Traité de Spinoza. *De Deo et homine ejusque felicitate*, qui ne peut être que la première ébauche de l'*Éthique*. Voyez l'écrit de M. Boehmer : *B. de Spinoza, Tractatus de Deo*, etc. 1852.

2. Voyez Lettres II, III, IV. — Il paraît que l'envoi fait à Oldenbourg se composait : 1° d'un certain nombre de Définitions, particulièrement celles de la Substance, du Mode et de Dieu; 2° d'un certain nombre d'Axiomes; 3° de trois Propositions que je crois être (voyez Lettre III) la Ve de l'*Éthique*, la VIe et la VIIe, à laquelle Spinoza avait joint un Scholie qui est, si je ne me trompe, le Scholie II de la Propos. 8, part. 1.

3. Le *Renat. Desc. Princip.* fut publié en 1663.

4. Voyez Lettre II.

5. Deux des Axiomes envoyés à Oldenbourg sont devenus dans l'*Éthique* deux

1° L'idée fondamentale de l'*Ethique*, la forme géométrique et l'ordonnance de tout l'ouvrage étaient déjà fixées en 1661[1].

2° En 1675, l'*Ethique* était entièrement achevée et prête pour le public.

3° De 1661 à 1675, et de 1675 à 1677, l'*Ethique* reçut une sorte de demi-publicité par les copies qui en circulèrent de main en main, sans jamais sortir toutefois d'un cercle assez étroit de disciples et d'amis.

J'ai placé le *Traité politique* après le *Traité théologico-politique* à cause de l'analogie des matières.

En plaçant le *Traité de la réforme de l'entendement* après l'*Ethique*, j'ai suivi l'ordre de toutes les éditions, qui est en même temps l'ordre de composition de ces deux ouvrages. Dans le *De Intellectus emendatione*, Spinoza renvoie sans cesse à ce qu'il appelle *mea Philosophia*, c'est-à-dire à l'*Ethica*. Du reste, il paraît qu'il entreprit de bonne heure ce Traité sur la méthode, auquel il travailla toute sa vie sans le pouvoir achever, ce qui explique l'obscurité et le désordre qui s'y font partout sentir.

Parmi les lettres contenues dans les *Opera posthuma*, j'ai traduit, sans exception, je crois, toutes celles qui présentent un véritable intérêt pour la philosophie ou pour son histoire. Les exclusions que je me suis permises portent principalement sur les lettres de certains correspondants de Spinoza dont les pensées sont très-peu intéressantes; j'ajoute qu'on en sait toujours par les réponses de Spinoza ce qu'il importe d'en savoir. Un mot en finissant sur quelques-uns de ces correspondants :

Henri Oldenbourg (né à Bremen, mort à Charlton, près Green-

Propositions. — De plus, la Ire et la IIe des Propositions envoyées à Oldenbourg sont maintenant la Ve et la VIe de l'*Ethique*.

1. En 1665, Spinoza parlait de l'*Ethica* à Guillaume de Blyenbergh comme d'un ouvrage terminé : *Quam cupiditatem ego in mea Ethica, nondum edita, in piis ex clara*, etc. (*Opp. posth.*, Epist. XXXVI).

wich, en 1668) a laissé un nom dans l'histoire des sciences, moins par ses travaux d'anatomie et de physique, aujourd'hui tombés dans l'oubli, que par ses relations avec Spinoza, avec Robert Boyle, Leibniz, Newton et la plupart des personnages les plus illustres du xviie siècle. Son rôle a été, entre les savants, celui d'un intermédiaire toujours empressé, d'un interprète conciliant et officieux, un peu à la façon de l'abbé Nicaise. Il a traduit en latin plusieurs écrits de Robert Boyle. On verra, par les *Lettres* que nous donnons au public, qu'il communiqua à Boyle les notes de Spinoza sur le livre *De Nitro*, et à Spinoza les réponses de Boyle. A Londres (où il remplit les fonctions de ministre résident de la basse Saxe), puis à Oxford, il se lia avec les savants qui concoururent à la fondation de la Société royale, dont il fut nommé secrétaire avec Wilkins, à la mort de Guill. Crown.

Louis Meyer, médecin d'Amsterdam, a été, avec Simon de Vries [1], le meilleur ami de Spinoza. Spinoza l'appelle dans ses lettres *amice singularis*, et lui découvre sans réserve le fond de ses sentiments. En février 1677, Meyer vint d'Amsterdam à la Haye donner ses soins à son ami mourant, et reçut son dernier soupir. On regrette que le bon Colerus, qui raconte ce fait, y ait joint une anecdote assez ridicule, qu'on aime à croire controuvée [2]. C'est Louis Meyer qui a publié le *Ren. Desc. Princip. more geom. demonstr.*, et en a composé la préface. Il est également l'éditeur des *Opera posthuma*, et a mis en latin la préface de Jarig Jellis. Le seul ouvrage connu qui lui appartienne en propre est le *Philosophia Scripturæ interpres*, qui a été souvent attribué à Spinoza. Semler l'a réédité en 1776, la Haye, in 8°.

Guillaume de Blyenbergh, cet indiscret et prolixe correspondant de Spinoza, adversaire fougueux et d'une sincérité souvent suspecte, était un marchand de Dordrecht, qui abandonna son négoce pour se jeter à corps perdu dans les controverses

---

1. Voyez nos Lettres XIII et XIV, et Colerus, *Vie de Spinoza*.
2. Colerus, *Vie de Spinoza*.

théologiques. Il publia en 1674, à Leyde, un ouvrage intitulé : *La Vérité de la religion chrétienne*, plein d'injures contre Spinoza [1].

La destinée de Jean de Bredenbourg, à qui on soupçonne [2] que notre lettre XXII est adressée, est une destinée très-singulière. Bourgeois de Rotterdam, il vivait dans une ignorance complète des sciences et des disputes, quand il s'émut au bruit du *Theologico-politicus*, et entreprit de le réfuter. Mais on l'accusa de spinozisme, et il paraît qu'en effet, en s'enfonçant dans Spinoza, il était devenu spinoziste malgré lui. C'est du moins le récit de Bayle [3], confirmé par Leibniz [4]. L'ouvrage de Bredenbourg portait pour titre : *Joannis Bredenburgii enervatio Tractatus theologico-politici ; una cum demonstratione geometrico ordine disposita : Naturam non esse Deum; cujus effati contrario prædictus Tractatus unice innititur*. Roterodami, 1675, in-4°.

Isaac Orobio, autre correspondant présumé de Spinoza [5], est connu pour avoir pris une part active aux controverses religieuses du XVIIe siècle. Il était juif. Sa destinée fut orageuse. Professeur à Salamanque, puis à Séville, jeté dans les cachots de l'inquisition, d'où il ne sortit qu'au bout de trois ans, il chercha, après un court séjour à Toulouse, un refuge plus sûr à Amsterdam, où il professa publiquement et défendit avec zèle la religion de Moïse. Je ne citerai qu'un de ses écrits : *Isaaci Orobii de Castro Certamen philosophicum posthumum propugnatæ veritatis divinæ ac naturalis; adversus Johannem Bredenburgium, Spinozæ barathro immersum*. Amsterdam, 1703, in-12. —Voyez aussi l'ouvrage intitulé : *Entretiens sur divers sujets d'histoire et de religion*, entre milord Bolingbroke et Isaac d'Orobio, juif portugais. Londres, 1770, in-8°.

---

1. Voyez Colerus, l. I, p. 32 sqq. — Brucker, *Hist. crit. Philos.*, t. IV, p 2 — De Murr, *Adnot. ad Tract.*, p. 19.
2. Voyez de Murr, l. I, *De Spin. Epist.*
3. Bayle, *Dict. crit.*, art. *Spinoza*, p. 2774.
4. Leibniz, *Théodicée*, p. 611, 613; Erdmann.
5. Voyez notre lettre XXIII.

IV. Reste à indiquer quelques opuscules perdus ou inédits de Spinoza, savoir :

1° *Traité de l'Iris ou de l'arc-en-ciel.*

2° Une traduction hollandaise du *Pentateuque*. — Spinoza lui-même jeta ces deux ouvrages au feu.

3° *Apologia para justificar se de su abdicacion de la synagoga*, 1657. Spinoza composa ce petit mémoire justificatif à l'époque de son excommunication. Le savant de Murr l'a vainement demandé aux chefs de la nouvelle synagogue. Il paraît que le fond de cet ouvrage a été repris par Spinoza et répandu dans le *Traité théologico-politique.*

4° Suivant Mylius (*Bibliotheca anonymorum*, p. 94), le manuscrit de l'*Éthique* contient un chapitre inédit *De Diabolo* [1].

Il y a trois éditions complètes de Spinoza :
1° Celle de Paulus, en deux volumes, publiée à Iéna en 1803 ; 2° celle de Gfrærer, en un seul volume, dans le *Corpus philosophorum*, t. III, Stuttgard, 1850 ; 3° celle de H. Bruder, en trois volumes in-18, Leipzig, 1843.

A l'exemple de Paulus, j'ai mis en tête des œuvres de Spinoza la seule biographie authentique qui existe de l'illustre philosophe, celle de Colerus.

Colerus avait d'abord écrit cette vie en langue hollandaise, et l'avait publiée à Amsterdam, 1706 : *Cum sermone ecclesiastico a se habito de resurrectione Jesu non allegorice cum Spinoza interpretanda.*

Elle parut ensuite en français sous ce titre :

« *La vie de B. Spinoza*, tirée des écrits de ce fameux philosophe et du témoignage de plusieurs personnes dignes de foi, qui l'ont connu particulièrement, par Jean Colerus, ministre de l'église luthérienne de la Haye. A la Haye, chez T. Johnson, marchand libraire dans le Poote, MDCCVI. » 181 pp. in-8°.

---

[1]. Voyez sur ce point l'écrit déjà cité de Boehmer, pages 7 et 54-55.

Outre la *Vie de Spinoza* par Colerus, il en existe une autre qu'on peut attribuer avec certitude au médecin Lucas, de la Haye.

Elle parut d'abord à Amsterdam, chez Henri de Sauzet, 1719, in-8°, dans les *Nouvelles littéraires*, t. X, p. 40-74.

La même année on la publia en y ajoutant un morceau intitulé : *L'Esprit de Spinoza*, le tout sous ce titre : *La Vie et l'Esprit de M. Benoît de Spinoza*, MDCCXIX, et avec cette épigraphe :

> Si, faute d'un pinceau fidelle,
> Du fameux Spinoza l'on n'a pas peint les traits,
> Sa sagesse étant immortelle,
> Ses écrits ne mourront jamais.

L'ouvrage entier avait 208 pages in-8°. On en tira très-peu d'exemplaires, qu'on vendit très-cher, et partant en très-petit nombre. Le libraire qui les vendit, Charles Le Vier, ordonna à sa mort qu'on brûlât tout ce qui en restait ; ce qui fut fait, mais seulement pour la partie de l'ouvrage relative à l'*Esprit de Spinoza*. La *Vie* fut conservée et publiée par un libraire qui s'en accommoda sous ce titre :

La Vie de Spinoza, par un de ses disciples, nouvelle édition non tronquée, augmentée de quelques notes et du catalogue de ses écrits, par un autre de ses disciples. A Hambourg, chez Henri Künraht, MDCCXXXV.

C'est une copie manuscrite de cette *Vie de Spinosa* qui a servi à l'éditeur de l'ouvrage intitulé : *Réfutation des erreurs de Spinoza*, par Fénelon, Lami, etc.

De l'ouvrage primitif, *Vie et Esprit de Spinoza*, on a extrait aussi sous ce titre : *Traité des trois imposteurs*, presque tout ce qui est compris dans la seconde partie, *Esprit de Spinoza*, mais avec des altérations très-graves.

II. ÉCRITS DIVERS SUR SPINOZA.

1. Parmi les disciples immédiats de Spinoza, je citerai Abraham Cuffeler, Frederic van Leenhoff, Law, Louis Meyer, Glasemaker, Jarig Jellis, Lucas de la Haye. Voici l'indication de leurs écrits :

Abraham-Jean Cuffeler.—*Specimen artis ratiocinandi naturalis et artificialis ad pantosophiæ principia manuducens.* Hamburgi apud Henr. Künrath, 1684, in-8°. — Le même, *Principiorum pantosophiæ*, pars II et pars III, Hambourg, 1684. — Frid. van Leenhoff, in Ecclesia reformata zwollensi prædicatoris. — *Hemel op aarden* (le paradis sur terre), 1703.—Voyez Jenichen, *Hist. Spinozismi Leenhoffiani*, Lips., 1707, in-8°.

Theod. Lud. Law. — *Meditationes de Deo, mundo et homine*, Francf., 1717, in 8°. — Le même, *Meditationes, theses, dubia philosophico-theologica.* Freystadt, 1719, in-8°.

Nous avons dit que Louis Meyer fut l'ami et l'éditeur de Spinoza. Jean-Henri Glasemaker traduisit en flamand le *Traité théologico-politique.* Jarig Jellis concourut avec Louis Meyer à la publication des *Opera posthuma.* Lucas de la Haye écrivit une vie de Spinoza [1].

On pourrait ajouter à cette liste des disciples immédiats de Spinoza un certain nombre d'écrivains qui, sous le masque d'adversaires, répandirent les doctrines du spinozisme, tels que Fr. Cuper (*Arcana atheismi revelata.* Rotterdam, 1676. Bayle, et plus tard en France, Boulainvilliers).

2. Voici maintenant les principaux écrivains qui combattirent Spinoza au XVIIe siècle.

Aubert de Versé. — *L'Impie convaincu*, ou dissertation contre Spinoza, dans laquelle on réfute les fondements de son athéisme.

---

[1]. Voyez dans notre édition, à la suite de la *Vie de Spinoza* par Colerus.

L'on trouvera non-seulement la réfutation des maximes impies de Spinoza, mais aussi celles des principales hypothèses du cartésianisme que l'on fait voir être l'origine du spinozisme. Amsterdam, 1681 et 1685, in-8°.

Kortholt. — *De tribus impostoribus magnis* (Herbert, Hobbes, Spinoza). Kiel, 1680.

Andala. — *Cartesius verus spinozismi eversor.*

Guillaume de Blyenbergh [1]. — *Wedderleging van de Zedekunst van Spinoza.* Dordrecht, 1682, in-4°.

Jean de Bredenbourg [2]. — *Enervatio tractatus theologico-politici.* Rotterdam, 1675, in-4°.

Pierre Yvon. — *L'Impiété vaincue.* Amsterdam, 1681, 1687, in-8°.

Le Vassor. — *Tractatus de vera religione*, Parisiis, 1688, in-8°. Voyez aussi *Journal des Savants*, janvier 1689.

Grævius. — *Epist. ad Daniel. Heinsium*, in Burmanni sel. epist., tomo IV, p. 475.

Christoph. Wittichius. — *Anti-Spinoza*, sive examen Ethices B. de Spinoza. Lugduni Bat., 1690, in-8°.

Musœus. — *Tractatus theologico-politicus* ad veritatis lumen examinatus. Wittemberg, 1708.

Pierre-Daniel Huet. — *De Concordia rationis et fidei.* Paris, 1692, in-4°. Voyez les *Acta eruditorum* de Leipsig, 1693, pages 395, 599.

Pierre Poiret. — *Fundamenta atheismi eversa*, sive specimen absurditatis spinozianæ in : Cogitationes rationales de Deo, anima et malo. Amsterdam, 1685, in-8°.

Isaac Jacquelot. — *Dissertations sur l'existence de Dieu.* La Haye, 1697, in-4°,

Isaac Orobius de Castro [3]. — *Certamen philosophicum*, etc.

François Lami. — *Le Nouvel athéisme renversé*, ou réfutation

---

[1]. Voyez plus haut ce qui regarde Guillaume de Blyenbergh.
[2]. *Ibid.*
[3]. *Ibid.*

du système de Spinoza, tirée pour la plupart de la connaissance de la nature de l'homme. Paris, 1696, in-8°.

Jensius, médecin de Dordrecht. — *Examen philosophicum sextæ definitionis partis primæ Ethices Benedicti de Spinoza, sive prodromus animadversionum super unico veterum et recentiorum atheorum argumento, nempe una substantia.* Dordraci, 1698, in-4°.

Just. Herwech. — *Tractatus quo atheismum, fanatismum sive Boehmii naturalismum, et Spinozismum ex principiis et fundamentis sectæ fanaticæ, matris pietismi, eruit.* Lips. et Wismar, 1709, in-4°.

Jean-Wolfg. Jager. — *Spinozismus, sive Benedicti Spinozæ, famosi atheistæ, vita et doctrinalia.* Tubing., 1710, in-4°.

Jo. Regius. — *Cartesius verus Spinozismi architectus.* Francf., 1719, in-8°.

Joh.-Christ. Burgmann. — *Exercitatio philosophica de Stoa a Spinozismo et atheismo exculpenda.* Viterb., 1721, in-4°.

Jariges. — Sur le système de Spinoza et sur les remarques de M. Bayle, dans les Mémoires de l'Académie de Berlin, 1745, t. I et II.

Balthazar Münter. — *Theologiæ naturalis polemicæ specimen, exhibens historiam, dogmata et refutationem systematis illius quod a B. de Spinoza nomen habet.* Iena, 1759. in-4°.

Fénelon. — *Réfutation des erreurs de Benoît de Spinoza,* par M. de Fénelon, par le P. Lami et par M. le comte de Boulainvilliers. Bruxelles, 1731, in-12. Voyez le *Traité de l'existence et des attributs de Dieu,* seconde partie.

3. Nous citerons enfin les principaux critiques et historiens de la philosophie qui, depuis Lessing en Allemagne et en France, se sont occupés en sens divers de Spinoza et du spinozisme.

1° Commençons par l'Allemagne.

Brucker. — *Hist. crit. phil.,* tome IV, page 682-706. Lips., 1766, in-4°.

Moses Mendelssohn. — *Morgenstunden oder Vorlesungen über das Dasein Gottes.* I. Theil. Berl., 1785, in-8°.

Jacobi. — *Uber die Lehre des Spinoza in Briefen an Herren Moses Mendelssohn.* Leipsig, 1786, in-8°. — *Neue vermehrte Ausgabe.* Breslaw, 1789, in-8°.

Ajoutez à ces écrits de Mendelssohn et Jacobi : Mendelssohn, *an die Freunde Lessings.* — *Ein Anhang an Herrn Jacobi's Briefwechsel über die Lehre des Spinoza.* Berlin, 1786, in-8°. — Jacobi. — *Wider Mendelssohns Beschuldigungen.* Leipzig, 1786, in-8°. — *Ueber Mendelssohns Darstellung der Spinozistischen Philosophie* in : *Cœsars Denkwürdigkeiten,* vol. IV.

Aug.-Guill. Rehberg. — *Abhandlung über das Wesen und die Einschrankungen der Krafte.* Leipsig, 1779, in-8°. — Le même, *Uber das Verahltniss der Metaphysik zu und Religion.* Berlin, 1787, in-8°.

J.-G. Herder. — *Gott, einige Gesprache.* Gotha, 1787, in-8°.

C.-H. Heidenreich. — *Animadversiones in Mosis Mendelii filii refutationem placitorum Spinoza.* Lips., 1786, in-4°. — Le même, *Natur und Gott nach Spinoza.* Leips., 1786, in-8°. — Le même, *Natur und Gott nach Spinoza.* Leipsig, 1789, in-8°.

Salomon Maimon. — *Uber die Progressen der Philosophie.* Berlin, 1793, in-8°. — Le même, *Versuch über die Transcendental philosophie.* Berlin, 1790, in-8°.

H.-F, Diez. — *Ben. von Spinoza nach Leben und Lehren.* Dessau und Leipzig, 1783, in-8°.

G.-G. Fulleborn. — *Spinoza Pantheismus und System* in : *Beitrage zur Geschichte der Philosophie,* part. III, p. 34, 399. 1793, in-8°.

C.-L. Reinhold. — *Systematische Darstellung aller bisher möglichen Systeme der Metaphysik* : in *Teutscher Merkur.* Jan. und Marz., 1794.

S.-H. Ewald. — Auteur d'une traduction des œuvres de Spinoza (*Spinoza's philosophische Schriften*, 1787-1793, in-8°). — *Spinoza's zwei Abhandlungen über die Cultur des menschlichen Verstandes und über die Aristokratie und Demokratie.* Leipsig, 1785.

Chr. Garve. — *Uber das theologische Systeme des Spinoza*

in : *Abhandlung über das Dasein Gottes.* Breslaw, 1802, in-8°.

Chr.-Frid. Ammon. — *Grundzüge der Theologie des Spinoza* in : *Kritisches Journal der theol. Liter.*, B. I., pag. 1, 599. Nürnb., 1813.

G.-S. Franke. — *Versuch über die neuern Schicksale des Spinozismus und seinen Einfluss auf die Philosophie überhaupt und die Vernunft theologie insbosondere.* Schlessw., 1813, in-8°.

Henr. Ritter. — *Welchen Einfluss hat die philosophie des Cartesius auf die Ausbildung der des Spinoza gehabt und welche Berührungspunkte haben beide philosophen mit einander gemein?* Leipsig, 1816, in-8°. — Le même, *die Halpkantianer und der Pantheismus.* Berlin, 1827, in-8°.

E. Stiedenroth. — *Nova Spinozismi delineatio.* Gott., 1817, in-8°.

H.-C.-W. Siegwart. — *Uber den Zuzammenhang des Spinozismus mit der cartesianischen philosophie.* Tübing., 1816, in-8°. — Le même, *Der Spinozismus historisch und philosophisch erlautert mit Beziehung auf altere und neuere Ansichten.* Tübing., 1839, in-8°.

Car. Rosenkranz. — *De Spinozæ philosophia dissertatio.* Hal., et Lips., 1828, in-8°.

C.-F. Staudlin. — *Geschichte der Moral philosophie*, p. 772, 599. Hannover, 1822, in-8°.

John-Fred. Herbart.—*Allgemeine Metaphysik nebst den Anjangen der philosophischen Naturlehre,* vol. II. Kœnigsberg, 1828. 1829, in 8°.

Jasche. — *Der Pantheismus nach seinem verschiedenen Hauptformen, seinem Ursprunge und Fortgange, seinem speculativen und praktischen Werthe und Gohalte,* vol. III. Berlin, 1826-1832. in-8°.

L.-A. Feuerbach. — *Geschichte der neuer Philosophie von Bacon von Verulam bis Ben Spinoza.* Ansb., 1833, in-8°.

Fr. Schleiermacher. — *Darstellung das spinozistischen Systems* in : *Geschichte der Philosophie aus Schleiermacher's handschiftlichen Nachlasse herausgegeben von H. Ritter.* Berlin, 1839.

in-8°; p. 275, 599 (*Sammtl. Werke, III Abtheil, zur Philosophie* IV, B. I. *Th.*).

G.-G. Fr. Hegel. — *Vorlesungen über die Geschichte der Philosophie.* Herausgeg. von C.-L. Michelet, vol. III. Berlin, 1836; p. 368, 599.

C.-B. Schlüter. — *Die Lehre das Spinoza in ihren Hauptmomenten geprüft und dargestellt.* Münst., 1835, in-8°.

Ed. Erdmann. — *Malebranche, Spinoza und die Skeptiker u. Mystiker das 17 Jahrhund.* Riga, 1836, in-8°

P Volkmuth. — *Der dreieinige Pantheismus von Thales bis Hegel,* Koln, 1837, in-8°.

Car. Thomas. — *Spinozæ systema philosophicum.* Regiom., 1835, in-8°. — Le même, *De relatione quæ inter Spinozæ substantiam et attributa intercedit dissertatio* Regiom., 1839. — *Spinoza als Metaphysiker von Standpunkt der historischen Kritik,* Kœnigsberg, 1840, in-8°.

Franc. Baader. — *Uber die Nothwendigkeit der Revision der Wissenschaft in Berug auf Spinozistiche Systeme* Erlang.,1841, in-8°.

Car. de Orelli. — *Das Leben und die Lehre Spinoza's nibst einem Abrisse der Schelling'schen und Hegel'schen Philosophie.* Aarau, 1843, in-8°.

B. Auerbach. — *Spinoza's sammtliche Werke aus dem Latein Ubersetzt, mit dem Leben Spinoza's.* Stuttgard, 1841, in-8°.

2° En France, nous citerons :

Sabatier. — *Apologie de Spinoza et du spinozisme.* Altona, 1806.

Amand Saintes. — *Histoire de la vie et des ouvrages de B. de Spinoza, fondateur de l'Exégèse et de la Philosophie modernes.* Paris, 1842, in-8°.

Jean Reynaud. — *Encyclopédie nouvelle,* article Spinoza.

Th. Henri Martin. — *Dissertatio de philosophicarum B. de Spinozæ doctrinarum systemate.* 1836.

Victor Cousin. — *Cours de* 1829, leçons xi et xii. — Le même, *Fragments de philosophie moderne,* éd. de 1856, in-18, p. 57 et suiv., et *Fragments de philosophie cartésienne*. 1845, in-12, p. 429 et suiv.

Théodore Jouffroy. — *Cours de droit naturel*, leçons VI et VII.

Damiron. — *Mémoires sur Spinoza et sa doctrine*, 1843, tome IV du *Recueil de l'Académie des sciences morales et politiques*.

Francisque Bouillier. — *Histoire de la Philosophie cartésienne*, chap. XV-XIX. Paris, 1854, in-8°.

TABLE DES MATIÈRES

PREMIÈRE PARTIE : **EXPOSITION**...................... 1
   I. La Personne de Spinoza........................ 8
   II. § 1. La Méthode de Spinoza 13
      § 2. Idée fondamentale de la philosophie de Spinoza................................. 29
   III. De l'existence de Dieu......................... 39
   IV. De la nature de Dieu 49
      § 1. De l'Étendue de Dieu...................... 54
      § 2. De la Pensée de Dieu...................... 61
      § 3. De la Liberté de Dieu..................... 68
   V. Du Développement de Dieu...................... 71
   VI. Des Modes éternels et infinis de Dieu............. 85
   VII. De l'univers des corps. — De l'univers des ames. — De l'union des ames et des corps............ 91
      § 1. De l'Univers des corps..................... 93
      § 2. De l'univers des âmes..................... 105
      § 3. De l'union des âmes et des corps............ 114
   VIII. Théorie de l'ame humaine....................... 123
      § 1. Théorie de l'Entendement.................. 128
      § 2. Théorie de la Volonté ou des Passions....... 142
   IX. Morale de Spinoza............................ 148
      § 1. Du libre arbitre.......................... 150
      § 2. Du Bien et du Mal....................... 162

§ 3. De l'amour de Dieu............................ 167
§ 4. De l'immortalité de l'âme.................... 177
X. La Religion de Spinoza.............................. 188
XI. Politique de Spinoza................................ 201

SECONDE PARTIE : CRITIQUE....................... 221

I. Origines du système de Spinoza. — Ses rapports avec
la philosophie de Descartes..................... Id.
II. Objections contre le panthéisme de Spinoza...... 248
III. Réfutation générale du panthéisme.............. 262

Paris. — Imp. P.-A. Bourdier et Cie, rue Mazarine, 30.

www.ingramcontent.com/pod-product-compliance
Lightning Source LLC
Chambersburg PA
CBHW050426170426

43201CB00008B/561